雷锋精神是永恒的,
是社会主义核心价值观的生动体现。
——习近平

编委会

主　任　丁心强　姚瑞峰
副主任　张小静　刘法令
　　　　宋清梅　姚德奇
主　编　王中献　宣金莱

雷锋精神 薪火相传
——"时代楷模"邓州"编外雷锋团"的故事

中共邓州市委宣传部 编

河南大学出版社
·郑州·

图书在版编目(CIP)数据

雷锋精神 薪火相传："时代楷模"邓州"编外雷锋团"的故事/中共邓州市委宣传部编. —郑州：河南大学出版社，2019.2
ISBN 978-7-5649-2469-0

Ⅰ.①雷… Ⅱ.①中… Ⅲ.①雷锋精神－通俗读物 Ⅳ.①D64-49

中国版本图书馆CIP数据核字(2019)第035728号

责任编辑　程新晓
责任校对　郑　鑫
封面设计　马　龙

出　版	河南大学出版社		
	地址：郑州市郑东新区商务外环中华大厦2401号		
	邮编：450046		
	电话：0371-86059713（营销部）		
	网址：www.hupress.com		
排　版	郑州市今日文教印制有限公司		
印　刷	河南瑞之光印刷股份有限公司		
版　次	2019年2月第1版	印　次	2019年2月第1次印刷
开　本	787mm×1092mm　1/16	印　张	16.75
字　数	282千字	定　价	50.00元

（本书如有印装质量问题，请与河南大学出版社营销部联系调换）

2014年6月25日,中宣部授予邓州"编外雷锋团""时代楷模"荣誉称号。图为中央电视台"时代楷模"发布厅现场。图为"编外雷锋团"团长宋清梅接受主持人敬一丹采访。

2016年7月1日,邓州"编外雷锋团"离退休干部党支部书记、团长宋清梅被中共中央授予"全国优秀党务工作者"荣誉称号。图为中共南阳市委常委、邓州市委书记吴刚接见载誉归来的宋清梅。

2002年，邓州将建市政府大楼的300多万元拿出来修建编外雷锋团展览馆。2012年又投资4000余万元对展览馆进行了升级改造，修建了雷锋主题公园。展览馆获评"全国雷锋精神宣传教育基地""国家国防教育示范基地""河南省爱国主义教育示范基地"等称号，成为中原大地学习传播雷锋精神的教育基地。图为邓州编外雷锋团展览馆。

图为雷锋小学学生在编外雷锋团展览馆参观学习。

图为"编外雷锋团"电力雷锋营"三八"雷锋班为孤寡老人王绍华过生日。

图为"编外雷锋团"举行少年营新成员入营仪式。

从1991年3月起,《解放军画报》、《人民日报》、新华社、中央电视台、中央人民广播电台、《光明日报》、《经济日报》、《解放军报》、《中国青年报》、《河南日报》、河南电视台、河南人民广播电台、《南阳日报》等中央、省、市媒体进行持续报道,"编外雷锋团"享誉全国。

书写新时代的雷锋故事(序)

周大新

我的故乡邓州,历史悠久、文化灿烂、人杰地灵,这里民风淳朴、互助互爱、义士频出。故乡有许多让我骄傲和自豪的地方,"时代楷模""编外雷锋团"便是其中之一。

缘于历史的巧合,1960年8月,邓州市(原邓县)560名热血青年奔赴东北军营,成为雷锋的战友。从那时起,雷锋精神便鼓舞、激励着他们,无论是在军营,还是复原转业。回到家乡,他们抱团学雷锋,被群众亲切地称为"编外雷锋团"。如今,这个群体有成员14000多人,已成为全国最大的学雷锋志愿服务组织,不断地书写着新时代的雷锋故事。

我案头的这本《雷锋精神 薪火相传》,多角度、全方位地展示了新时期"编外雷锋团"学雷锋志愿者们的靓丽风采。"编外雷锋团"吧友营、出租车营利用网络和微信等现代化信息手段,将线上线下学雷锋融为一体;黄志牧业雷锋营和新荣冠酒业雷锋连勇于承担企业的社会责任,积极投身于脱贫攻坚战役;电力雷锋营、雷锋银行、中心医院营等志愿团体,将雷锋精神融入到实际工作中,热心为群众服务,创造了良好的经济效益和社会效益;雷锋小学努力践行雷锋精神,为学生扣好人生"第一粒扣子"……

在《雷锋精神 薪火相传》一书中,我欣喜地发现,在"编外雷锋团"这面旗帜的引领下,邓州的好人好事如雨后春笋,层出不穷。"不跪的中国人"孙天帅、"京城活雷锋"孙天丛、"抗震救灾英雄战士"武文斌等等这些耳熟能详的名字，都是邓州人的骄傲。还有许多邓州人在自己普通的工作岗位上默默无闻地做着好事：他们有的创业成功后为家乡捐建小学，有的退伍之后拿出全部复原费为家乡安装路灯，有的遇见车祸重伤老人挺身而出及时救助……他们的善行义举一次又一次地温暖着我们的心灵，传递着正能量，他们就是新时代的"雷锋"。

习近平总书记指出，"雷锋精神是永恒的，是社会主义核心价值观的生动体现"。全面实现小康社会，实现伟大复兴的中国梦，既要有物质上的富裕，更要有精神上的富有。学习雷锋精神，弘扬社会主义核心价值观，具有深刻的现实意义和深远的历史意义。邓州"编外雷锋团"就是我们身边的榜样。

邓州"编外雷锋团"的故事需要更多的人知晓，带动越来越多的人加入到学习雷锋精神、弘扬社会主义核心价值观的行列。《雷锋精神 薪火相传》一书，可以让更多的人，特别是青少年，深入了解发生在邓州"编外雷锋团"老同志和新成员身上的感人故事，深入了解发生在一个又一个"邓州好人"身上的接力故事，树立正确的世界观、人生观和价值观。

就在写下这些文字的时候，我得知一个好消息，又有两个团体申请加入邓州"编外雷锋团"，"时代楷模"的队伍在不断发展壮大。心向往之，躬身践行，我相信，越来越多的新时代雷锋故事，将会在邓州、在中原大地精彩上演。

2019 年元月于北京寓所

书写新时代的雷锋故事(序)　周大新　/1
引言　/1

上编　和雷锋在一起的日子

参加团代会　/7
校外辅导员　/10
看到光明　/13
散落水泥　/15
赶好马车　/16
裂口棉裤　/18
五碗米饭　/20
深夜谈心　/21
打开心结　/23
生病慰问　/25
双杠教练　/26
签名照片　/27
不搞特殊　/28
抓阄送别　/29
伟大出自平凡　/30

中编　做播撒雷锋精神的种子

永做雷锋精神传人　/35

雷锋精神长相伴 ／38

交通系统"冯富翁" ／40

公正无私做公证 ／43

忠诚无私"铁管家" ／46

干一行精一行 ／49

谱写精神文明之歌 ／53

怕死不当刑警 ／56

丰碑竖在群众心中 ／59

百姓心里有杆秤 ／62

下岗创业奔小康 ／65

魂系黄土地 ／68

围绕"城"字做文章 ／73

携手同走雷锋路 ／76

传递爱与光明 ／81

爱心接力十九载 ／85

爱的暖流在网上流淌 ／89

"马路天使" ／93

护航"健康邓州" ／97

立足岗位学雷锋 ／100

一个人带出一群"代理妈妈" ／102

扎根乡间的志愿服务队 ／104

守卫舌尖上的安全 ／107

车轮上的"微信公众号" ／110

雷锋精神拨响青春琴弦 ／113

帮助别人，快乐自己 ／116

艰苦创业，扶弱济贫 ／119

点亮心灯，与爱同行 ／122

从亏损到旗帜 ／124

点亮希望之灯 ／128

系好人生"第一粒扣子" ／130

"雷锋社区"雷锋多 / 133

乡村医生的仁心大爱 / 135

"道德酵母" / 138

爱心创造生命奇迹 / 142

从"袁老师"到"袁姐" / 143

群众眼里的"热心人" / 145

扶危救困志不移 / 148

元宵节送来分红款 / 151

生死时速 30 分 / 152

传好雷锋精神接力棒 / 154

雷锋精神之花绚丽绽放 / 157

下编　雷锋在邓州　邓州好人多

"不跪的中国人" / 161

"京城活雷锋" / 165

"抗震救灾英雄战士" / 168

传递"义乌温度" / 173

烈火英雄 / 177

"最美路人"温暖全城 / 179

爱心点亮村庄 / 181

兄弟三个"兵",个个是"雷锋" / 183

仲景故里"活雷锋" / 185

"爱心粥铺"集结爱心 / 187

邓州救援队 / 189

浪漫和公益一起飞 / 192

帮聋哑老人回家 / 193

"电击男孩"获得新生 / 195

用生命践行诺言 / 197

8 小时接力救援 / 199

给村里孩子送一所学校 ／201

爱管"闲事"的窦学钦 ／203

三名弃婴有了新家 ／206

45年的执着坚守 ／208

"一元钱支书" ／212

千名干群送亲人 ／214

小于书记 ／216

张淑兰脱贫记 ／218

让贫困户放飞心灵 ／221

11岁少年捐髓救母 ／223

捐肾救子 ／225

患难夫妻演绎真爱 ／227

"五好"角色 ／229

带领残疾儿童向幸福出发 ／231

最美乡村女教师 ／233

"知心姐姐"的心灵之约 ／235

"每一个学生都是百分之百" ／236

警营"女宋慈" ／239

路见不平一声吼 ／241

放羊娃一路打工进清华 ／243

崇拜自己的残奥会冠军 ／246

"瓷娃娃"圆了大学梦 ／249

从白云到白云朵朵 ／252

人人皆可成为"雷锋" ／257

后记 ／259

引　言

邓州有个"编外雷锋团"。

1960年8月，历史的机缘巧合，邓州市560名青年应征入伍到原沈阳军区工程兵工兵第十团，恰好和比他们早入伍8个月的雷锋同志在一个团服役。在全团军人大会上，他们都亲耳聆听过雷锋的忆苦思甜报告、学习毛主席著作经验介绍和先进事迹报告。其中，有32名同志还与雷锋同在一个连队，和雷锋朝夕相处，一起生活、学习和工作，得到过雷锋的真诚帮助和热情关怀，亲身感受到了平凡而伟大的雷锋精神。

从1964年到1985年，邓州560名雷锋生前战友相继复转回乡，他们把对雷锋的印记，连同雷锋精神一起打进背包，带回了家乡，用默默的行动诠释了雷锋精神的伟大。

1991年初，解放军画报社编辑部主任陈德通来到邓州采访雷锋战友们的事迹。看到在一个市的范围里有560名雷锋战友，并且返乡后坚持学雷锋，这使他非常兴奋。照片拍摄完之后，他陷入沉思，起个什么名字才够响亮呢？

想到宋清梅从战士一直当到雷锋生前所在团团长，姚德奇当过政治处主任，还有的同志曾经当过营长、连长、排长、班长，在雷锋精神的旗帜下带领大家学雷锋，陈德通灵光一闪，就叫"邓州编外雷锋团"吧。他这个创意一提出，就得到了同来采访同志的一片叫好。后来这个专题就以"邓州编外雷锋团"为题刊登在当年《解放军画报》第3期上。看到这个专题，《人民日报》

等中央媒体纷纷前来采访,"邓州编外雷锋团"从邓州很快走向全国。

"编外雷锋团"的称谓在邓州也叫开了,但这并不是一个固定的组织形式,大家各干各的,学雷锋活动整体上还是各行其事。以什么形式组织起来,雷锋的这些战友们还拿不定主意。

正当雷锋战友们为"群体性的学雷锋活动应采取什么样的组织形式"犯愁的时候,邓州市委、市政府把这560名雷锋战友学雷锋的事儿摆上了市委常委会和市领导办公会。

经过深入积极讨论,邓州市委领导层的思想高度一致,对本市几百名雷锋战友学雷锋活动要充分肯定,大力支持,要积极发挥他们的示范带头作用,推动全市城乡学雷锋活动的有效开展。市委决定成立"邓州市学雷锋指导委员会",主要成员由宋清梅、姚德奇等雷锋生前战友组成。该委员会不仅对560名邓州籍雷锋战友本身学雷锋活动进行协调,还对全市城乡的日常学雷锋活动进行指导。

实践证明,"邓州市学雷锋指导委员会"在学雷锋活动中确实发挥了很大作用,但也存在一些不足。比如指导委员会不是一级领导机构,要组织开展大型学雷锋活动,就没有"发号施令"的权力。再者说,560名雷锋战友分散在全市城乡,想把大伙召集起来开展活动,还得经过各部门、各系统、各乡镇一级一级去通知,效率比较低。

根据实际情况,1997年4月,邓州市委、市政府、市人武部领导经过审慎论证、研究,决定成立群众性学雷锋组织邓州"编外雷锋团",下发"红头文件",在民政部门正式注册。宋清梅任团长,姚德奇任政委。邓州市市长、市人武部部长担任名誉团长,市委书记、市人武部政委担任名誉政委。"编外雷锋团"下设三个营,分布在16个乡镇。雷锋战友们由个体自发学雷锋变成了有组织的集体行动。在南阳军分区、邓州市委、市政府和市人武部的领导下,经多方协调,从2002年至2013年,先后5次从当年应征入伍的青年中精选出不同名额的新兵,输送到雷锋团,共计345人。经过雷锋团的培养、教育,接受雷锋精神的熏陶和洗礼,服役期满回邓州后,吸收到"编外雷锋团",组建"薪火营",成为团队新生的骨干力量。目前,"编外雷锋团"已发展壮大为25个营14000余人。

2014年3月11日,习近平总书记出席十二届全国人大二次会议解放军代表团全体会议，在亲切接见某工兵团"雷锋连"指导员谢正谊时说："雷锋精神是永恒的，是社会主义核心价值观的生动体现。你们要做雷锋精神的种子，把雷锋精神广播在祖国大地上。"习近平总书记还谈起"郭明义爱心团队"和雷锋生前所在团原团长宋清梅组织的河南邓州"编外雷锋团"。看到新闻之后，"编外雷锋团"的老同志们内心十分激动，联名给习近平总书记写信，表示要不负厚望，一辈子传承雷锋精神。

3月17日，信寄往北京。5月5日，中共中央办公厅调研室给"编外雷锋团"回信："你们写给习近平总书记的信收到了。在离开雷锋的日子里，你们接过他的旗帜，踏着他的足迹，创建'邓州编外雷锋团'，持之以恒地传承雷锋精神，推动学雷锋活动在中原大地蓬勃开展，你们的所作所为令人感动。相信在你们的影响下，会有更多的人加入弘扬雷锋精神的队伍，积极传递真善美、传播正能量。祝你们身体健康、工作顺利、生活愉快。"看到回信，"编外雷锋团"的所有成员都异常振奋，决心将学雷锋这面大旗一扛到底。

2014年6月25日，中宣部授予邓州"编外雷锋团""时代楷模"荣誉称号，授予决定中这样写道："河南省邓州市'编外雷锋团'由雷锋生前所在团560名邓州籍退伍战士组成，他们始终铭记'雷锋战友'的光荣称号，把传承弘扬雷锋精神作为崇高追求，坚持不懈开展学雷锋志愿服务活动，积极吸纳社会各界共1万余人参加，成为中原大地传承弘扬雷锋精神的一面鲜艳旗帜。"

邓州市充分发挥"编外雷锋团"的示范引领作用，用雷锋精神培育、践行社会主义核心价值观，在全社会倡导奋发向上、崇德向善的社会风尚，涌现出了勇救车祸现场受重伤老人的"最美路人"张楠、29年如一日坚守在基层法医岗位的"全国公安机关爱民模范"李华敏和"爱心粥铺"、邓州救援队等许多先进典型。截至2018年12月，邓州市1人当选"感动中国"人物，1人成为"感动中国"人物候选人，2人当选"感动中原"人物；1人当选河南省道德模范，2人荣获河南省道德模范提名奖；14人荣登"中国好人榜"，8人荣登"河南好人榜"。

在家乡接受雷锋精神熏陶之后，邓州人又将雷锋精神的种子播撒向全国。在北京，孙天丛救助遭遇车祸的老太太后悄然离去，被誉为"京城活雷锋"；在汶川，年仅26岁的武文斌累死在抗震救灾第一线，被中央军委授予"抗震救灾英雄战士"称号；在广州，因勇擒抢劫歹徒，井铁顺被授予"广州市十大见义勇为好市民"称号；在义乌，丁玉平先后帮助上百名外来务工者免费维权，还先后筹集3万多件衣服，送到中西部贫困地区，当选"义乌十大好人"……

2018年4月，"编外雷锋团"被中宣部、中央文明办授予"全国最佳志愿服务组织"称号。

上 编

和雷锋在一起的日子

参加团代会

1962年春,沈阳军区要召开共青团首届代表大会,沈阳军区工程兵工兵第十团有两人参加,宋清梅是代表,雷锋是特邀代表。

2月16日,团副政委刘家乐把雷锋和宋清梅叫到办公室,讲了他们这次到军区开会的重要意义,对他们提出了要求。这是宋清梅与雷锋第一次近距离接触。

2月18日下午2点,宋清梅和雷锋到了抚顺瓢儿屯火车站,雷锋争着把他俩的火车票买了。上车时,雷锋扶老携幼,帮着旅客找座位、放行李;之后,他又去给旅客倒开水,帮着乘务员收拾车厢的卫生。待闲下来,雷锋马上从挎包里掏出一本毛主席著作单行本读了起来。他见宋清梅一直望着窗外看风景,便问:"你没带书啊?"宋清梅尴尬地笑了笑说:"没有。"虽然雷锋没再说什么,但宋清梅由此感到了与雷锋的差距……

到军区招待所报到后,宋清梅和雷锋住在一个房间。晚上没什么事儿,雷锋想着宋清梅在车上随意说的一句话:"我只在当兵时坐火车路过沈阳一次,还不知市内啥样呢?"就对宋清梅说:"我领你出去转转。"宋清梅一听乐得蹦了起来! 看了繁华的街道,在路过一家电影院时,那里正在上映《孙悟空三打白骨精》,雷锋说:"这是一个新片子,咱们看场电影吧。"雷锋掏钱买了票,带宋清梅走进了电影院。

坐在大城市的电影院里,看了一部新电影,宋清梅回到招待所睡不着觉,就与雷锋谈起观看电影后的感受,他说:"太好看了! 太过瘾了! 艺术水平太高了!"听了宋清梅的话,雷锋说:"这个电影是不错,艺术水平挺高。但我们看电影不能只看艺术性,还要看政治性。我感到这部电影的思想性特别强。你看孙悟空,是个英雄好汉,立场坚定,旗帜鲜明,对敌人从不抱任何幻想,不管白骨精有多少变化,他凭火眼金睛一下就看透本质,坚决与敌人斗争到底;你看唐僧,虽然有学问,但是非不明,有时把好人当坏人,有时把坏人当好人,结果落入敌人之手,差点丢了性命;你看猪八戒,思想麻痹,私心严重,懒惰,老想上高老庄;你看沙和尚,是非面前,不上不下,不左不右,尽当老好人……"宋清梅一听,感到雷锋真有水平,谈得有观点、有例子,入情入理,使人信服。雷锋接着说:"现在虽然和平了,但我们不能对敌人抱有幻想,他们不会放下屠刀、立地成佛的。我们要学习孙悟空的精神,随时做好战斗准备,学好军事技术,练好工作本领,坚决与敌人斗争到底……"平时在团里,宋清梅就知道雷锋政治觉悟高,理论功底深。这次亲身经历,耳闻目睹,算是彻底服了。他们聊了很长时间,宋清梅困了就睡觉了,可雷锋又趴在桌上写日记。第二天早晨宋清梅一睁眼,见雷锋的铺位上早没人影了,他想,雷锋肯定是帮助服务员打扫卫生去了,因为他是一个闲不住的人。吃饭到了大餐厅,他仍没看到雷锋,心想人家雷锋是名人,是特邀代表,肯定是吃小灶去了。等他快吃完了,忽然发现,雷锋正在厨房里帮着端盘子洗碗哩……忙完他才匆匆吃了点饭,与大家一起去开会。宋清梅被雷锋这一系列的行动所感染,雷锋再做这些工作时,他就跟着一起干。

在大会上,雷锋作了事迹报告,引起了强烈反响。找他签名、留言的人特别多,有时房间的桌子上摆了上百个各式各样的本子,雷锋就抽时间一个一个地给人家签名、赠言。

会议就要结束了,因雷锋要留下去部队作巡回报告,不能与宋清梅一起回团部了。告别时,他再三叮嘱宋清梅:"回去后不要因为出席了一次团代会就骄傲自满,止步不前。要继续保持谦虚谨慎、不骄不躁的作风,要多与其他代表通信联络,交流思想,取人之长,补己之短。要经常帮助新战士、体弱的战士和后进战士学习理论知识,站站岗,洗洗衣服,坚持为人民做好事,争取早日加入中国共产党。"

宋清梅对雷锋说:"你给我也留个言,作为我工作努力的方向。"雷锋认认真真地在宋清梅的笔记本上写道:"亲爱的宋清梅同志,送你几句话,一个革命者,就应该把自己的毕生精力和整个生命为人类的解放事业——共产主义全部付出。"

1962年8月初的一天,宋清梅和雷锋再次见面。这次见面,宋清梅感到特别亲切。雷锋问他身体怎么样,特别问了和参加沈阳军区首届"团代会"的先进人物有没有联系。宋清梅说很少联系,觉得他们都是优秀人物,自己和他们的差别大。雷锋告诉他,联系也是一种学习,也是提高自己的一种方法。只有通过联系，才能得到先进人物的帮助，才能不断完善自己，提高自己，才能虚心向他们学习。宋清梅觉得雷锋的话很有道理，非常认同。雷锋对宋清梅提出了要求：第一，一定要好好学习。只有学习才能提高自己，开阔眼界，开阔视野。第二，一定要把工作做好，做一颗永不生锈的螺丝钉。第三，向先进学习，要多通信，提高自己，争取早日加入组织，加入共产党。

从沈阳军区参加完会议后，宋清梅回到部队，利用星期天专门跑到抚顺市新华书店买了十多本毛主席著作单行本。后来，他也成为部队学习毛主席著作积极分子。

在雷锋赠言的激励下，在雷锋精神的鼓舞下，宋清梅从战士到班长，从排长到指导员、教导员，一步一步成长为雷锋生前所在团第九任团长，并多次立功受奖。雷锋给宋清梅亲笔书写赠言的笔记本被中国革命军事博物馆收藏。

校外辅导员

新兵训练结束后,姚德奇被分到雷锋所在运输连。当时全连60多人住在一个大筒子房内,双面两层上下铺。雷锋睡下铺,姚德奇睡在他对面上铺。姚德奇和雷锋相处近两年时间,一起生活、学习、工作,成为要好的战友。

部队有个习惯,就是饭前必须唱一首歌。唱完歌以后,开饭了,雷锋拿着报纸给大家读报。报纸上有一些好人好事,一些简单的新闻和苦练杀敌的本领,等等,雷锋就挑着读给大家听。后来,姚德奇也照着雷锋的样子,吃饭时给大家读报纸。但他读报纸的方法跟雷锋读得不一样,不管战士们爱听不爱听,只管读,一读到底。

一天晚饭后,雷锋来找姚德奇谈心。雷锋说:"你下连队后,表现很积极,给大家读报,应该发扬下去。不过给你提个小建议,读报时要注意些效果,不能像倾盆大雨,一下子读到底。这样读,虽然声音洪亮,但效果不太好。读报之前,你自己先理解理解,先自己看看内容,有些长的可以讲,短的才能读。"姚德奇听了之后很受启发,以后读报前,先在报纸上摘些短小精悍的文章,有针对性地读给大家听。这样一读,效果果然很好。

当时,部队号召学习毛主席著作。年底连队总结时,姚德奇代表全班发言,把毛主席的《为人民服务》和《纪念白求恩》两篇文章全部都一字不少地背了下来。除此之外,他还讲了自己怎样积极做好事。讲完之后,他自我感觉良好,暗自得意。

可当姚德奇听了雷锋的发言之后,才发现自己在学习毛主席著作中的差距:雷锋是把毛主席著作当作粮食、武器、方向盘,发扬钉子精神,认真刻苦学习,不仅读得多,还总结了"问题——学习——实践——总结"的理论联系实际的学习方法。

姚德奇向雷锋求教,雷锋对他说:"要说你学得也不错,但是咱学习毛主席著作,不是背记的,让别人听的,主要还是领会毛主席的观点,领会他的思想,结合自己的思想和工作,然后提高自己的思想觉悟,达到把工作做好这个目的。"

1961年春季的一天中午，通讯员通知姚德奇："指导员找你有事。"姚德奇急忙跑到连部，高士祥指导员正坐在办公室等着他。高士祥和蔼地对他说："你先坐下。交给你一项任务，本溪路小学请求，再从连队选派一名优秀战士当校外辅导员。在雷锋的推荐下，经连里研究，让你去当雷锋的助手，这是连里对你的信任。"当时姚德奇很高兴，当场向指导员表态："坚决完成任务！"

第二天，雷锋带着姚德奇去本溪路小学，在路上雷锋对他说："少年是祖国的未来，领导派我们来做这个工作，是对我们的信任，也是学校对我们的期望，同时也是我们的责任。"不知不觉到了学校，老师和同学们一看到他们来了，一下子就围了过来，就像久别的亲人一样。学校举行了欢迎仪式，雷锋介绍了姚德奇的情况。少先队员给姚德奇佩戴了红领巾。在热情洋溢的掌声中，姚德奇讲了话，表示和师生们相互学习，当好少先队员们的大朋友。

回到连队后，姚德奇一直在想，怎样才能做好这项工作，当好辅导员？姚德奇找雷锋请教。雷锋介绍了他的感受和体会："我们必须有一颗爱心和热心去做这项工作，协助学校领导和老师，教育同学们从小都热爱祖国，热爱人民，努力学习，将来成为国家的有用之材。平时可以给他们讲英模故事，使他们从小就向英雄学习，像英雄那样做人，组织他们到社会上参加一些有益的活动等。从小树立爱劳动、爱社会的思想。"姚德奇听了以后受到很大启发和教育。

雷锋听说一个学生贪玩，学习成绩不好，爱吃零食，就亲自找那个学生谈心，组织同学们到连队参观他的节约箱。同学们看到里面有牙膏皮、破铜烂铁、废旧的螺丝钉，真是个"百宝箱"。雷锋还把自己补了的衣服和袜子拿出来让同学们看，为同学们上了生动的一课。那个学生改掉了爱吃零食、贪玩的毛病，学习成绩也跟了上来。为了教育孩子们从小热爱党、热爱祖国，雷锋还经常把自己的苦难家史和新中国成立后获得新生讲给孩子们听。雷锋有时外出开会，回来后总是约姚德奇去学校看看同学们，问问情况，找同学们谈谈心、说说话。同学们也都把雷锋当作自己知心的大朋友，愿意把心里话和遇到的事情讲给雷锋听。

在雷锋的带动和帮助下，姚德奇学会了当辅导员。雷锋出车忙或外出开会不在连队时，他就一个人去参加学校组织的各种活动，给同学们讲战斗英雄的故事，受到了同学们的欢迎。

在雷锋精神的激励下，姚德奇奋发向上，努力学习，积极工作，特别是1963年3月5日毛泽东主席"向雷锋同志学习"题词发表后，他更加坚定了学雷锋的决心和信念。当战士学雷锋，他连续三年被评为雷锋式的好战士，1963年入了党，1964年提了干，并逐步走上了连、营、团领导工作岗位。在各级领导岗位上，他始终坚持不懈带头并积极组织部队学雷锋。在营里当教导员时，他所领导的三个连队都被评为学雷锋、学硬骨头六连式的连队，全营受到工程兵团首长、机关的表彰。在当团政治处主任时，他年年都组织部队开展学雷锋活动，召开学雷锋经验交流会，树立了一批又一批学雷锋典型，用雷锋精神育人，建设部队。

看 到 光 明

20世纪60年代初的三年自然灾害期间，吴帅民的家乡是重灾区。听乡亲们讲，部队吃饭不定量，于是为了能够吃饱肚子就报名参了军。可是到了部队，他发现并不是这样。部队吃饭不仅定量，而且要求自己报量，要节约粮食支援灾区。

因为饥饿，吴帅民在一次站岗时胃里一阵翻腾，两眼一黑，晕倒在地。战友们把他抬回去，卫生队给他注射了葡萄糖，才清醒过来。

有一次，吴帅民在站岗时因为肚子饿得实在受不了，就偷偷翻窗户到炊事班拿了一个馒头吃，被发现后受到了严厉批评。吴帅民气得差一点晕倒。指望到部队吃个饱饭，结果饿晕了，偷馒头挨批又气晕了，吴帅民情绪低落。那时，他也写日记，内容就是：早上二两饭，中午三两，晚上三两。心里不痛快，觉得没啥可写的。

1960年9月的一天，吴帅民接到通知，去听雷锋作"忆苦报告"。雷锋的报告深深地启发了吴帅民，他明白了困难并不可怕，可怕的是不能正确认识困难，缺乏战胜困难的意志和精神。

听完雷锋作的报告后，部队领导又通知一个班派一个代表到连队开座谈会。吴帅民被推荐参加了座谈会。他进连部一看，是雷锋在给大家讲学习毛主席著作的体会。雷锋发言后，连队干部说："现在是自然灾害时期，国家有困难，人民有困难。军队为啥要节约粮食，是为了支援人民，为人民勤俭节约，为人民勒紧裤腰带。雷锋同志一天只吃六两粮，因为过度节食，也曾饥饿晕倒。"雷锋还制作了一个节约箱，把捡到的破铜烂铁和用剩的牙膏皮都放到里面去。

当连队干部向新兵介绍雷锋的这些事迹时，雷锋显得有些不好意思，连连摆手说："我做得还不够。毛主席说，我们的同志在困难时要看到光明。事物都在发展变化，任何困难都是可以克服的，信心就是战胜困难的力量。"

当饥饿威胁的时候，大家情绪都低落，而雷锋却以乐观主义精神战胜饥饿，给了吴帅民鼓舞和力量。受雷锋的影响，吴帅民也决心从毛主席的书籍中汲取营养。星期天，吴帅民去新华书店一下子买了 30 多本毛主席著作单行本。后来，发行《毛泽东选集》四卷，每个星期天他都去新华书店排队购买，但每次都轮不上。直到第 6 个星期天，服务员都被感动了，才挤出一本卖给他。

通过阅读毛主席著作，吴帅民明白了人为什么活着、怎么做人的道理。1964 年，他被提升为排长。1965 年，他到运输连当了副指导员，后来又当了指导员。

散 落 水 泥

一天，一营三连连长安排聂保新和另外4名战士坐雷锋的车去车站运水泥。到车站后，雷锋从驾驶室下来，就帮助战士们往车上背水泥。

聂保新走上前说："雷锋，你是司机，休息吧，一会还要开车呢！"

"这又累不着人，多个人就快一点。"雷锋一边笑着说，一边和战士们一样争先恐后地忙个不停。

装完车，战士们随车来到工厂的仓库，开始卸水泥。出人意料的是雷锋又过来帮着卸水泥。另一个战士劝他说："雷锋，你休息吧，一个人干两个人的活能受得了吗？"雷锋听后又是笑笑说："气力是奴才，歇歇再回来，下班后睡一觉就不累了。"

更让聂保新难以忘怀的是，车卸完以后，战士们跳上车专等雷锋开车回家，谁知雷锋拿个扫帚和撮箕也上车了。他仔仔细细地将散落在车上的散水泥往撮箕里扫。这时有个战士说："咱们这么大个国家，还在乎这点零星水泥？别扫了，开车走吧！"

雷锋一听，一改往日说话先笑的神态，非常严肃地说："勤俭节约是中华民族的传统美德。我们国家虽然大，但毛主席曾教导我们贪污和浪费是极大的犯罪。何况，我们现在正处于困难时期，更不能浪费一分一厘，别小看这几斤水泥，用于工程建设，能砌好几块砖哩！"

战友们听了雷锋的话深受感动，争着帮助雷锋把散落在车上的水泥扫净装入撮箕运到水泥仓库之中。

胡培宽也有类似的经历。1962年3月，他所在的一营一连驻扎在铁岭县大甸子公社后房沟，一天连长安排他和另外两名战友坐雷锋的车去铁岭拉运粮食。装完车，战士们都上车了，雷锋却拿着笤帚和撮箕打扫地上的米粒。在他的感染下，战友们跳下车，把地上散落的米粒一颗一颗地捡起来。

赶好马车

1960年8月入伍后,张三明被分到团运输连。这是新兵们都向往的地方,张三明别提当时有多高兴了。

可等到连队具体分配工作时,张三明傻眼了:竟让他去赶马车。那时汽车是部队的先进装备,非常少,马车、毛驴车就成了部队的日常运输工具,在运输连编有一个马车排。张三明当时非常生气:我在家里放牛,好不容易当了兵,又让我去养马;同在运输连,别人开汽车,叫我赶马车,这也太不公平了!在相当长的一段时间内,张三明的思想转不过弯来,感到低人一等。

团里为了方便工作,把马车排分散到各个营执行任务。张三明心想这样也好,否则天天在一起,人家汽车驾驶员们玩四个轮子,我们马车驭手扯马腿,憋屈!这样眼不见,心不烦。

可有一天,张三明的马车还是和战友的汽车"撞"到了一块儿,那汽车驾驶员正是雷锋。张三明给七连送蔬菜,雷锋为七连拉军粮,就这样不期而遇了。张三明到得早,连队的战士挺热情,给他端了一碗白开水。张三明卸完菜,就在那里喂马,恰在这时,雷锋开着汽车到了。连队的战士一见雷锋来了,那个热乎劲儿就别提了,有的搬凳子让雷锋休息,有的拿毛巾让雷锋擦汗。更可气的是,一位炊事员端出了一碗刚做好的热气腾腾的豆腐脑。

本来张三明一听见汽车喇叭叫心就烦,这下子更是火冒三丈:你们这帮小子也太势利了,他雷锋不就是开个破汽车吗?他雷锋不就是一个先进典型吗?你们也不能这样"捧"他呀?这不是见人下菜碟吗?想到这里,张三明就憋着火装作什么也没看见,马上收拾东西准备撤退。

就在这时,雷锋走过来了:"三明同志,好长时间没见你了,工作好吧?"张三明低着头,也不看他,冷冷地说:"赶个烂马车,有什么好不好的,哪像你们呀,我们吃野草,你们放洋屁。"按理说,张三明不应该对雷锋这样,人家比他当兵早,平时对他也很好,今天见了他主动过来打招呼,他还对人家耍态度。要搁在一般老兵身上,早就开始"损"人了。

雷锋仍笑着走到张三明身边："三明同志，怎么有情绪呀。我知道你的心思，这种想法可不对呀。你为连队送菜，我给连队拉粮，都是为部队建设服务。你赶马车，我开汽车，咱俩只是分工不同，没有贵贱之分。你想想，如果我送不来粮，战友们就吃不上饭，饿肚子；如果你送不来蔬菜，连队光有主食没副食，那饭战友们怎么往下咽呀？再说营养也上不去呀！大家吃不好，上了训练场能有精神头吗？所以，无论干什么，都是革命工作，都很重要。我们每一个人，就像机器上的一颗颗螺丝钉，少了哪一颗都不行！"雷锋的一番话，说得张三明心里暖乎乎的：噢，雷锋这大典型并没有小看我们赶马车的，还把我的工作说得这么重要。张三明的脸也由"阴"变"晴"了。

雷锋因为还要去其他连队送粮，握住张三明的手说："等有时间我们再聊，祝你工作顺心、顺利！"听完雷锋的话，张三明一挥马鞭子上路了，他的心里非常舒坦，把那鞭子打得"叭叭"地响……

后来，张三明又几次见到雷锋：一次是星期天，他在连队的厕所打扫卫生；一次是节假日，他在外面为驻地生产大队捡粪……干的都是脏活、累活。这使张三明对雷锋更加服气了，他不仅说得好，做得也好。张三明在马车驭手的岗位上也干得更安心尽心了。

1964年，沈阳军区召开学雷锋代表大会，张三明在会上介绍了学雷锋经验。《人民日报》也报道了他的事迹，通讯的题目是《为革命甩一辈子马鞭子》。后来，张三明当了排长、连长、副营长，连续16年被评为学雷锋标兵，5次荣立三等功。

裂 口 棉 裤

丁士浩入伍后分配在机械连,与雷锋所在的运输连仅隔一条马路。

1960年12月,连队组织参观运输连宿舍。当时正值三年自然灾害期间,在运输连宿舍前,大家首先看到雷锋写的一份《倡议书》:"我们部队也要节约粮食,支援国家建设……"在雷锋宿舍的门口左侧,丁士浩看到了雷锋自制的节约箱,箱内装有螺钉、螺帽、牙膏皮、废铁、废铜等物品。

正在参观时,刚好雷锋外出回来了,他笑着给大家打招呼说:"你们在看节约箱啊!"

这时一个战友好奇地问:"你怎么想起发倡议、做节约箱这样的鲜点子?"

雷锋坦诚地说:"这不是我的鲜点子,是毛主席他老人家教导我们要勤俭节约。现在,我们国家正处于自然灾害期间,我们应该按毛主席的教导办事。"

1961年春节快到了,连队周围不断响起鞭炮声。除夕傍晚,丁士浩不小心把棉裤从屁股后面到腿上挂烂了一个大口子。他缝了半天,不但没缝好,手还叫针扎流血了。看着裤子缝得疙疙瘩瘩不像样子,想想第二天就是春节了,丁士浩伤心地躲在厕所旁边"呜呜"地哭起来。

听到哭声,正在厕所里刨尿冰的雷锋手里提着钢钎走了出来,对丁士浩说:"战友,你哭什么?有什么伤心事给我说说。"

丁士浩指了指自己的棉裤说:"你看这裂了个大口子多难看,我也不会缝,我太笨了。"

"你别哭了,跟我来,我给你缝。"雷锋把丁士浩领到班里,让他脱下棉裤,又拿棉被给他盖上腿。雷锋把他缝的棉裤线拆掉,又重新补了一层。雷锋边缝补边说:"我们当兵就是干革命,就得为人民服务。现在咱们国家正值困难时期,咱们生活上就要艰苦一点。"雷锋还跟他说起革命前辈长征时的故事,说能吃苦的人有出息,能吃苦的人打胜仗。棉裤缝好以后,雷锋从挎包里把毛主席著作《为人民服务》的单行本送给丁士浩，并在本子上写上："丁士浩同志，愿你认真学习毛主席著作，当一颗永不生锈的螺丝钉。"

自己个子比雷锋高大，工作却不如人家干得好，丁士浩感到非常惭愧，决心向雷锋学习。班里有个战友叫李福有，一个字也不识，丁士浩就和他结成了帮学对子。早上还没有吹起床号，他们俩就学着雷锋去厕所里刨尿冰。一刨一个白印，冰凌一到身上就化了，变成了尿，臭烘烘的。但是想想雷锋都不嫌脏，就继续干了下去。

春节期间，战士们轮流着外出上街。轮到丁士浩出去时，他正在洗衣裳，身上、裤子上溅了许多肥皂沫。他刚走到大门口，就听到有人喊："小丁，小丁，你咋搞哩？"丁士浩一看是雷锋站在哨位上。雷锋关心地说："你看你这身上。"丁士浩这才发现自己身上一层肥皂沫。雷锋对他说："擦干净再上街，小伙子干干净净的多精神，也能表现咱革命军人的好形象。"丁士浩惭愧地低下了头，感觉雷锋时时处处都值得自己学习。

五 碗 米 饭

1961年冬天的一个上午，下着小雪，刮着五六级的东北风。三连的张天玉和4名战友乘坐雷锋驾驶的嘎斯汽车，到50里外的一个山村给连队拉冬储白菜。

装好车，已经快下午两点了，地方干部热情地挽留战士们吃饭。大伙也都想吃两碗热饭再走，可是雷锋婉转地谢绝了对方的盛情挽留，招呼大家上车返回。

又冷又累又饿的战士们心里自然不快，都噘着嘴不说话，上车的动作也有点拖拖拉拉。站在车门一边的雷锋看大家有情绪，便逗战士们说："同志们，是不是饿得走不动了？"

张天玉是典型的邓州"二火山"性格（邓州方言，指人的性格直、硬、犟、倔、拗），就发了一句硬邦邦的牢骚："人是铁，饭是钢，一顿不吃饿得慌。"雷锋扭转脸冲他笑笑，没再说话，跳进驾驶室，发动车，出发了。

不一会儿，车在一个小集镇停下了。只见雷锋跳下车，招呼大家："同志们，下车开饭啦！"战士们这才注意到车停在一个饭铺门前。当时，战士们每月只有六块钱津贴，还想攒着寄回去补贴家用，一般身上都不带钱，所以你看看我，我瞧瞧你，说："没钱吃风喝凉水。"一名老兵说："饿不着，咱拉这么一大车菜，就在这食堂换碗饭吃。"战士们一听有门道，就跳下车要搬白菜。

没想到一向温和的雷锋却突然严肃起来，制止大家说："同志们，咱们是军人，可不能损害集体的利益，随便沾公家的光。我给同志们开饭钱。"说完，便给战士们每人买了一碗大米饭，而他却坐在旁边的小凳子上，拿出《毛泽东选集》认真看起来。那名老兵问他为啥不吃，他笑着说："我不喜欢吃米。"

副司机要和雷锋分吃一碗饭，刚说句"哪有湖南人不喜欢吃米的……"便被雷锋用眼色制止了。不知雷锋小声说了句什么，那个副司机叹了一口气，坐到一边吃饭去了。事后，大家才从副司机那里知道，那天雷锋身上带的钱不够买六碗饭。

深 夜 谈 心

1962年4月底，渡河连奉命到辽宁铁岭县百官屯执行国防施工任务去了，王子安和战友李元祥奉命留守营口市营房和喂猪。

5月初的一天，雷锋同志和乔安山开着一部嘎斯51车来到了营区。在雷锋和乔安山的帮助下，王子安他们把渡河连冬藏的几千斤白菜、萝卜，还有一大桶豆油和近千斤的高粱米、大豆装上了车。王子安披上大衣跟车押运。

行至离海城县（现海城市）大约十几里路时，汽车突然向右朝着路边沟里急剧地一扭，王子安在车上吓了一跳。只听得刹车唧唧地响。好在道旁的沟不深，沟底也平缓，车三晃两晃在沟底抛了锚。

雷锋、乔安山下车就钻到车下检查。从他俩的对话中，王子安知道是一个高压线圈烧了，造成方向操控失灵。雷锋派王子安看守车，让乔安山去附近群众家借镐头和铁锹开挖爬坡道。他自己去海城驻军某部求助。

雷锋带着配件回来，修好车，把车开到路上时，已经是下午四五点钟了。这时，他们三个都感到饿得是前胸贴后背。在开车向老乡还工具时，他们借群众的锅灶，用车上的粮菜，做了一顿饭。临走时，雷锋同志坚持给老乡留下了借用柴草和盐巴的三毛钱（那时军人伙食标准一天0.39元，一马车秫秸七八元）。

乔安山同志的二哥在鞍山市工作，乔安山请求雷锋同志顺便回家看一下哥嫂，很有人情味的雷锋同意了。车到鞍山市乔家，街道上已是灯火闪烁。

饭后，雷锋有意让乔安山和家人叙叙家常。他约上王子安，并肩坐在驾驶室里。俩人像一见如故的亲兄弟，无话不说。

王子安听过雷锋的报告，对雷锋崇拜得不得了。王子安说："我也是穷人家的孩子，出生时因家贫被现在的父母收养，也是共产党来了才有今天，才能当个革命军人。"

雷锋听后十分同情地说："咱们是阶级兄弟啊，为了一个革命目标，从五湖四海走到一起，应该报答党的恩情，保卫好革命成果。要读毛主席著作、学习好毛泽东思想，弄懂当兵为什么，活着干什么，目的明确，才能干好工作。"

听了雷锋的话，王子安的心胸一下子开阔了许多。不知不觉，俩人谈到了深夜。直到乔安山喊他们回去休息，他们才依依不舍下了车。

打 开 心 结

1960年8月,18岁的李炳武已经是县剧团的一名演员,每月有20多元工资收入,但他却报名入伍了。

3个月的新兵训练一结束,文艺功底扎实的李炳武直接被选派入了团文艺队。12月初的一天,雷锋来到排练现场,和队员们亲切打着招呼。雷锋来到李炳武面前,握着他的手说:"你是新来的吧,叫什么名字?"一旁的编导张勇说:"这个新战士叫李炳武,河南来的新兵,不但会演小节目,而且还会唱戏呢!"

雷锋听了,笑着说:"李炳武同志,欢迎你呀,真是太好了,要发挥你的文艺才能,宣传毛泽东思想。"在雷锋的邀请下,李炳武用二胡为雷锋的笛子伴奏《我是一个兵》。

当时由张勇主创,李炳武执笔,创作了诗剧表演唱《节约标兵——雷锋》,李炳武演雷锋。雷锋观看了彩排后,笑着鼓励说:"剧目编得很好,演得也很好,只是我做得没有那么好。今后,咱们要互相学习,互相帮助。"

"保家卫国"是李炳武参军的热血激情,但同时,他还有一个埋藏在心里的小秘密,希望能够在部队得到破解:1950年,大哥所在的部队奉命入朝,从此音讯皆无。在部队,他把这一"秘密"写成文字呈给了组织。半年后,他接到了师里通知,方才得悉大哥早已在战斗中牺牲。一连几日,李炳武少言寡语,情绪非常低落。

"小李子,是不是有心事?"一天,到文艺队指导节目排演的雷锋主动找到他,问他。

得知真相后,雷锋深情地对李炳武说:"小李子,咱哥是为国家牺牲的,他死得光荣。"临别时,他叮嘱李炳武,"在部队要好好干。"尽管和雷锋只见过五次面,但雷锋的这些话却始终烙印在李炳武的脑海里。1962年5月17日,李炳武接到大哥革命烈士证书时,他再次泪流满面,想起雷锋的话:"他死得光荣。"

"在部队要好好干！"雷锋的这句叮嘱也始终烙印在李炳武的心头，成为他前行的动力，连年被评为"五好战士"，受到嘉奖，荣立三等功，加入了中国共产党。

生 病 慰 问

1961年8月，刘怀友随部队赶到抚顺县下哈达村（司令部驻地）施工时得了痢疾，被战友送到卫生队隔离治疗。

刘怀友一个人躺在病床上，病痛难受，孤单无聊。这时，一个卫生员进来说："雷锋来看望战友们了。"刘怀友惊奇地翻身站了起来。雷锋来到他身边，拎了一网兜子苹果和一兜子饼干。

他赶紧让雷锋坐下，雷锋扶着他坐下，问长问短问寒问暖。

刘怀友说："我听过你的报告，认识你。"

雷锋关心地说："既来之，则安之，你要好好配合治疗，早日恢复健康，重返工作岗位。"

雷锋走后，卫生员告诉刘怀友：这些苹果是雷锋参加抚顺市人民代表大会发的，他舍不得吃，来看望我们病员。饼干是雷锋自己掏钱买的。

雷锋在当天的日记中记下了这感人的一幕。此后，每当读到这篇日记，雷锋亲切的话语就回响在刘怀友耳边。

刘怀友苦练杀敌本领，很快成为神枪手，被提升为侦察班班长，在国防施工中荣立二等功一次，三等功三次，连年被评为"五好战士"。

双 杠 教 练

1961年2月初的一天,雷锋从抚顺来到了营口作巡回报告。一个午饭后,战友们来到小操场自由活动。防化排战士李成永由于身单力薄,站在双杠前,连上几次都没有成功。

雷锋笑着走过来,对他说:"小同志,练双杠,不要光凭力气,还要讲技术要领。你看。"雷锋双手放在双杠上说,"双手要紧紧抓住双杠两头,臂直,吸腹,屁股上抬,双脚用力蹬地,起跳。"说着,只见他脚蹬地,拉双臂,一纵便上了双杠,并打了一个标准的浪,又一个漂亮的翻身,跳下了双杠。动作是既干净又利落。接着,雷锋又对李成永说:"就这样简单,你再来试试。"

看着雷锋同志满含鼓励与期望的目光,李成永一下子鼓起了勇气,充满信心地双手抓住了双杠,正要起跳,雷锋同志适时地双手叉住他的腰部,向上用力一托,喊了一声"上"。李成永借着雷锋的托力,一下子就上了杠。但仍然不能像战友们那样打浪、翻身下杠。

下杠后,雷锋鼓励他说:"就这样练,要记着起跳时,带动屁股向上向前跳,你老是屁股向后坠,所以就不容易上杠。"

在雷锋同志的帮助下,李成永练了一遍又一遍。由于掌握了技术要领,又有雷锋同志不厌其烦的鼓励、助托,在冰天雪地里,虽然练得满头大汗,却一点也不觉得累。

一个多小时很快就过去了,雷锋对李成永说:"今后要注意练练双臂的拉力和撑力,就好了。今天就练到这吧。休息一下,下午还要训练呢。"

事后,李成永想:"雷锋的身高也不比我高,身体也不比我魁梧,各方面却都很突出,都能走在前面,成为战友们的榜样。我咋就做不到、做不好呢?"从此,他暗下决心:"雷锋是我的榜样,我要向他学习,向他看齐,做一名优秀的人民子弟兵。"

签 名 照 片

范元明刚入伍时，虽在全团军人大会上听过雷锋忆苦思甜报告，但和雷锋不在一个连，一直渴望能与雷锋有近距离接触。

1961年秋季的一个星期天，范元明和辽阳籍战友石玉琪、赵纯业去服务社买日用品。返回路过运输连时，他俩说："咱们一块找雷锋玩一会儿。"范元明惊喜地问："你们咋认识雷锋？"他们告诉范元明，他们和雷锋是同时入伍的辽阳兵，并与雷锋在一个新兵班学习、训练、生活过，战友情谊很深哩。于是，范元明就同他们一起向运输连走去。

走到运输连门口，他们一眼就看到雷锋正在水池边洗衣服。赵纯业抢先问道："你怎么星期天不休息，洗这么一大堆衣物？"雷锋回答说："几个同班战友出车了，我趁空把他们换下的衣服、床单洗洗。"边说边擦手把他们往住室让。接着他们便坐在床边亲切地寒暄、交谈起来。谈话间，雷锋指着范元明问："他是你们连的？"赵纯业说："对，还是一个排的呢，他叫范元明，邓县兵，晚咱们几个月入伍。"

当时雷锋像一个大哥哥一样对范元明说："咱们都是从五湖四海来到部队，从老百姓到部队，是革命征途上的一个新起点，是人生道路上一个转折点。"同时鼓励他："要遵守纪律，服从命令，听从指挥。要多学毛著，勤学苦练，当一个合格的革命军人。"

分别时，雷锋对赵纯业和石玉琪说："我们是老战友，元明是新战友。"说着主动拿出相夹，取出一张小五分照片，递给范元明说："这张照片送给异乡战友，我们是阶级兄弟，让革命友谊像松树一样长青永存。"当时范元明激动地双手捧过照片，正想往口袋里装，赵纯业、石玉琪不约而同地说："不如请雷锋在照片上留个字，这样更有意义。"于是雷锋接过照片，不假思索地在背面写道"赠给范元明战友。雷锋战友"两行字。

这张珍贵的照片成了范元明对战友雷锋永恒的纪念。几十年来，他时常默默地叮嘱自己："我是雷锋的战友，绝不能给雷锋脸上抹黑！"

不 搞 特 殊

1961年8月1日，是个星期天。冯友斌到团军人服务社买牙膏，刚好遇到雷锋在买油光纸。雷锋对服务员说："我想买张破的油光纸。"服务员疑惑不解地说："人家都买好的，你为啥要买烂的？"雷锋回答说："我买纸是钉本写字用的，我看上边有几张烂边纸不好卖，就把边裁后订本不影响写字。"

于是服务员就把表面的三张破边纸拿给了雷锋。付钱时，服务员说："好纸每张五分钱，这三张烂边纸每张就按3分吧。"不料雷锋却说："破纸每张我也给你5分钱，因为这既不影响我写字用，也不会给国家造成损失。"说着便将一毛五分钱放在柜台上转身离去。服务员喊他："找你钱。"雷锋边走边回头招手说："刚好，不用找。"

服务员望着雷锋的身影，感慨地说："真是个好战士，处处事事都在想着国家。人人都像这样，国家哪有克服不了的困难！"

冯友斌站在柜台边，目睹雷锋战友一心为公、艰苦朴素的精神和风格，在心中默诵着服务员的话，暗暗告诫自己：雷锋就是身边最好的学习榜样和楷模。

1961年10月28日，星期六，冯友斌所在的六连完成了在抚顺章党施工任务，返回望花区营房。连队还有2万多斤白菜存放在驻扎的大南沟村。连队派冯友斌和刘振海留守，等待运输连的车来拉。上午11点多，他俩听到汽车喇叭声，急忙跑出屋去，看到了雷锋开的"J7-24-13"号汽车，车一停下，雷锋和副司机乔安山就跳下车来。冯友斌对他俩说："先吃饭，再装菜。"雷锋说："好，我俩先检修一下车。"

那天中午，六连原本热的是高粱米饭。见来了运输连的战友，他俩马上又烙了饼子，炒了两个肉菜。雷锋他们检修完车辆，吃饭时，看专门为他们准备了招待餐，就端起高粱米饭吃了起来。冯友斌急忙拿来饼子，要夺雷锋的碗。雷锋阻止他说："司机不能搞特殊。我也喜欢吃米饭。你们施工多辛苦，就把饼子分吃了吧！"冯友斌拿着饼子，看了看桌上的饭菜，又看了看吃得又香又甜的雷锋，感到雷锋是那么的伟大。

抓阄送别

1960年8月，胡殿明从邓州市孟楼镇胡庄村（原邓县彭桥公社胡庄大队）应征入伍。因为出生在一个"铜匠世家"，从小从长辈那里学了点修理和制造各种家什的手艺，胡殿明被分到了团修理所。他对汽车、枪械、施工机械的维修特别感兴趣，学起来也特别刻苦。一年后，胡殿明成了一专多能的修理员，多次攻克技术难题。在同年兵中，他第一个被团里评为"技术能手"，当了技师。

因为胡殿明的技术好，雷锋开的车出了毛病，经常指名道姓让他修理："你修得快，修得好，就可以让我的车少窝工，多完成部队的任务。"1962年春季的一天，雷锋到修理所找胡殿明修车。见胡殿明对运输连配发的新式工作服很感兴趣，雷锋就把自己新发的工作服赠送给了他，并制止了他擅自拆改自己旧式工作服的做法。

雷锋牺牲的噩耗传来，胡殿明捧着雷锋送给自己的工作服，陷入无比悲痛之中，连着三四餐没进一粒饭。社会各界参加雷锋追悼会的人太多，上级只分给修理所一个名额。胡殿明哭着找领导，非要去参加雷锋的追悼会不可。可全修理所的人，没有一个不想去送雷锋最后一程。

所长见大伙争得不可开交，就采取抓阄的方式，谁抓着谁去。胡殿明正好抓着那个写着"送雷锋一程"的纸团。一开始有的人不服气，认为这里边有手脚，是所里领导看胡殿明哭得可怜，有意在纸团上做了记号，暗示他抓的。后来，在众目睽睽之下，胡殿明连抓两次都抓到了"送雷锋一程"的纸团。

这下战友们服气了，猜测说："这几年，胡殿明跟雷锋接触最多，感情最深，是雷锋在天之灵在暗中帮助胡殿明！雷锋的英灵，希望胡殿明再去送他一程！"

伟大出自平凡

雷锋是伟大的。雷锋是实践社会主义、共产主义思想道德的楷模,他以22岁的短暂一生谱写了无比壮丽的人生诗篇,树起了一座令人景仰的思想道德丰碑,是全国人民学习的光辉榜样。雷锋精神是中华民族精神的重要内容,哺育和激励了一代又一代人成长。

雷锋又是平凡的。作为雷锋的战友,"编外雷锋团"的老同志们亲身经历见证了发生在雷锋身上的一件件小事。和雷锋一起出席团代会,宋清梅看到雷锋在车站扶老携幼,上车后帮着旅客找座位、放行李,给旅客倒开水,帮着乘务员收拾车厢的卫生。团代会结束,雷锋给宋清梅题写赠言,勉励他不断进步。给战士们读报,雷锋教会姚德奇考虑战士们的感受。赶马车觉得低人一等,张三明思想上转不过来弯儿,雷锋给他做思想工作,张三明心服口服,成了部队先进。清扫车上散落的水泥,帮着战友缝补棉裤,慰问生病战友,等等,这些事情都再平凡不过了。

伟大出自平凡。雷锋出差一千里,好事做了一火车。一件件的平凡小事,一幕幕的动人情景,总是发生在这个平凡的战士身上。在全心全意为人民服务的伟大实践中无私地奉献自己,集中反映了雷锋和雷锋精神平凡而伟大的基本特征,是一种为社会和他人而献身的崇高道德品质,充分体现了社会主义核心价值观。老一辈无产阶级革命家董必武在《歌咏雷锋同志》诗中由衷地称赞:"只作平凡事,皆成巨丽珍。普通一战士,生活为人民。"人们正是从雷锋这些平凡的事迹中,体会到一种对事业的执着追求,感受到一种伟大的精神力量。

我们欣喜地看到,在新时期涌现出的一大批道德楷模身上,无不闪耀着雷锋当年为人民、为社会无私奉献精神的光辉。他们像当年的雷锋一样,用平凡的行动和伟大的精神,感动和带动人们见贤思齐,奋发向上。

在海拔3600多米、每年有大半年时间大雪封山的"孤岛"玉麦,桑杰曲巴老人与女儿卓嘎、央宗放牧守边的故事,感动了无数人。是什么让这两个弱女子在半个多世纪的岁月中战胜了孤苦、守住了家园?卓嘎、央宗姐妹俩没有豪言壮举,而是时刻铭记父亲"家是玉麦,国是中国"的教诲,把五星红旗看得比自己的生命还重要。几十年如一日放牧守边,体现了卓嘎、央宗姐妹对党忠诚、热爱祖国、信念坚定的政治品格,一心戍边、扎根边疆、建设家乡的崇高精神,坚韧不拔、长期坚守的顽强意志,生动诠释了中华民族最质朴的家国情怀。

2017年10月28日,习近平总书记给西藏隆子县玉麦乡牧民卓嘎、央宗姐妹回信:"在海拔3600多米、每年大雪封山半年多的边境高原上,你们父女两代人几十年如一日,默默守护着祖国的领土,这种精神令人钦佩。我向你们、向所有长期为守边固边忠诚奉献的同志,表示崇高的敬意和衷心的感谢。"

习近平总书记在会见"中国民航英雄机组"时指出:"伟大出自平凡,英雄来自人民。把每一项平凡工作做好,就是不平凡。"习近平总书记对王继才同志先进事迹作出重要指示强调:"王继才同志守岛卫国32年,用无怨无悔的坚守和付出,在平凡的岗位上书写了不平凡的人生华章。我们要大力倡导这种爱国奉献精神,使之成为新时代奋斗者的价值追求。"

伟大出自平凡,英雄来自人民。家是最小国,国是千万家,每个人的生命体验都与家国紧密相连。爱国、奉献,从来都不是空洞的口号,而是实实在在的具体行动。个人要把自己的人生和理想同祖国的前途、民族的命运紧密联系在一起,把日常每一项最简单的事情做好就是不简单,把最平凡的事情做好就是不平凡。

中 编

做播撒雷锋精神的种子

"编外雷锋团"团长宋清梅

永做雷锋精神传人

1985年,中央决定裁军百万。宋清梅服从组织安排,转业回到了地方,被安排在邓州市文明办任副主任。当时很多亲属劝他:"你是雷锋团团长,却安排个副主任,去找找领导,咋说也得给安排个高一点的职务。"对此,宋清梅一笑了之,在这个位置上一干就是十多年。

这期间,文明办主任换了6任,他们的年龄都比宋清梅小,资历都比他浅。对此,不少同志为他鸣不平。可宋清梅觉得:"工作只有分工不同,没有高低之分,干啥都一样,只要无愧于党的培养,无愧于雷锋战友的称号,我就高兴。"在这个位置上,他无怨无悔,一直干到2002年退休。

从工作岗位退下来后,宋清梅依然坚持身体力行,继续弘扬雷锋精神。因城市建设需要,宋清梅被市政府聘任到拆迁指挥部,具体监督拆迁户安置工作。他骑上自行车,一户一户地跑,实地走访,一天到晚没有停歇过。

一天下午,天突然下起了大雨,他知道还有20多家拆迁户没有住进新房,就冒雨一家一家查看。天快黑的时候,他来到一户姓王的人家,发现临时搭建的窝棚上,雨布破烂,屋内到处漏雨,一片狼藉。他二话没说,跑到附近商店买来几丈塑料布和麻绳,忙乎了一个多钟头,把小窝棚盖得严严实实。老太太看他淋得浑身湿透,脸冻得发白,感动得流下了热泪,拉住他的手说:"老宋呀,俺一家人一辈子也忘不了你呀!"

宋清梅家境并不宽裕,上有老,下有小,但帮助别人一直没有间断过。在他家附近住的一位浙江木工家中失火,他和老伴给他送去了200元钱和应急衣物。南阳幼师(原南阳四师)一名学生家庭困难,交不起学费,面临辍学,他拿出1500元钱资助他完成了学业;城关供销社一位下岗职工,自谋职业缺资金,他资助其1000元买辆三轮车做生意。南方雪灾、汶川地震,他主动捐款2500多元。这些年,他也记不清曾经帮助过多少人,也从来没算过拿出了多少钱。

陶营镇（原陶营乡）卢岗村有个3岁孤儿，小名宇航。母亲在孩子满月时离家，父亲出车祸去世。宇航和奶奶、姐姐相依为命，生活极其困难。宋清梅帮他们申请低保、危房改造金，还动员儿子儿媳，每年拿出2000多元，资助小宇航上学。

邓州市交通路每天车马如水，川流不息。30年前，这条路由宋清梅负责拓宽。有一个工程队承揽路段，偷工减料，被宋清梅查出，责令其返工。包工头几次给他送"红包"，都被严词拒绝。对方又找关系，他顶住压力严格把关。在宋清梅的坚持下，路段重修。此后28年，路面正常使用，直到2014年才新铺一次沥青。

1989年，中央作出加强和改进思想政治工作的决定，邓州市委、市政府组织雷锋的战友成立了"学雷锋指导委员会"，积极发挥他们的示范带动作用，推动全市开展学雷锋活动，这个先进群体被群众亲切地称为"编外雷锋团"。

为了有组织、有计划地大力开展学雷锋活动，弘扬雷锋精神，1997年4月，市委、市政府、市人武部研究决定，把回乡的560名雷锋战友仿照部队建制组团，作为邓州学雷锋活动的先进典型，正式命名为邓州"编外雷锋团"。宋清梅被任命为团长。

宋清梅始终不忘雷锋同志生前教诲，和战友们一起，以宣传弘扬雷锋精神为己任，足迹遍布14个省（市）51个县（市）区，作报告2000多场次，听众达200多万人次。2016年7月，宋清梅当选为"全国优秀党务工作者"，受到中共中央隆重表彰。

2014年6月25日，中宣部在中央电视台向全社会公开发布河南邓州"编外雷锋团"先进事迹，授予其"时代楷模"荣誉称号。"时代楷模"发布活动现场播放了邓州"编外雷锋团"的介绍短片，展示了中国楹联学会、中华诗词学会和中华吟诵学会创作的反映其先进事迹的楹联、诗词和古体小传。宋清梅代表"编外雷锋团"领取了"时代楷模"纪念章和荣誉证书。

手捧沉甸甸的荣誉，宋清梅动情地说："能够成为'时代楷模'的一员感到很骄傲，我们将更加努力地学习、弘扬雷锋精神，更加严格地要求自己，让雷锋精神真正在每个人心中扎根开花结果，为实现中国梦有一分热发一分光。"

在宋清梅的带领下，"编外雷锋团"矢志不渝传承弘扬雷锋精神。截至目前,"编外雷锋团"已由最初的 3 个雷锋战友营 560 人发展到 25 个营 15 个直属连排,成员涉及工人、农民、学生、干部、网民各个层次、各类人群 1.4 万余人,成为中原大地学习雷锋的一面旗帜。

"编外雷锋团"政委姚德奇

雷锋精神长相伴

1984年从部队转业时,姚德奇写了一副对联勉励自己:"在军营学雷锋奋战二十四春秋年华,回故里继精神谱写后半生岁月新章",横批是"奋斗不止"。

1991年,邓州市房管局成立,姚德奇出任第一任局长。当时市政府只拨付给了5000元办公经费,至于办公用房、办公用品等,自己想办法解决。面对困难,姚德奇不等不靠,带领全局干部职工艰苦创业。经过两年多的艰苦创业,所属三个二级单位分别新建或购买了办公楼,局机关也积蓄了100多万元资金,准备新建办公楼。1993年底,市政府决定对市中心明清古城路商业街全线进行改造,姚德奇决定把建办公楼的资金全部用到商业门面房的建设上,建办公楼的事就停了下来。

在姚德奇的带领下,全员上阵,精打细算,勤俭节约,旧物利用,在古城路商业街新建仿古商业门面房1万余平方米,使国有资产增值2000余万元。

在两年的古城路拆扒改造建设中,姚德奇的一些熟人朋友和亲戚对他说:"你可以趁此机会想法低价买一间两间门面房,将来可是个摇钱树。"对他们的"好意",姚德奇一一拒绝。在古城路改造中,姚德奇没有弄一针一线、一砖一瓦。在处理其他零星公房中,他也没有买一间半间房地。

在姚德奇担任房管局局长期间,不管来客是谁,都坚持用一碗烩菜配主食招待,人送外号"一碗端"。有一次市里领导来检查指导工作,到了中午吃饭时,姚德奇热情挽留,这位领导说:"好,今天就破例不走了,吃吃你的'一碗端'。"饭后这位领导一个劲儿夸赞说:"这样招待非常家常,吃得好吃得饱,吃得实在,花钱又不多,还节约了时间,值得推广。"

在1993年、1994年公费出国热的情况下,姚德奇先后收到省厅、国家房地产司来函,让报名去东南亚几个国家和加拿大考察学习,姚德奇推脱有事,拒绝了两次出国的机会,为国家节约了十多万元的费用。

20 世纪 90 年代初，我国国有公房普遍实行的是福利性低房租，形成租不养房，租不养人，根本谈不上房屋的维修和事业的发展。在邓州也是如此，致使国家应得的租金流入了个人腰包。这种计划经济下的低租金还带来一个最大的负面效应，就是不少人占着公房不住也不腾出，国有的门面房个人租赁不经营也不交出，再租给别人充当"二房东"从中牟利。

看到这种情况，姚德奇非常痛心。他向市政府写报告，提出了商业门面房实行市场价，工商企业用房实行协议价，居民用房在没有进行房改前，租金适当调整的意见，得到了市政府领导的赞同。1992 年市政府下文批转了房管局的报告，从而冲破了计划经济的束缚，实行门面房竞价拍租，使邓州市房产管理步入了市场经济运行的轨道，商业门面房一年租金比原来翻了四倍多。这一创新当时在南阳、河南乃至全国都是一个新的突破，《中国建设报》《中国房地产报》《南阳日报》都登载了邓州市门面房实行市场价这一消息。

回到地方之后，姚德奇不但自己以实际行动努力践行雷锋精神，而且经常向干部职工讲述雷锋的事迹，开展不同形式的学雷锋活动，用雷锋精神教育干部职工爱岗敬业、努力工作。1997 年 4 月"编外雷锋团"成立，姚德奇被任命为政委。结合单位实际，房管局每年都要评选不同类型的学雷锋典型，树立起榜样和旗帜。2000 年初，在姚德奇的提议下，房管局 369 名干部职工集体加入"编外雷锋团"，组建了房管营。这为"编外雷锋团"壮大队伍开创了先例，在社会上引起了轰动，并起到了积极的引领示范带动作用。

2002 年退休后，姚德奇把全部精力和心血都投入到了学习、宣传、播撒雷锋精神的事业上，用在了"编外雷锋团"的建设、发展和宣传等工作上。他曾经写过一首小诗明志："弹指一挥几十年，不忘初心永向前。生命不息永奋斗，雷锋精神长相伴。"

"编外雷锋团"老战友营三营营长冯富连

交通系统"冯富翁"

23年的军旅生涯,冯富连由士兵提升到营长。1983年转业,任邓州市公路段副段长。1989年调任运管所党支部书记,两年后任党支部副书记。待书记调任,他仍是副书记。不管和哪一位书记共事,他都给予了密切配合。

党支部分工,冯富连负责邓州东片、南片的业务管理。他和年轻人一样,坚持一个月15天在基层,协调处理乡下事宜。始终把本单位职工的冷暖放在心坎上。

早在1985年,冯富连任交通局公路段党支部书记。公路段的任务是修路和养路,"三夏"时节又是修路高潮时期,可就在这关键时刻,段里的一些工人却纷纷请假。他深入基层调查摸底,得知有十多名职工家中还种有庄稼。常言说:蚕老一时,麦熟一晌。收割如龙口夺粮,8个月辛苦劳动的成败就在此一朝。冯富连为了使家有农田的职工免受损失,就和支部成员商量,组织机关后勤人员帮助突击收割。

冯富连亲自带领一支分队和队员一样挥镰于麦田之中。村民们多年来未见这种阵势,无不啧啧称赞:"还是人家公路段没丢革命老传统。"职工的家人更是感激不尽,急忙买酒割肉。冯富连明确表示:"晌午不走了,蒜汁苋菜捞面条。"主家没有同意:"莫说你们从城里来,就是我们乡下走亲戚也没有一碗端的。"冯富连连忙说:"做饭炒菜费事再大,每人只有一个肚子,何况时间不等人。"主家不依,非要费事不可。冯富连较起真来:"种小麦原本就是微利,弄不好只能持平。我们一天只能割几分地,你又酒又肉地招待下来是要亏本的。与其亏本,还不如我们不来哩!"冯富连这番处家常过日子的话,说得主家只好同意他们的"食谱"。

公路段里的领导如此知冷知热"一头沉",内当家主动催促当家的,只要把麦子运进场,就赶紧去上工。脱粒早一天晚一天没关系,到时候要是实在忙,那就央邻居,求亲戚,反正不能误了道路施工工期。

对待职工真情关怀，可对于客运业主的"宰客"行为，冯富连却决不留情。有位南阳女士，乘坐由大东关长途客运站发往广州的回班车。车主答应把那位女士送到南阳，那位女士买了全程票，哪知那辆班车到邓州车站便把那位女士甩了。因为去南阳就她一人，车主说划不来，让她下车却不退邓州至南阳的票款，又借故加油，开出车站没了踪影。那位女士在无奈中找到车站负责人。冯富连闻讯赶来，百般安慰并检讨车站对司机管理不严，承诺命司机致信向她赔礼和道歉，并让车站工作人员为她买了去南阳的车票，还亲自把她送上车。话是开心斧，那位女士被车站工作人员诚恳热情认真负责的态度所感动，原来一肚子怒气烟消云散，临走时说："你们的服务态度真好！一个钟头两重天，刚才像被人撂在荒郊，现在像回到家中。"

送走了回南阳的那位女士，事情还没有完结。冯富连让车站负责人叫来那位车主。车主自知自己理亏，低头认罚。车站负责人看他认罚态度好，按处罚的低标准执行，罚3000元，停运50天，并以此教育全站的车主们要引以为戒。车主深有感触地说："为占8元便宜，罚了3000元。法规是高压线，碰不得呀！"

运输管理所，在某种意义上说，管的就是车。按说用车再方便不过，即使一时车不到位，穿上"工作服"站在路边一招手，什么样的车主不乐意帮忙呢？然而，冯富连每逢清明、"十来一"回乡祭奠故人，或是近门亲戚朋友婚丧嫁娶起房盖屋行礼仪之谊，总是骑单车往返或搭公共汽车，公用车辆或私人车辆他从没有动用过。

作为公家单位，招待应酬是不可避免。特别是改革开放以后，对外交往增多。有合作伙伴自远方来，有些单位怕不端出七荤八素就会慢待了客人。冯富连却不这样，时刻想到一米一粟来之不易，力求做到礼少人不怪。运管所购买汽车检测中心关键设备，在货比三家之后，订下了功能多科技含量高的设备。当厂家领导率领工程师前来进行技术服务时，运管所不免要尽地主之谊。按理说招待规格理应高些，但他们却以酒不过十元、菜不过百元，近乎地摊的价格来招待远方的朋友。哪知这仅供饱腹的做法，却得到了客人的好评。客人们高度评价说："酒不在名，有情则醇；菜不在多，有谊则香，你们是真正的创业者。"

这样说来，冯富连不是显得吝啬？其实，他还有另一面——该出手时就出手。1993年，单位职工赵丰山同志不幸患了癌症，难以忍受的痛苦和沉重的经济负担一起向赵丰山和他的家庭袭来。当冯富连得知这一消息后，便把自己刚刚领到的工资悄悄送到赵丰山的手中，以解燃眉之急。随即他向全所同志发出"向雷锋同志学习，伸出你温暖的双手"的募捐倡议，不长时间就收到捐款2000多元。赵丰山泪流满面地对冯富连说："还是共产党好哇。"冯富连鼓励赵丰山，打起精神来，和病魔做斗争。在赵丰山弥留期间，冯富连多次去看望，给赵丰山带去领导和同志们的关爱。

在交通系统默默耕耘二十载，累累硕果满枝头。冯富连荣获南阳市、邓州市、交通局先进工作者、优秀党员、优秀干部、实践"三个代表"先进个人等荣誉称号21次，人称他是邓州交通系统的"冯富翁"。

"编外雷锋团"老战友营二营教导员孙绍显

公正无私做公证

1982 年,孙绍显转业,被安置在邓州市司法局公证处工作。面对陌生的工作,他像雷锋那样"干一行,爱一行,钻一行",发扬雷锋的"钉子"精神,认真学习有关业务,很快便熟悉了这项工作。

当时,公证处在火车站附近办公,帮助上下车的旅客便成了孙绍显的"第二职业"。和他一块转业到司法局的黄万红说:"不管社会上刮什么'风',老孙都时常扶老携幼做好事,他一直在用自己的行动向人们证明雷锋就在身边。"

1984 年任公证处主任后,孙绍显在司法局里大小也算是个"官"了,可他还是甘愿当一个"兵"。很多个早晨,人们上班发现司法局院内已打扫得干干净净。后来才知道,这都是孙绍显干的。

公证处有辆面包车,可随时听从孙绍显调遣,但他从未用公车办过私事。即使因公外出,只要来得及,他也总是骑自行车,连下乡办案也经常是这样。

公证处有位叫黄炜的男青年,失恋后一度很消沉。孙绍显知道后,多次苦口婆心地和他促膝交谈,使这位青年振作起来,工作积极性也高了。不久,孙绍显又和黄万红为他介绍了一位品貌俱佳的姑娘,帮他组建了幸福的家庭。

汲滩镇(原汲滩乡)南王村有 100 多亩低洼的荒地。1987 年,村民王满昌承包后,准备把它改造成池塘。一些有迷信思想的村民,认为挖坑塘会破坏南王村的"风水",便极力阻拦。孙绍显便冒着大雨耐心向这些村民解释,为他们算经济账。他还严肃指出:"王满昌的承包手续办理了公证,受法律保护,阻拦人家开挖池塘就是违法的!"可有些人根本不听。在王满昌的亲友和一些群众推搡中,孙绍显被推倒了。他站起来后不顾身上的泥水,继续讲道理:"依靠党的好政策和我们自己勤劳的双手致富就是最大的'吉利'和最好的'风水',如果我们头脑僵化、不动脑、不动手,守着聚宝盆讨饭吃就是最大的'不吉利'和最坏的'风水',我们比着致富,比着发家,这才是正道,万不能害红眼病呀。"

此后,孙绍显又先后六次来到南王村,挨家挨户做思想工作。终于,那些有迷信思想的村民认识了错误,王满昌的池塘顺利开挖。接着孙绍显又多方奔走,帮助王满昌联系鱼苗、果树苗,聘请技术员。王满昌成了远近有名的水产大户,南王村昔日那块洼地呈现出碧水涟涟、鱼肥树壮的景观,不仅带来了可观的经济效益,而且美化了环境。

有些需要到省城的业务,老孙都尽量在周末晚上乘车赴郑州,办完事后,第二天晚上便匆匆返回。几年下来,仅此一项就为公证处和客户节约十多万元资金。构林镇夏洼村村民杜双田在孙绍显的帮助下,顺利地赴郑州办理了《亲属关系公证书》,被"海基会"认可,继承了台胞杜鹿鸣先生12万元遗产。杜双田感激地说:"孙主任为给俺办事,连卧铺也不坐,在郑州也是挤公共汽车,连最便宜的旅馆他也不住,赶紧又返回邓州,他是真正的共产党员。"

1992年春,台商陈道春投资18万元支持家乡都司镇一个村庄办起一座轮窑,合同上白纸黑字写着:等轮窑开办两年赚钱后,如数归还陈道春18万元本金。1995年4月,陈道春从台湾绕道香港回邓,要求窑厂主按合同归还18万本金。谁知窑厂主不讲信用,翻脸不认人,以近两年雨多、销售不好、欠账难以追回等为借口,有意不归还当初合同中签约的本金。同时,还找一些地痞无赖嘲笑辱骂这位台商。陈道春无奈,进城到市公证处找到孙绍显。孙绍显听完了台胞陈道春的陈述后,气得把桌子拍得"啪啪"响。第二天,他拿着有关合同,带领公证处另外两名同志,专程赶到都司镇这家窑厂,找到那位不讲信用的窑厂主,限令他在三天之内,按合同归还台商的全部资金。那位窑厂主在《合同法》及一身正气的孙绍显面前自知理亏,答应了孙绍显的要求。当还款数额还差2000元时,孙绍显为了让台胞早日回家,求亲告友,将钱如数交到台胞陈道春手里。陈道春握着孙绍显的手说:"谢谢孙先生,你们共产党内还是好人多呀。"

半个月后,陈道春寄来了热情洋溢的感谢信和金项链、金戒指。孙绍显在立即回信感谢的同时,把金项链及金戒指如数寄还给陈道春老人。

1990年春季,小杨营镇(原小杨营乡)东楼村年仅10岁的刘强功的父母先后病逝,刘强功被迫辍学。正在东楼村办案的孙绍显,当即掏出身上的120元钱,安排刘强功重返校园。接着,他又协调村干部妥善调整了刘强功家的责任田，还主动承担了刘强功的抚养任务。从此，他一直义务抚养刘强功。刘强功顺利读完高中，并在孙绍显帮助下，开办了一家副食品小商店。在孙绍显的关爱下，刘强功还建立了美满幸福的家庭。

这些年，请孙绍显作学雷锋报告的单位接连不断。他都尽可能安排在节假日去，尽量不占用工作时间，并坚决不要纪念品。他说："我是一名共产党员，又和雷锋是战友，作学雷锋报告是我应尽的义务。"有一次，远离市区的穰东高中邀请他去作报告，并准备借小汽车来接他，被他拒绝。第二天，他很早就乘坐公共汽车到了学校。师生们感动地说："学雷锋就要学孙主任。"

转业到地方20多年，不论做什么工作，孙绍显都任劳任怨、兢兢业业，先后5次荣立三等功，多次被省、市评为优秀共产党员、先进工作者、学雷锋标兵，被南阳市司法局授予"十佳公证员"荣誉称号。

"编外雷锋团"老战友一营教导员丁家玉

忠诚无私"铁管家"

歌唱家为什么要赞美边防的军人呢？因为，他们用忠诚和生命捍卫了国家的安宁。老百姓千百年来为什么要传唱包公呢？因为，他不畏权贵，用正义的铜铡维护了国家刑律的尊严。邓州市食品公司的干部职工为什么至今念念不忘过去的财务主管丁家玉副经理呢？因为，他用无私和无畏守住了集体即将流失的一笔笔财产。

改革开放后，食品公司以前独家经营的生猪、鲜蛋业务受到冲击，一统天下的局面被打破。1986年，为了自身的生存和发展，食品公司决定向外扩大经营范围，说白了就是啥赚钱搞啥。这年8月，刘集镇（原刘集乡）经营处同广东茂名联系了一笔石蜡业务。62度的石蜡从南方运到邓州，每吨可赚600元左右，600吨石蜡生意做成一次可盈利三四十万。于是公司的头头脑脑们摩拳擦掌，想一口吃掉。

公司一把手交给主管财务副经理丁家玉一项艰巨的任务，要他不讲条件，抓紧筹措54万元派人南下。他不负众望，找领导、跑银行，苦口婆心讲食品公司的发展前景，讲干部职工下岗的困难，终于如愿以偿。

资金到手后，公司在决定前去广东的人选上展开了激烈争论。有的建议让见多识广的张某去，有的建议让能说会道的王某去。在部队当过12年营长的丁家玉冷静异常，心想天下哪有掉下来的馅饼，哪有免费的午餐？改革开放，鱼龙混杂，骗子满天飞，这里面也许有一定的欺诈。他以军人的超常胆略，力排众议，提出让绰号"木头人"的鲁占文同志前去广东。鲁占文时任冷库副主任，他一不会说，二不灵活，但他很忠诚。

临走时，丁家玉把一张54万元的汇票交给鲁占文说："此款来之不易，务必人在款在。到那里后，第一要看货，第二要亲自监督对方把全部货物装到火车上才能付款，否则立即返回。"鲁占文到广东茂名后，对方迟迟不让看货，提出先交款后看货。鲁占文按照临走时丁家玉的嘱托，携带汇票悄悄坐上了返回的列车。对方得知鲁占文怀揣着巨款北上的情况后，从心眼里佩服邓州人的精明和执着。后来才得知，那家公司所谓的石蜡生意纯粹是一场骗局。

丁家玉虽然掌管着食品公司数百万元的财政大权，但他从来不枉花集体一分钱。1986年去北京洽谈一项冷库设备业务，为住宿他一连跑了十几个旅馆，凡价格在100元、50元左右的他一问便走。每进一家旅馆，他的双眼总是在价格表上搜索过来搜索过去，其中一家旅馆的服务员见他看罢价格拔腿就走的背影说："土老帽儿，简直像哥伦布在寻找什么新大陆。"跟他同去的一位同事说："丁经理，我的腿快抬不起来了，咱们就近住下吧。"在同伴的一再恳求下，他们最后在一家偏僻旅馆的地下室住了下来。面对这里每晚4元钱的床铺，丁家玉连声说："好！好！好！"在北京期间，他们早上吃的是馒头稀饭，中午是地摊面条。回公司报账时，他们每天生活费、住宿费各按4元计算。在京一个多星期，丁家玉在财务处报销金额共计110元。

清清白白地做人，公公正正地做事，丁家玉始终把它作为自己的座右铭。1992年，食品公司投资90万元准备建一幢五层大楼，公司再一次把这项工程的担子搁在了丁家玉的肩上。接受任务没几天，包工头没有与全权负责此项工程的丁家玉商定，便带着一伙人挖起地基来。丁家玉得知后立即上前责问道："一没有正规图纸，二没有签订合同，谁让你们动工的？"那位包工头吞吞吐吐说请示过一把手。"请示过老天爷也不行，没有图纸、合同坚决不能动工。"迫于丁家玉正义的压力，包工头终于软了下来。

大楼主体工程建成后，为节约资金，丁家玉把原设计的大理石地板改为水磨石地板，把花岗岩墙柱改为大理石墙柱，把原造价五六百元的浴盆、坐便器等改为普通陶瓷，把原造价一百多元的豪华灯饰改成十几元的简易灯具。这样以来，原造价30万元的装饰材料资金一下子减少了一半。包工头气得说他不识货色，说他是茅厕里的石头又臭又硬，还说他是标准的傻瓜。

丁家玉每到一个单位都是一身正气，两袖清风，不求回报，无怨无悔。1998年3月，他从食品公司调到盐业局任副局长，由于年龄规定他从盐业局退居二线。丁家玉身退心不退，仍然关心着社会、关心着他人。

1999年6月，丁家玉从民政部门获悉九龙镇（原九龙乡）王冲村有一位1953年参加过抗美援朝的老战士丁家旺，复员后生活困难。得知这一情况后他寝食难安，冒着酷暑坐公共汽车到九龙，然后步行十多里来到王冲村找到了丁家旺，把自己刚领到的 500 元退休金交到丁家旺手里。他谢绝了丁家旺的热情挽留，固执返回，由于早饭没吃好和天气炎热原因，他昏倒在返家的路上。盐业局在丁家玉爱心献功臣的精神鼓舞下，在局领导的关心支持下，共成立拥军优属小组 6 个，到军烈属家中走访 35 次，共为军烈属捐款 1 万多元，衣物 3000 多件。

丁家玉的邻居高义秀奶奶早年丧偶，膝下只有一个女儿，一家人靠女儿和上门女婿在一家批发部里给人送货赚些生活费补家贴用。2000 年春节前夕，在下乡送货的路上，由于雪大路滑，女儿和女婿遭遇车祸不幸双双故去，高奶奶和未成年的外孙女哭得死去活来。丁家玉知道后，把自己家里置办的年货分了一半送到高奶奶家里。第二年春天，又资助老奶奶在居民小区开了一家小杂货铺，帮助老奶奶一家渡过了难关。

"我一生忠诚无私，受到多数同志的尊敬，也有少数人说我是'傻子'，但我愿意做这样的'傻子'，直到永永远远。"丁家玉说。

"编外雷锋团"老战友营二营营长张三明

干一行精一行

1982 年，张三明从部队转业，被分配到邓州市腰店镇（原腰店乡），任财贸总支副书记。报到第二天，他便推起自行车下了村。谁知刚进村，便下起了大雨。他冒着雨走访农户，了解群众的生产生活情况。忙完这一切，他推起车子就往乡里赶。可出村一里多，自行车便被泥巴粘得推不动了。没办法，他又回了村。

这雨只下了一天半，张三明却在村里被困了四天。四天里，他在村里开了两次群众大会。每次开会，到场的女人们都操着外地口音，村支书苦笑着说："村里穷，本地的女子都不愿往这里嫁，咱村的女人，都是'进口货'啊！"那几天，看着村里那么多娶不上媳妇的"光棍汉"，看着村民们一下雨就出不了门的落后状况，张三明的心被强烈地震动了。他有了两桩心愿：一是修路，二是帮助群众脱贫致富，早日走上小康之路。

回到乡里，张三明便向党委作了汇报。党委当即决定，利用三个冬春，解决群众行路难的问题。这个艰巨的任务最终落到张三明的身上。为彻底改变行路难的状况，张三明决定整修路基，把平时的小修小补改成礓石铺底，沙子铺面。要修，就修一条"放心路""致富路"。动员大会一开，张三明便把铺盖卷搬进了指挥部，这一住就是三个冬春。

不说工程进度、总体协调，光是淘石子这项具体工作，全指挥部的干部，人人都分了任务，每人三个立方，连张三明这个指挥长也不例外。可是，等他们忙完了总体工作，河滩上的石子全被群众淘光了。没办法，只有到水里淘。为了早日完成任务，他咬着牙站在冰冷刺骨的河水里，一边淘一边向同志们鼓劲。在他的带动下，全指挥部的人都下了水，短短几天时间，就淘了近百立方的石子，超额完成了任务。

开工后，为加快工程进度、督促后进村组，张三明一方面带领工程进展缓慢的村组干部参观先进村，另一方面，又动用了在公路段工作的战友，调来一台轧道机，哪个村子进展快，就支援哪个村。就这样，经过三个冬春的苦战，全腰店乡24个行政村，村村都通上了砂石路。

但张三明并没有就此止步，他还有一个更大的心愿，那就是如何利用现有条件，让农民们尽快地富起来。在腰店镇的八年里，张三明分包的村是丁营村。为了这个心愿，八年里他没少往丁营村跑，深入农户，走访群众，寻找致富的门路。选来选去，最终选定了种菜。

然而，开了几次动员会，群众的反应并不强烈。那时正是改革开放初期，全邓州都是以种粮为主，"日光温室""塑料大棚""地膜覆盖"，听都没听说过。跑遍邓州城，连一块塑料薄膜都买不到。联系了很多单位，才弄到了一吨多地膜。东西一拉回来，老乡们都笑了，说："种了这么多年的地，没见过茄子披雨衣。"张三明笑笑，没多说。农民们不愿意干，他就动员村组干部，在自己的地里试着种。两个月过去，便见了成效，村组干部们试种的辣椒、茄子，比别家的早上市二十多天，卖了个好价钱。这一下，乡亲们服气了，眼热了，都说："这雨衣，披得就是好！"各家各户纷纷腾土地、买地膜，热火朝天地干了起来。

几年过去，丁营村的蔬菜种植在全市出了名，大棚蔬菜远销湖南、湖北，成了产业结构调整的先进典型。

1990年，在腰店镇干了八年的张三明又被组织上调往市自来水公司，担任安装队队长。在自来水公司，安装队的活最苦、最累，很多人都不愿意干。而他，也从原来的副局级一下子降到了二级单位的下属部门。虽说是个头头，但连个"股级"都算不上。面对组织的分配，这个曾经当了十几年标兵的人很快就想通了，"革命战士是块砖，哪里需要哪里搬"。两天后，他便上了任。

上班没几天，张三明就接到了一个艰巨的任务：为人民路南段的居民新区铺设管道。全公司的人都知道，这里是邓州市自来水的"空白区"，居住人口占全市的四分之一，地形复杂，臭水坑多。更难的是，这里还有一个"水霸"，利用新中国成立前的一口废井，私自铺设简陋的管道，向居民们出售被污染的水，还自称是"第二自来水公司"。

安装队一到，便遭到了"水霸"的围攻。为了让居民们吃上纯净的自来水，在张三明的带领下，同志们毫不退让，摆开阵势，开挖沟槽。对方见他们硬的不吃，便讲起了条件。考虑到安定团结的大局，张三明决定先把工程停下来，等谈妥之后再施工。谁知对方漫天要价，蛮不讲理，还组织一帮人马极力阻挠，抢铁锹、夺管钳，甚至连自行车都被推走了。面对"水霸"的霸道行为，张三明立即做出决定："抢班加点，干！"队员们立即甩开膀子，顶烈日、战酷暑、钻泥坑、蹚浑水。经过四天四夜的苦战，硬是扛着张某一伙人的骚扰，在十分恶劣的地形条件下，接通了主管道。

1991年，根据工作需要，张三明被调进刚刚成立的园林处当副主任。当时的园林处，真可谓"一穷二白"，连牌子都没地方挂。虽然在银行里设了个账户，那上面却只有50元钱，算是全处的开办费。

从1994年开始，随着城市建设的发展，全市接连翻建了邓内、新华、人民、三贤等九条大街，这一条条崭新的大街，需要一棵棵绿树、一朵朵鲜花来装点。要实现这些愿望，最终落实到一个字上，那就是"钱"。50元开办费，连一棵雪松都买不到，何谈绿化？

在张三明的带领下，大家并没有坐等下去，立即行动起来：没有钱，找贷款；没苗圃，咱租地；育苗没工具，拿家里的。每天十几个小时的工作，起早摸黑，流汗出力，没有加班费，没有工作餐。渴了，喝口凉水。

1994年春天，张三明带着十几个人拉土。由于连续奋战，他的胆结石病犯了，晕倒在车上。送到医院，连住院手续都来不及办，直接进了急救室。下午，等病情有了缓和，他惦记着工地上的事，揣了两瓶药，又上了工地。医生说："你不要命了？"他笑笑说："不要了。"那几年，他的身体一直没有好过，胆结石、萎缩性胃炎，经常疼痛。他知道这都是由于工作太累，吃饭不应时得来的。医生和家人都劝他注意一下。可一干起工作，啥都忘了。

1995年，邓州出现持续195天大旱，苗木急需浇灌，可园林处却没有一辆像样的洒水车。眼看着新栽的苗木要被旱死，同志们急了，说快打个报告吧，买辆洒水车救救急。报告打上去了，局里却没钱。张三明急了，连忙打扫打扫园林处的家底，买了一台废拖拉机头。他又到废品站挑了一些旧钢管，带着几个老工人，连夜苦战，这里焊焊，那里拧拧，弄成了一台土洒水车，不仅解了燃眉之急，还为国家节约了十几万元。

就这样，短短几年时间，一条条光秃秃的大街被打扮得五彩缤纷，春意盎然。

现在，早已退了休的他，还担任着邓州市"编外雷锋团"老战友营二营营长。老同事们见他忙来忙去，问他累不累？他笑笑说："学了半辈子雷锋了，真叫我歇着，怕是要憋出病来哩！"

"编外雷锋团"艺术团团长李炳武

谱写精神文明之歌

李炳武十分珍惜"雷锋战友"这个光荣称号，矢志不渝地实践和传播着雷锋精神，在不同的工作岗位上用心血和汗水谱写了一曲曲精神文明建设之歌。

1964年，李炳武转入沈阳军区某工程大队，在老部队举行的送别仪式上，首长们对其他战士一一嘱托，但在李炳武面前，首长却只说了一句话："小李子不用多说，相信他在任何地方都是一个好兵！"

"木匠"，是上级分配给李炳武的新工作，尽管已是代理排长的李炳武从没摸过锯、刨，但他还是接受了安排。"什么不会都可以学。"李炳武说。那几年，他和战友们一起肩负了众多国防隧道工程的建设，在每一次困难面前，他首先想到的就是雷锋。他经常对战友们说："如果雷锋在这里，他决不会惧怕任何困难。"

榜样就是一种力量。这种力量也一直激励着李炳武从部队到地方。1970年，李炳武转业回到邓州，担任了一家军工企业的武装部长。环境的变迁，并没有改变李炳武的作风和信仰，他以雷锋精神鼓舞、教育年轻人，并主动要求去年轻人最多的车间担任支部书记。当时，厂里正在组织大规模搬迁，繁重的机械拆装任务压在这个车间里。时间紧任务重，能不能按时安全准确地拆装完毕，在没有大型机械辅助的前提下谁心里都没有谱。但是，李炳武却信心满满，"干一行，爱一行。有爱就有力量。"那些日子，他不仅和工人们一起起早贪黑地工作，还仔细留意年轻人的一举一动，从而抓出典型，并从雷锋精神的角度予以表扬、鼓励，激发大家的劳动热情。硬是靠着肩扛手拉，他们按时完成了以往只有大型机械才能完成的搬迁任务。

"雷锋就是一块砖，哪里需要哪里搬。"以雷锋为榜样的李炳武也像一块"砖"那样，刚把车间的工作理出头绪，新的任务又接踵而来：到子弟学校担任支部书记。

当时的学校，有许多孩子有着"大不了以后接班当工人"的念头，学习并不认真刻苦。大会演讲，小会座谈，李炳武再次拿出"雷锋精神"这个法宝，甚至对班主任们提出了"只要你们去家访，就叫上我一起"的要求。那些年，李炳武不仅和班主任们一起到学生的家里和家长、孩子谈心，而且每天在校园里，只要发现孩子们有一点点"雷锋的影子"，他都会桩桩件件记下来，表扬、表彰。"雷锋精神永远不会过时，他能够激励每一个人站在高点上，仰望头上更高的蓝天。"李炳武说。许多年来，有不少人问过他"雷锋是不是塑造出来的"。每当这时，他都会毫不犹豫且满怀自豪地告诉别人："我就是雷锋的战友，一个雷锋团的老兵！我以我的党性向你保证，雷锋就是一个值得永远学习的榜样！"

李炳武所在的企业，共有107名同志在"雷锋团"服过役。1997年，邓州"编外雷锋团"正式成立时，李炳武彻夜难眠：有了组织，我该干些什么？从认识雷锋的那天起，李炳武就一直把雷锋当成是自己的榜样，时时刻刻想着念着，无论工作、学习还是生活，他都把雷锋视为自己的标杆：

在部队，他为战友洗衣服、掖被子，促膝谈心，让功让名；

在工厂，他像年轻人那样拣重活干，身先士卒；

在学校，他常像班主任那样到学生家里去了解孩子；

退休后，他从退休工资中挤出一些，接济一些需要帮助的人；

在艺术团平时的活动中，他总是提前赶去，扫扫地，准备准备……

"雷锋的战友，果然名不虚传！"这样的赞扬，是李炳武最爱听的一句话，他说："这是我的荣誉，更是我的动力。"在他刚刚办了退休手续的那年，一个并不怎么熟识的人找到他，说他的一个亲戚生病需要到北京看病："您是雷锋的战友，你能帮我把病人送到北京吗？""行！"李炳武毫不犹豫地答应了。

北上的列车载着陌生人，李炳武一路不曾合眼，精心护理，用轮椅把病人推下车，送进医院，直到次日中午病人的儿子赶来。每每提及此事，李炳武说得最多的不是他的一路辛苦，而是他的感慨："那一路上，人们见我一个老人独自照顾着一个不能自理的病人，不时会有人上前帮我一把，这是什么？这就是雷锋精神啊！"

已退休十多年的李炳武，现在是"编外雷锋团"艺术团团长。这个当初只有十多人的艺术团，如今已有成员120余人。他们不仅在城区的广场空地演出，还每周定期轮流到农村免费演出。目前，仅在乡村就已经演出300余场。

《雷锋歌曲联唱》是他们的传统保留节目，他们还把倡文明新风、弘扬雷锋精神当成宣传主旨，自编自演了大量富有时代特色的剧目，如《平安社区》《歌唱英雄武文斌》等等。每每看到自己编写的剧目受到好评，李炳武心里像吃了蜜一样甜。

李炳武激情满怀地走着雷锋的路，身后深深留下一串扎实的脚印。"在我的生命里，已然有了雷锋。"李炳武在接受记者采访时说。

雷锋战友闫光德

怕死不当刑警

"怕死不当刑警,当刑警不怕死。"这是雷锋战友邓州市公安局刑警队原教导员闫光德留下的口头禅。

1968年3月,曾先后在雷锋生前所在团特务连当战士,在一营二连任器材员的闫光德退伍回到了家乡邓州。在那"砸烂公检法"的动乱年代,许多人不愿干待遇低又危险的公安工作,闫光德却义无反顾地到南阳公安处报了到。亲朋好友埋怨他时,他诚恳地说:"雷锋曾在日记本中这样写道'革命战士是块砖,哪里需要哪里搬',组织上既然安排咱干公安,再苦、再危险,我也要干到底。"

在公安处组织的集训中,闫光德刻苦练习擒拿本领,积极钻研侦查知识,很快掌握了公安工作的基本业务。从小在邓州城里长大的闫光德太热爱家乡了,很想回家乡工作,父母也盼望他到邓州公安局上班,对家里好有个照应。可是,集训队的领导对大伙集体谈话后,闫光德却改变了想法,他向公安处递交了申请书,主动要求到当时治安形势严峻的新野县工作,并要求干刑警。

1979年端午节上午,两名歹徒在施庵街头抢劫后顺白桐干渠向南逃窜。案情就是命令,为了抢时间,施庵公安特派员史德贵迅速安排人向公安局汇报情况,自己骑着自行车向南追击。狡猾狠毒的罪犯见只有史德贵追来,便一人在明处充当目标,一人躲在暗处。当史德贵接近目标正准备制服歹徒时,藏在杨树后边的家伙突然冲出,用两尺多长的钢刀狠命刺向史德贵,史德贵倒在了血泊里。两罪犯又向史德贵身上扎了十多刀,然后捡起史德贵的手枪,向东南方向逃窜。

闫光德和战友们飞速赶到时,史德贵已壮烈牺牲。闫光德怀着满腔怒火和大家一起向罪犯逃窜的方向追去。脚磨出了血泡,脸被树枝挂伤,他都全然不顾,一心只想着抓住罪犯为战友报仇。经过一天一夜的搜捕,第二天傍晚两罪犯被闫光德和战友们围堵在唐河县郭滩公社一个牛屋内。南阳公安处的领导也很快赶到了这里。现场指挥的同志见闫光德已经很累，不想让他再往上冲。闫光德急红了眼，坚决请战。领导被感动了，同意他和几名刑警向目标发出冲击。

此时，两罪犯已作困兽斗，疯狂向屋外开枪，子弹从闫光德和战友们的耳边"嗖嗖"飞过。

大伙机警地一步步逼近罪犯据守的牛屋。两名刑警同时抬脚猛将门踹开，又闪躲在门两边。说时迟，那时快，闫光德和战友们几乎在同一时刻举枪猛射，一名歹徒被当场击毙，另一名被击伤后束手就擒。战斗胜利结束了，闫光德心里还在为史德贵同志的被害而难受……

1983年夏季，一名歹徒在汽车站附近将做收购羊皮生意的人砍伤后，又劫持一女学生逃跑，扬言谁敢靠近就杀死人质！闫光德和几名刑警赶到现场时，险情仍未解除，歹徒的刀还架在人质的脖子上。时间一分一秒地过去了，人质的生命危在旦夕。

"不能再犹豫了！"闫光德果断出击，身着便服，拿着饮料和面包向歹徒靠近。趁歹徒接饮料的时机，闫光德突然将吓呆的女学生拽了过来。歹徒扔下饮料，发疯似的挥刀向闫光德砍来。闫光德侧身闪过，顺势抓住歹徒的手腕，同时抬脚猛踢其裆部。歹徒疼得像泄气的皮球，瘫在地上束手就擒。

身为刑警队领导后，闫光德仍不畏艰险，身先士卒，经常深入"严打"斗争第一线，亲自指挥战斗。1984年6月，从抓获的盗窃团伙张某处得知，负案在逃的抢劫杀人犯刘卫东、刘卫锋，藏匿在湖北省枣阳县（现枣阳市）一片丛林中，闫光德便带领几名刑警前往追捕。他们化装成进山旅游的游客，在那一带侦查。6月27日夜，在当地民警配合下，他们分组展开排查，依然没有收获。他们又顶着烈日暴晒和蚊虫叮咬，耐心守候了两天，终于抓住了给两罪犯送路费的一名犯罪嫌疑人。经过突审，这家伙如实交代了两罪犯的隐藏地点。闫光德立即带领搜捕人员包围罪犯隐蔽地，罪犯见势不妙拔腿就跑。闫光德鸣枪示警，并指挥大家分路包抄，终于将这两个家伙擒获。

1985年，闫光德调回邓州公安局任刑警队教导员兼副队长。到任不久，他带领两名刑警到石家庄市郊抓捕一重大负案在逃人员。根据掌握的线索，在一家小旅馆，他们和当地民警分头搜索，很快发现了犯罪嫌疑人赵大虎。闫光德跟着提水的服务员悄悄走进房间靠近赵大虎，冷不防将赵大虎的左手铐住了。

赵大虎拼命挣脱，抓起室内物品疯狂地和闫光德厮打。眼看赵大虎就要挣脱手铐，闫光德"咔"地一下，果断地将手铐的另一环铐在了自己的左手腕上。赵大虎发狂了，他又是用头撞闫光德，又是用另一只手拿着烟灰缸砸闫光德。在搏斗中，经历长途旅行已很困顿的闫光德被五大三粗的赵大虎摔倒在地，赵大虎用膝盖狠命抵住闫光德的腹部，疯狂地号叫着："再不把手铐弄开，老子就整死你！"闫光德咬紧牙关，应道："今天要再让你逃脱，我就不姓闫！"他用正义和毅力同罪犯展开了一场生死搏斗。这时其他同志闻讯赶到，合力将赵大虎制服，押上了警车。

1988年夏季，高集镇（原高集乡）一女青年在玉米地里遇害。由于天太热，待刑警们接到报案赶到现场时，女尸已高度腐烂。看着那在尸体上蠕动的蛆虫，闻着那令人恶心的尸臭，村干部们劝闫光德到树荫下休息一会儿，再勘查现场。闫光德急切地说："天气预报讲今晚有大雨，若不抓紧时间做尸检、检查现场，被雨一冲刷，再找有价值的线索就很困难了。"就这样，在闫光德带领下，刑警们尽管衣服被汗水浸透，终于抢在下雨前，在现场找到了对破案有价值的几件物证。就是根据这几件物品，锁定了破案范围。闫光德又指挥大家在周围村庄秘密排查，展开细致的调查访问，很快使犯罪嫌疑人落入法网。

审讯时，当闫光德把罪犯从哪个方向路经玉米地，怎样对正在地里干活的女青年施暴等细节摆出来时，歹徒惊得目瞪口呆，没有丝毫辩解就招供了。

这就是闫光德，人民群众的"保护神"，犯罪分子的"克星"。

雷锋战友聂保新

丰碑竖在群众心中

1980年春,在群众的拥戴下,聂保新成为林扒镇(原林扒乡)南许村第十二任党支部书记。这时的南许村远离市镇,道路泥泞,土地瘠薄,群众编顺口溜形容这里的土质:"天晴像钢刀,下雨一团糟,天旱张着嘴,下雨不喝水。"全村80%的农户住的是茅草房,全年村里70%以上的农户缺粮,好多标致的小伙子打着光棍。

收多收少在于肥,有收无收在于水。一天傍晚,聂保新在位于村北边的排子河畔,望着哗哗东逝的河水,脑海里闪现出一个设想:能否利用三级提灌,把水送到高处灌浇干旱的庄稼呢?他在小河边跑上跑下,用弓步量了一遍又一遍。可是从几公里外的小河把水三级提灌到南许,沿途要挖几十个坑塘,一估算仅土方量就要挖10万多方,村干部们都吓了一跳。打铁先要自身硬,聂保新带着家人,率先扛着铁锹上阵了。干部、党员上去了,群众上去了,奋战两个多月。可是,现有的三级提灌机械不够怎么办?租!聂保新带着村干部,跪衙爬府似的,从外地"磨"来了30多台机械,趁下雨,把一个个大塘储满了汪汪清水。这一年,庄稼与往年相比大获丰收。

"娶媳妇进不来,抬死人出不去"的烂糟路,又成了聂保新的一块心病。有钱的出钱,有力的出力,一条条尘土飞扬的小土路,在聂保新的带领下又变成了四通八达的石子路,南许人脸上终于露出了笑容。

水利、道路难解决以后,聂保新又在心里打起了"小九九",怎样才能在有限的土地上生产更多的粮食呢?1988年,聂保新从湖北荆门参观回来,决心在南许村率先进行麦套棉实验。

"一根麦苗一颗枪,哪颗不结几粒粮?种一半空一半,你这念的是哪门子经?"聂保新妻子气呼呼地对丈夫说。聂保新告诉妻子:"麦套棉能充分利用边行优势,不但不少打粮,反而多'捡'一季棉花,我念的是科学种田的先进经。"妻子仍然将信将疑。从推广麦套棉到他家率先预留棉花行,妻子一直为他捏着一把汗。在聂保新带领下，党员、干部率先实行了麦套棉方案。

可动员群众时，闲言碎语、讽刺威胁铺天盖地。"恁肥的地空着，不是白白给耽误了？""本来就不够吃，这不是成心饿死人！""不够吃，住到支书家去！"……三组年年缺吃断粮的聂八斤是有名的"老犟筋"，棉花预留行时站在地头直"将"聂保新的"军"。"不够吃，你借粮！"聂保新应道："不够吃，牛卖了给你买麦。"才算让聂八斤吃了"定心丸"。这一年，全村种了1000余亩麦套棉。

自此以后，麦套棉地里，经常看到两个忙碌的身影，一个是聂保新，一个是被聂保新硬"抢"来的棉花技术员吴振四。从早到晚，谁家的棉花该打芽了，谁家的棉花该喷药了，聂保新都会直接通知到农户，吴振四手把手教给他们。

这一年，科学的种植方法与落后的耕作方式形成了鲜明的对比，小麦单产不但不减少，而且每斤9元的棉花让率先种植麦套棉的农户大赚了一把。第二年，总耕地5000多亩的南许村，麦套棉的面积猛增到4000多亩，平均每斤7元的棉花价格使村中呼啦啦崛起一幢幢楼房。南许，这个昔日贫穷的偏僻乡村，成了周围竞相学习的典范。这时的聂八斤再见聂保新，佩服得直伸大拇指："聂支书，真行！"

支柱产业树起来了，聂保新又把目光盯在多种经营上。1989年，猪价上扬，一组以前有养猪基础，拉着猪跑几公里到湖北，就能以每斤4元的价格出售。可是，看着全组稀稀拉拉的30多头猪，户均不到半头，心有余而力不足的群众代表找到了聂保新。

"猪不吃昧心食，但它食量大，支书，到哪找饲料？"最后，聂保新把村西的废弃岗坡地，给他们建成了"红薯小特区"，解决饲料来源。"翻山越岭的，机器怎么上去犁？"聂保新又把自己的耕牛借给了一组。

一天傍晚，正义务替一组群众"躬耕"的老黄牛突然一个趔趄，跌跪在岗坡上，再也没有起来。机器爬不上坡，耕牛又不够，一组人用锹挖，用锨铲，硬是给猪整出了一块"乐园"。1990年，全组90余户人家养猪400多头，成了一个名副其实的养猪专业村。凭借与湖北毗邻的优势，聂保新又带人到湖北购进芦席原料，忙时干农活，闲时编苇席，带出了一个芦席专业村。选优良品种，引导群众自学饲料配制技术，将八组带成了一个养牛专业村。

"金窝银窝，离不开自己的穷窝。"反映了群众对自己家乡的眷恋。在那样的思想束缚下，聂保新与村干部通过与邓州市劳务输出部门联系，又率先送自己的子女外出淘金。现在，全村打工已呈燎原之势，每年为村里带回相当可观的收入。

在南许村，群众都知道聂保新那条有名的"一碗端"的规矩：不论谁到镇政府开会，每人每顿饭开支不准超5元。违反规定者，除了在村里荣辱榜上曝光外，还要自己掏钱补上。就是这条"节俭令"，使南许村20余年来，组级招待费一直是零，村级伙食开支费年年不超过1000元。

节俭，是群众的福。聂保新任村支书的20多年，南许村不但无外债，而且村里还年年有节余，漂亮的校舍建起来了，规范的村部建起来了。

聂保新用行动在群众心中竖立了一座无言的丰碑。

雷锋战友闫有秋

百姓心里有杆秤

"闫所长被人告了,听说工商局长亲自来查处。"这消息在邓州市陶营镇不胫而走。"咱们得找乡里领导说说呀!""乡领导会听咱们的?弄不好会说是老闫哥策划闹事,干扰党委、政府,救人不成反往深坑里又推一把。"集镇上不少商户自发聚拢,纷纷献计献策,商讨着为闫有秋所长说情鸣冤。

就一般情况而言,当地工商管理所直接与商户打交道,征收工商管理费,对占道营业和短斤少两、以假顶真、以次充好等行为执行管理或处罚,工商业主们与工商管理干部是有矛盾的。一个工商管理人员被查处,商户是比较欢迎的。陶营的工商业主们是咋回事儿,在听说上级要查处所长,却反过来要保护他,是吃错药了吗?

欲解开这雾一样的谜团,先听听陶营各界流传的闫有秋所长的几个故事吧。

1986年秋季,陶营棉花厂内围着一群人,卖棉花的农民都闹着说棉花厂缺斤少两。可棉花厂不承认,争执由说理升级到对吵和对骂。有几个有知识的认为这样吵骂解决不了问题,便商议着到工商所告棉花厂。可有人不同意,说他们都是公家部门,还不是亲向亲、邻向邻,关老爷向着蒲州人,吃亏挨整是农民。另几个说老闫可不是那种人,街上都叫他"闫老包",处事公道先讲理,以理服人解难题。这么说着走着就来到了工商所,给闫有秋所长讲了棉花厂的情况。

闫有秋二话没说就朝外走。到棉花厂,他先制止了对吵对骂,然后一个个问大家,你自己的棉花在家称过是多少,到这儿过磅是几斤。这时,又来了一些卖棉花的。他将棉花在这里称后拿到公平秤上再称,很明显是棉花厂磅秤有问题。闫有秋劝阻大伙别吵吵,按照工商管理条例,宣布棉花厂暂停收棉花,并将当天收购棉花的底册全部封存,按照标准磅秤计算出相差比率,再换算出标准重量,减去已付斤数的钱,所欠数按价追补,交工商所按名单发给卖棉花者。关于如何对棉花厂实行处罚，依照工商管理法执行。首先要校准磅秤，以免再出坑农问题。

闫有秋这么一宣布，群众都没意见，也不再吵闹。第二天棉花厂将补加款和名单送到所里，工商所贴出公告请卖棉花者领款。这样一来，既不影响棉花厂继续收购，又避免矛盾双方再发生冲突。

这场风波平息之后，陶营各界对工商所干部肃然起敬，夸闫有秋能一碗水端平，公正处理单位和农民间的矛盾。

棉花实行市场管理后，上级通知取消小轧棉花车以确保花质量。市政府棉办、工商局同时下发文件，要求各乡镇收缴统管轧棉花车机头。陶营以政府名义贴出公告，并组织排查登记编号。为了全面落实，还组成由政府牵头，棉办、工商所、棉花厂等组成的联合工作组，深入到有轧棉花车的户做工作，黑不是黑明不是明连轴转。

有一天，工商所会计带队去傅河村，半晌时他匆匆忙忙跑回来说，遇到一个当地人称"蹩倔"的轧棉花车主，群众检举他在违抗政策私自给人轧棉花，可他不服从管理，还据着木棍动手打咱工商所干部。最好是汇报给乡政府，让派出所去抓他来当典型。

闫有秋一番考虑后说，报告给乡里可以，派出所先不去，让我看看情况再说，能不激化矛盾处理最好。他立即骑上摩托车出发。到了那里，看到"蹩倔"轧的棉花还没有收拾。闫有秋就给他读文件，讲政策，说道理，说服他，让他向被打的同志赔礼道歉，争取从宽处理，否则后果自负。"蹩倔"一看是闫有秋所长亲自登门，并且耐心细致地摆事实，讲法纪以理服人，丝毫没有以势压人的架势，便丢下了据在手里准备拼命的木棍，检查了自己的错误，表示服从管理，同意由工商所代管轧棉花车机头。一场白热化的矛盾就这样被化解了。

以工商局长为组长的调查组到了陶营镇，与当地的党委、政府座谈了解闫有秋的相关情况。

清查该所的招待费，一年就几百块，是全市工商所最低的。各饭店都没闫有秋的欠条，账目上经费开支的大额，是"六一"儿童节、教师节捐赠给"希望工程"的款项。民政所长讲了句意味深长的话：老闫来后我失业了，问题、纠纷被他解决了，没人来找我们了。

至于说闫有秋借娶儿媳之机,收受大批工商户贺礼这一主体事件,调查组跟他谈话时,他承认收有贺礼,但不是本乡工商业主的,除了亲戚的,就是战友之间的来往,并交出礼单让调查组看。但是既然收有贺礼,能绝对没收一家当地工商户的?张扬出去能拦得住?调查组展开调查,众多工商业户包括个体经营者,80%多的人回答不知道闫有秋家娶儿媳这件事。一少部分人知道,但事情已经过去好多天了。闫有秋的爱人说:"我打算让会吹唢呐的侄孙来热闹一下,可老闫坚决不答应。那些天我们生怕张扬出去,吓得跟做贼一样。俺这媳妇虽说年轻,但确实很好,不图讲排场不撵时兴,所以婚事办得朴素静悄。"

调查结论出来了,举报情况与事实不符,闫有秋同志遵纪守规,廉洁自律,全心全意干工作。举报者因工作问题受该同志批评,便捏造事实进行报复,其错误性质严重,应做出深刻检查。

从营长职位回到地方后,闫有秋毫无怨言地担任起这个当时全县最落后的工商所所长。他一年改变单位面貌,成功创建文明单位,工商所连年先进。闫有秋被评选为优秀共产党员,当选为市人大代表、市第十届党代会代表,并荣获廉政杯奖。

一番调查之后,一个为民务实清廉的好干部呈现在大家的视野里。

雷锋战友丁士浩

下岗创业奔小康

1968 年,丁士浩从雷锋生前所在部队退伍回乡,不久就被任命为大队民兵营长。当时邓州有"两大战役":一是引丹会战,二是焦枝铁路会战。他带领两个民兵连投身于铁路会战。

采石场在距工地 70 公里之外的镇平县尖竹山。丁士浩身背两个挎包,一个挎包装干粮,一个装修车的工具和配件,以防路上车子出了毛病抛锚掉队。空车上山他在前,黑夜里他为民兵们领路。重车下山时他殿后,使全连满员而归。在路途中,有的连队车子坏了,就把石头往路边一卸。他遇见路边被抛弃的石头总是招呼大伙分别装上。他认为不管是哪个连队,好不容易把石头从山上拉下来,扔在半路一是可惜,二是妨碍当地社员种庄稼。由于他身先士卒,又有照顾弱者的人情味,在 18 个民兵连中,他们连第一个完成任务,被评为能打硬仗的"四好连队"。

丁士浩在"雷锋团"是工程兵,懂技术,在修筑焦枝铁路上派上了用场。他带着他的民兵连,先后浇筑了 11 个大型桥墩。几十年过去了,这些桥墩依然纹丝不动地屹立在严陵河上。

工程结束,丁士浩荣立三等功,应邀出席了全线通车典礼。作为一名"特殊贡献者",他被正式招工,担任南阳市(原南阳地区)铁路守护营排长,成为吃"皇粮"的"国家人"。

谁知"皇粮"只吃了两三年,铁路守护营解散了。丁士浩挑着货郎担子走村串户,养家糊口。

1976 年,丁士浩这位公社劳动模范被调到邓州磷肥厂。因为他不把吃苦当回事,把工厂当作自己的家,很快便被提升为硫酸车间主任。在打合成塔内衬施工中,请来的技术员生怕用化学剂合成的耐酸水泥腐蚀双手,胶手套又套线手套,一个班只能砌 30 块砖。他详细查阅化学剂成分和稀释量,了解到合成的耐酸水泥对人身的腐蚀程度,并不是想象的那么严重,就赤手砌砖。由于他的参与，终于提前一半时间完工。硫酸车间开始运转了，他的双手却脱了一层皮，新皮嫩肉经不得摩擦，一碰上坚硬的物体就钻心地痛。但他从没叫一声苦，没休一天假。在县磷肥厂工作5年，他年年被评为先进工作者，还荣获"学铁人标兵"称号。

1979年，这位在哪儿工作都是先进人物的丁士浩来到邓州酒厂，一干就是18年。无论当勤杂工还是任仓库主任，他对本职工作从来一丝不苟。特别是他负责收红薯干时，不管生人、熟人都一视同仁，以质论价，公平交易，把那些以次充好、掺夹充斥杂质的红薯干拒之门外。一次，厂里让丁士浩去一个公社粮站验收一批红薯干，路上货主对他说："老丁呀，到了我们那里，只要你会来事，保证你每天有好酒喝，好肉吃。"丁士浩委婉拒绝。对方以为自己许诺的砝码太小，就从口袋里掏出一张3000元的存折，递给丁士浩："你抬抬手，松松口，这钱就是你的了。"丁士浩丝毫也不动心，心想，看货主这个"热情"劲儿，货物一定隐藏着猫腻。果不其然，他到仓库查看后，发现货主将要卖给酒厂的红薯干，不仅杂质多，而且大面积霉变。丁士浩当场拒收。货主还想"商量商量"，丁士浩茶没喝一口，拂袖而去。

1997年，邓州酒厂跌入低谷，丁士浩和两个女儿一同下岗。回到家乡，他只有靠种田度日，然而村里已没有了他父女二人的责任田，一时间成了农村的"掉山户"。就在度日如年之际，一个朋友给他一条"致富"信息——有一台旧的爆苞米机想出手，价钱好说，就看愿不愿做这个类似讨饭的活计。丁士浩二话没说，干起了炸爆米花的营生。一个冬天，风餐露宿、烟熏火燎，总算有所收获，但离还清债务尚差十万八千里。况且那营生又讲究时令性，开春后，他仍是一个无业者。

这时候，丁士浩看上一块"宝地"，就是离本村三四里的楚河与湍河交汇处的近10亩荒地。那里在很早以前就芭茅、钢柴丛生，常有野兽出没。加之楚河拐弯急，落差大，流水发出难以形容的怪声。在动乱年景，常有歹徒藏匿钢柴丛中，撕过人票，发生过内讧，给人以阴森恐怖之感，更没人到那里招惹麻烦。这里被称为"鬼地"。

丁士浩不顾家人的反对，在"鬼"地上搭起了石棉瓦棚，修筑了锅灶，开始了"滩涂创业"。小屋墙上贴着毛主席画像，画像两边是他亲手写的对联："听毛主席话，跟共产党走。"还贴着他写的誓言："永远向雷锋战友学习，一生做人民的好儿子。""我要在这里,用雷锋精神去进行第二次创业,去为国家创造财富,教育后人。"虽然养鹅、种红薯都失败了,他没有气馁。 他进行科学种田实验,试种麦套棉,实行一年三熟种植模式,每亩效益达到 2500 元以上。 他还在河滩养蜂,逐渐发展到 20 多笼。 他购买了喷灌机、拖拉机,不仅在自己的河滩地上实行机械化耕作,还时常为村里的困难户义务帮工。 后来,他又和家人一起开办起了门窗加工业务。

靠着汗水和智慧、奋斗与拼搏,丁士浩家成了远近闻名的"小康户",成为下岗工人的创业典范。

雷锋战友高国建

魂系黄土地

2000年3月14日，对于邓州市高集镇杨庄村的干部群众来说是个沉痛的日子。这天一大早，方圆十几里的干部群众怀着万分悲痛的心情，从四面八方向杨庄村赶来。

人群中有少年儿童，有白发苍苍的老人，有乡干部、村干部，有"编外雷锋团"的代表，有邓州市武装部的领导和南阳军分区的代表……相识的不相识的，2000多人自发赶来，参加杨庄村党支部书记、"编外雷锋团"成员高国建的遗体告别仪式。

一位60多岁的老大娘扑跪在高国建灵前，一遍遍地哭喊着："国建啊！你咋这就走了，撇下俺们可咋办啊！"顿时哭声响成一片。人们用传统、朴实的方式为这位雷锋战友送行。

高国建1960年8月参军入伍，和雷锋同在沈阳军区工程兵某团服役，1962年光荣地加入了中国共产党。当兵四年，他荣立二等功一次，三等功两次，获嘉奖十多次。1964年秋复员回到故乡杨庄村后，他保持军人本色，发扬革命传统，先后担任村团支部书记、民兵营长，深受群众拥戴。1975年起，他开始担任杨庄村党支部书记，一直到去世。

当时的杨庄村贫困落后，靠着刁河浇不上水，种庄稼是望天收。村里不通电，通向村外没有一条正经路。干部难，群众愁，不知道穷日子过到啥时是个头。

高国建上任伊始，跑遍了全村15个生产小组，和村里的老党员、老干部座谈了无数个通宵。然后，召开村干部会，制订了"先架桥修路，后办电打井"的经济发展规划。在会上，高国建语重心长地说："杨庄村的2000多父老乡亲信任我们，拥戴我们，企盼着我们这一班人把他们往富路上领，使他们能过上好日子。咱们都是喝刁河水长大的，既然上级把这副担子交给我们，群众把希望寄托给我们，那咱们就只有扑下身子好好干，把这一百多斤交给党，交给咱的父老乡亲。"一席话说得在座的村干部都点头赞同。

架桥修路没资金，高国建利用冬闲时间，组织带领村里青壮年组成包工队，外出拉沙，修路，承揽建筑工程。两三年下来，集体积累了十多万元资金。1987年底，杨庄村北的刁河上建起了一座长38米、宽6米的水泥桥。村南、村北修了两条长18公里的砂石路。从此，杨庄村的群众外出赶集、进城再也不用发愁，农资进得来，农产品出得去。

由于长年在外劳累奔波，路修好后，高国建整整累瘦了一圈，老伴劝他说："桥修了，路修了，你也该歇歇心了，别为了公家事，把一条老命都搭进去了。"高国建笑笑说："咱这是小车不倒只管推，一直推到共产主义。我要干的事多着哩，现在还不是歇心的时候。"

接着，高国建又开始琢磨用电的事。他先是发动村里群众集资，接着到县、乡要资金跑贷款。为了节省钱，他每次去县里贷款都是骑自行车，带两个老伴蒸的馍。吃饭的时候，找个茶馆，买碗开水，把馍一泡就是一顿饭。有一次，找县上一位领导批贷款，领导外出开会，他就在领导的办公室门外等了一天。一直等到天黑，领导也没回来。他想找个旅社住下，一摸身上只剩下五角钱，于是店也不住了，跑到火车站候车室蹲了一夜。天明上班后，他又去找那位领导。把情况一说，领导被感动了，马上给他批了几万元的贷款。

筹集到一部分资金，办电工程开始施工。杆栽了线架了，村民们眼巴巴地盼着电灯早日亮起来。但由于资金跟不上，电一直接不通。眼看春节临近，高国建急得吃不下饭，睡不好觉，嘴角满是燎泡，血压急剧升高。他把自家准备建房的钱拿出来，其他干部群众又凑了一部分，还差2000多元。高国建不得已又外出求借款项。可是，该求的求了，该借的借了，跑了一天无果而回。

令高国建万万没有想到的是，病重卧床气息奄奄的老母亲始终不肯合上眼睛。等他回到母亲床前时，只见老母亲哆嗦着手从枕头下摸出一个旧布包，一层层打开，颤抖着递给高国建说："孩子，拿去吧，这2000块钱是我准备后事用的，你拿着，别急出病来。"老人说完，带着慈祥的面容永远地闭上了双眼。高国建扑通一声跪了下去，放声大哭："娘啊，我让您操一辈子心，我不孝啊！"

安葬了母亲，高国建把丧母的悲痛埋在心底，又把目光瞄向了农田水利基本建设。那年冬天，他把全村青壮劳力分成两个施工队，一队挖沟修渠植树造林，一队打机井，搞水利配套建设。利用一冬一春时间，修渠28条，长19.6公里；挖排水沟22条，长17公里；植树2万多棵；打机井32眼。1997年夏季，邓州市遇上了多年未见的严重干旱，坑塘没水，干渠断流，杨庄村4000多亩庄稼，面临颗粒无收的严峻考验。高国建利用高音喇叭，紧急动员全村干部群众抗旱保秋。他每天带领青壮劳力奋战在田间地头，调动全村39台机泵，昼夜不停浇水保苗。经过近半个月时间的日夜奋战，全村4000多亩秋庄稼保住了，亩产值仍达到400元以上。

杨庄村多年来由于地处偏僻，交通不便，经济发展一直滞后，村里没有一个工厂、一个企业，唯一的一家小型私人代销点算是村里有"名气"的个体私营企业。高国建那年随乡里组织的考察团外出参观回来后，决心在杨庄村创办两个工厂，壮大集体经济，拓宽致富门路。但办什么厂，这对和泥巴打了一辈子交道的杨庄村人来说，谁心里也没有底。高国建在这方面也是门外汉。"不懂的咱可以问，不会的咱可以学，如果一辈子守着土地过日子，不敢想不敢干，咱啥时候也富不起来，要想办工厂，搞企业，咱就学学外地经验，请个能人来帮咱。"在村组干部会上，高国建拍板定音，鼓舞了村组干部的士气。

接着，村里从市科委聘请了两名技术干部来村里，帮助选项目送技术。村里筹资90万元，创办了鞭炮厂、皮鞋厂和面粉厂，安排就业劳力近百人。

面粉厂由陕西人出资10万元建成，根据协议，由这名陕西人负责面粉厂的业务经营。当年，面粉厂效益良好，全村群众在面粉厂存麦200多万斤。谁知陕西人把库存小麦调出销售后，携款90万元逃走。高国建顶住压力，亲自带人多次到陕西，往来奔波半年多，在当地公安、法院的支持下，终于追回了80万元的卖粮款。

高国建在带领干部群众致力发展经济的同时，把群众的困难和疾苦时刻挂在心上。每年春节前，他都带领村组干部逐一登门慰问五保户、军烈属和困难户。当他了解到村民高昌基、杨国华因家庭困难和建房欠债，无钱办年货时，马上从自己家里拿来300元钱，帮他们置办了年货。村民唐大柱的两个女儿同时考取了高校，可由于妻子和母亲长年患病，欠了一大堆外债，拿不出一大笔学费。高国建知道这事后，主动找到唐大柱，当即捐出500元钱，并在村干部会上号召大家帮唐大柱一把。很快，村组干部们就捐了3000块钱，使唐大柱的两个女儿圆了大学梦。为了使唐大柱早日脱贫，高国建根据他会泥瓦活的特长，四处联系建筑队，让唐大柱在建筑工地干大工，平均一月收入500多元。一年下来，净收入5000多元。

高国建常说："帮困难户脱贫致富，必须要帮他们掌握一两门专业技术，帮他们找到致富的门路，使他们靠自己的能力摆脱贫困，走上致富路。"他除了带领全村干部群众致力发展农村经济之外，对那些贫困户因人制宜，采取措施，重点帮扶。村民杨某从小养成好吃懒做的坏毛病，娶妻生子后，仍恶习不改，庄稼地种成荒草坡，没吃没穿没钱花。一家四口住了一间破瓦房，成了"亲戚见了吓躲远，干部看了干瞪眼，金融部门坚决不贷款"的贫困户。高国建为了帮他没少操心。第一次，高国建到乡信用社以自己的名义给他贷了1000块钱，杨某拿着这钱出去倒腾苹果生意，由于人懒不会经营，干了不到一个月，本钱赔进去800多元。此后，他干脆破罐子破摔，天天到附近的蔡营街上坐茶馆、吃卤肉、喝烧酒。他爱人哭着找到高国建，说这日子没法过了。高国建一听肺都气炸了，他在蔡营街上找到杨某，夺了他的酒盅，把一盘子卤肉摔在地上，斥责他说："杨某，你算是五十岁寡妇丧独儿——没治（子）了。我贷款给你是让你做生意，往富路上走哩，可你呢……"杨某耷拉着头嘟哝说："我做生意赔了，连本钱也没有了。你叫我咋整哩！"高国建朝他吼着说："起来，你跟我回去！"到家后，高国建又从家里拿了500块钱，交给杨某，让他走村串户收酒瓶。从那以后，杨某慢慢改掉了过去的坏毛病，先是骑着自行车收，后来赚了钱改用三轮摩托车收。日子一天天好起来，越过越红火，盖了新房，手里还有了存款。

2000年2月，镇政府成立了蔬菜办公室，决定聘请有丰富种植经验的高国建为技术员。高国建患高血压、冠心病多年，1993年以来更加严重，发展到收缩压200（毫米汞柱）、舒张压110（毫米汞柱）、血管硬化四度。他身上一直没离开过降压药、速效救心丸等药品。到镇政府工作后，他的病情更加严重，自行车骑上一里地就得停下歇一歇。村主任劝他说："蔬菜办的事多，你这身体根本吃不消，再说村里也离不开你，就别去了。"可高国建却说："产业结构调整是大事，村里忙我就抽空多回来几趟。"短短10多天时间，他就同蔬菜办的其他同志一起，查阅市场行情，跑遍了全乡20多个行政村，初步制订了种植计划，选好了适宜种植的蔬菜品种。

2000年3月9日傍晚，天刚黑，带领村民村前村后植了一天树的高国建拖着疲乏的脚步，回到家端起一碗水刚喝一半，就晕了过去。等老伴推门进来，发现他已经躺在了地上。邻近的村民闻讯纷纷拥进家门，有人抬他上床，有人打电话叫来了救护车。乡领导和市武装部领导闻讯后，迅速赶到医院探望。因脑血管大面积溢血，高国建的呼吸越来越弱，带着对领导和群众的眷恋离开了他挚爱的工作岗位。

高国建去世后，人们从他常背的黄挎包里发现了3瓶没吃完的药，从他的抽屉里发现村民借他的几千块钱欠条和仅剩下的50多块钱现金。

在高国建任支部书记的那些年里，杨庄村发生了翻天覆地的变化：电灯代替了煤油灯，泥巴路变成了砂石路，围村的荒地绿树成荫旱天里地能浇水。全村400多户人家，有320户住上了上二下二的小楼房，三分之二的农户装上了程控电话，全村拥有摩托车200多辆，小四轮、手扶车200多台，人均收入由过去的700多元增加到2000元。村办企业发展到6个，200多村民变成了"上班"的人，村里先后被邓州市、高集镇评为"小康村""文明村""先进党支部"，高国建多次被市委、镇党委评为"优秀共产党员""先进党支部书记""学雷锋积极分子""民兵干部标兵"。

雷锋战友马武友

围绕"城"字做文章

几十年来，马武友以战友雷锋为榜样，无私奉献，像傲雪的梅花一样，静静地散发出沁人心脾的异香。

1964年3月，马武友复员回到家乡邓州市古城街道（原邓县西城区）小西关。他没有要求组织安排照顾，而是默默无闻地当起了一名"村官"。从小组会计到村党支部书记，凭着强烈的为人民服务意识和出色的工作表现，他赢得了党员群众的信任和拥戴。

党的十一届三中全会后，在经济发展上，马武友提出了围绕"城"字做文章的发展思路。为了开拓市场，村委会一班人和群众商议扩建伊斯兰街。伊斯兰街曾是传统的粮食交易市场。1992年，为了扩大规模，促经营谋发展，村党支部决定把伊斯兰仿古一条街建设列入重要议事日程。

拆迁消息一传开，如巨石投水激起层层波澜。伊斯兰街的重建，虽然能为本街居民开辟致富商机，但也有少数人为了自己的切身利益，打起了小九九。有的想多争些占地面积，有的想弄个好地段，有的想利用原有旧房拆迁多要些补助款……多数人家对原有住户安置方案争论不休，使拆建迟迟不能动工。

马武友心里像压了一块石头，原本是一件好事，现在利益关系复杂，变成了马蜂窝。马武友事前深入调查过民意，大家坚信村党支部决策的正确性。但从哪里突破这种僵局，端掉这盘马蜂窝呢？马武友心里没底儿。

马武友有个远房侄儿闹得最凶，他在方案公布当天就找他叔叔坚决要求重新分配给他一处门面房。马武友的"侄儿"三年前在临街盖了三间二层门面房，正在做粮食生意，名气和效益很不错。这次重建，他的一间半门面房将被拆除，觉得自己蒙受巨大损失，又永远补不回来。为了自己的利益，他到处扬言："谁敢动我一块砖，我就和谁拼命！谁敢在我这盖房，拿20万来！"马武友当即拒绝。

马武友怀着相信大多数群众会顾全大局的信念，率领村里两委成员再次到伊斯兰街召开居民大会，展望发展前景，号召大家局部服从全局、各户服从街道整体规划，尽快脱贫致富。马武友一番讲话，如春风细雨，化雪融冰。

就在这时，这位"侄子"听不下去了，当面在会上打"横"。群众的目光一齐盯在马武友身上，看他如何对待。马武友十分冷静地说："你是我侄儿，应该支持叔叔和支部的决定，否则，我只有按支部的决定执行了。"此时马武友的"侄儿"虽然十分孤立，但仍梗着脖子说："我看谁敢动我的房子。"马武友与群众交流了眼神，班子成员也都立了起来。马武友把手一挥，说道："任何阻碍大家发展的行为都是不能容忍的，拆除工作就从他那里开始。"班子成员带头，群众雀跃随后，来到马武友"侄儿"楼前，按规划图拆了他的一个墙角，并当场责令他三天拆完。这一举动得到居民们的支持和信赖，第二天全街都开始拆除。

一年后，伊斯兰街成为容纳300余家商户的繁荣的粮油交易大市场。马武友常说，要使经济发展，必先抓好市场建设，有了繁荣的市场，才能增加收入和就业机会。根据靠近火车站、汽车站的交通优势，小西关投资250多万元，兴办了辣椒、餐饮、伊斯兰仿古一条街等专业市场6个，并配合市里建成了粮油大市场。大规模的市场建设带动了村办企业及私营经济的蓬勃发展。以汽车配件公司为龙头，先后兴办汽车修配厂、钢材市场、农机加工厂、停车场、宾馆等集体企业。2001年实现社会总产值8061万元，集体企业产值7390万元，税利750万元，农民人均收入2459元。小西关成为邓州市首批达标的小康村。村委会固定资产也由原来的不足100万元发展到1028万元。小西关村民没有负担过提留款、卫生费、绿化费、义务工费等，仅此项，村委每年为居民支出30多万元。

1997年阳春三月，前任老支书拉着马武友的双手说："兴办教育是造福子孙后代的大事，六小的校舍需要扩建，这是我未实现的心愿，你一定要尽快想办法让孩子们换成新教室，我就放心了。"说到此，老支书泪水已在眼眶里打转。马武友的心像针扎一样难受。回想起老支书也曾两次建校，但都因资金不足未能如愿。当晚，他立即召集村委会干部共商筹资建校大计，很快达成一致意见。村委先后筹资17万元，又将村委会干部的工资5万元拿出来垫资。马武友将自己准备翻建房屋为儿子结婚的3万元也悄悄拿了出来。老伴知道后，跟他又吵又闹："你不建房，我咋接媳妇？"马武友耐心地劝解老伴："建校是造福子孙后代的大事,自家的事先缓一缓,换来更多孩子的笑脸,是我这个支书的责任,更是老支书的心愿。"老伴偷偷地抹泪,再也不说什么了。

半个月后,经过激烈的公正投标,学校扩建工程正式开工了。马武友日夜操劳,严把质量关。经过几个月的紧张施工,美观漂亮的47间新教学楼就要竣工了。在校舍竣工的前3天,他因过度劳累,加上重感冒,高烧39.5℃,连续3天昏迷不醒。他被抬进医院后,家里人真怕他有个三长两短,哭成了泪人。大伙得知后,络绎不绝地来看他。医生还当他是一个有头有脸的大官呢,当得知他只是一名小"村官"时,医生、护士感慨万千:"一个小村官能如此牵动百姓心,他的工作真是干到家了。"一位姓王的老师紧握着马武友的手说:"老马,这都是为了我们,为了教育事业,我代表孩子们真诚地向您道一声'谢谢'。"

每当看到明净的教学楼,听到孩子们朗朗的读书声,老支书和村民们会心地笑了,马武友也舒了一口气。村委会每年拿出两万元,过年、过节对教师进行慰问。

马武友还作为校外辅导员,经常给同学们讲雷锋的故事。每当讲到老战友雷锋不幸牺牲时,他的眼角一次次地湿润。亲身的经历,生动的事例,使老师和同学们受到了深刻的教育,进一步激发了报效祖国的决心和信心。

雷锋战友张天玉、唐天理

携手同走雷锋路

人生充满着许多巧合。当年同时入伍的张天玉、唐天理在部队并肩战斗、共同进步,他们俩同在一个连,后又同时入党,同时提干,最后同时被提升为雷锋生前所在团的一营营长、教导员。1982年,他俩同时转业,又同时分配到邓州市公安局基层派出所工作,后又同时被调到局纪委,一直搭档至2001年退休。

在几十年的风风雨雨中,这对老伙计始终把"雷锋的战友"这个光荣的名字深深地镌刻在心间,身体力行传播和实践着雷锋精神。

铁打的营盘流水的兵。1982年,张天玉和唐天理告别军营转业回到家乡,被分配到邓州公安局。在安排工作时,局党委考虑到他们在部队担任领导职务,劳苦功高,决定把他们留在局机关任职。谁知在征求意见时,两人竟异口同声地说:"哪里最艰苦,我们就到哪里去!"他俩一致要求到最艰苦的基层派出所工作。而当时,还没有营职干部转业后下基层所工作的先例。但任凭局领导怎样劝说,两人就是不依。局领导拗不过他们,便做了让步,但提出让他俩各自挑选一个离城近、条件好的派出所。哪知两人就像事先商量过一样,不约而同地选中了距县城70里的彭桥派出所。

这一下可真让局领导犯了难:彭桥派出所是全县唯一的山区派出所,交通闭塞、缺水缺电,又地处两省三县交界处,说啥也不能让两位功臣去这种地方。可他俩就像铁了心一样,争着要去,为此,20多年来还第一次红了脸。最后,还是张天玉如愿去了彭桥派出所,唐天理则去了当时全县治安最差的桑庄乡。两人都担任了指导员职务,主持所里工作。

尽管脱了军装换警服,可两人携手弘扬雷锋精神的信念没有变,用他们的话说,就是"咱是雷锋的战友,不管啥时候都不能给雷锋抹黑"。

1982年5月,唐天理到桑庄派出所上任。尽管他对所里条件之艰苦早有思想准备,但着实没想到会这么差。所里只有两间阴暗潮湿的小瓦房,他只能搭起木板当床,卷起被子当办公桌。这些倒还罢了,让他没有想到的是,桑庄的社会治安会这么乱。当地有句顺口溜叫"桑庄胡堰,土匪一半;桑庄田营,盗贼横行"。盗窃和抢劫成为多年来困扰桑庄乡社会稳定的两大顽症,不少路段天还没黑就已经路断人稀了。

朗朗乾坤,岂容蟊贼横行!唐天理下决心要彻底改变这种混乱状况。于是,他带着所里唯一的一名民警,白天着便衣到老百姓中间摸排情况,晚上便守候在劫匪和盗贼经常出没的地方。两个月下来,他们就打掉了5个拦路抢劫团伙和7个盗窃团伙,抓获的42名嫌疑犯全部被刑事拘留。从此以后,桑庄乡安宁了。

在邓州,至今仍流传着唐天理当年一连串逮了5个在逃人员的传奇故事。

1984年秋的一天,唐天理接到群众举报,说是在湖北省襄阳邓湖乡的一个农场里发现了桑庄乡抢劫批捕在逃人员李某的行踪。接报后,唐天理当即带领所里一名民警乘坐公共汽车辗转赶往邓湖乡。当天下午,在农场保卫人员的配合下,唐天理乔装成农场工人,头戴草帽,哼着小曲,漫不经心地靠近正在果树下乘凉的李某,出其不意地将其铐上。当李某看清来人时,如五雷轰顶,瘫软在地。他做梦也没想到"避风港"里会出现警察。在搜查李某的住处时,发现屋子里有一名男子神色慌张。唐天理犀利的眼光一扫视,那人突然"扑通"一声跪在地上,嘴里连连说道:"我认罪,我认罪。"再细看,原来是盗窃在逃人员刘某。

经就地突审,刘某又供认了另两名同伙在附近一菜园种菜。唐天理带着民警急忙赶过去,将猝不及防的两名在逃人员擒获。当唐天理押着两名在逃人员路过地头一个瓜棚时,里面的几个当地人都挤着出来看热闹,唯独其中一男子看到他急忙转了个身,显得极不自然。这一切没能逃过唐天理的眼睛,他走近一看,原来正是批捕在逃的强奸犯罪嫌疑人朱某。没待朱某反抗,唐天理就已经将他死死地按倒在地。就这样,5名批捕在逃人员被他来了个一锅端。

唐天理在桑庄的4年间,没有发生过一起重大恶性案件,该乡连年被评为"治安模范乡",老百姓也亲切地称他是"雷锋团出来的铁公安"。

1992年6月,唐天理被派往罗庄乡王岗村搞扶贫。由于王岗村地处一个土坡上,地下水位深,打不出水来,世世代代乡亲们就靠村里的一眼土井吃水。遇着天旱,要么就得到坡下的村里拉水吃,要么就得排队到土井舀水吃。用王岗村人的话说，宁可给你一个馍，也不给你一碗水。有民谣说得更形象："有女不嫁王岗，挑起水桶泪汪汪。"唐天理进村的第一天，就发现几百号人围在村头的土井旁等水，而每人分得的小半桶水也是浑浊的黄水汤。看到这一幕，这个钢铁汉子禁不住转过头潸然泪下。端着乡亲们给他做的热气腾腾的面条，老唐怎么也吃不下去：都啥年代了，乡亲们还在喝着黄水汤，这成什么话呢！他暗下决心，一定要解决王岗村3000多口人的吃水问题。经过了解得知，原来村里曾经打过一眼井，水塔也修好了，可是井打了一半因为水位太深，土层坚固，缺少资金，打井队撤走了。为了尽早解决乡亲们的吃水问题，唐天理出面组织召开了村组干部会、群众代表会，动员大家捐资打井，他率先在群众大会上捐出了200元。在他的带领下，全村干部群众纷纷解囊，很快便筹齐了打井所需的资金。接着他三次进城找到水利局的领导求助，领导被他的诚心所感动。王岗村终于请回了打井队，一连钻了两眼井，建了两个水塔，村民们终于实现了几代人的梦想。供水的那一天，村民们纷纷把老唐围在中间，让他喝下了第一瓢甘甜的井水。

与此同时，张天玉也在岗位上践行着雷锋精神。1983年秋季的一天，时任彭桥派出所指导员的张天玉收到了一封从湖北某监狱寄来的信。拆开一看，原来是彭桥乡一名正在外地服刑人员写给他的。信中提到自被判刑入狱后，妻子改了嫁，老母卧病在床，刚刚入学的女儿也辍学回家放羊，家里的日子已到了难以为继的境地。迫于无奈，他听说指导员是雷锋的战友，才抱着试一试的心理壮着胆子向他写信求助。

读罢来信，张天玉的心情久久难以平静。当天下午，他骑着自行车来到这户人家。家中一老一小过着上顿不接下顿的日子，老太太因无钱治病，又无人照顾，加之严重营养不足，已是气息奄奄。看到这些，他当即从附近雇了一辆三轮车把老太太送到了乡卫生院，又自掏腰包为其治病，还买来了鸡蛋、奶粉等营养品。经过半个月的治疗和护理，老太太病情大为好转。有人对张天玉说："她儿子是犯人，你这样就不怕别人说闲话？"他回答说："犯人也是人，犯人的亲属有困难也需要人帮助，我怎么能坐视不管呢？"

张天玉的所作所为深深地感动着全所民警，民警们纷纷行动起来，有的捐钱，有的送衣送粮，使这个濒临破碎的家庭重新恢复了生机。张天玉又亲笔给那名犯人写信，向他说明了家里的情况，要他解除后顾之忧，安心改造，多立功，早出狱，重新做人。在他的鼓励教导下，那名犯人因改造好，提前获释，走上了致富之路。他说："今生今世我再不会干违法犯罪的事，如果那样，我拍拍良心对不起张指导员。"

1989年秋，张天玉和唐天理双双从派出所被调回邓州市公安局纪委，张天玉负责纪检工作，唐天理负责监察工作。十几年来，不管社会风气如何变化，这对儿老伙计始终精诚团结，默契配合，一身正气，两袖清风，爱憎分明地执行着党的政策和法纪，携手查处了不少棘手的案件。

1990年夏天，湖北宜城市商人黄金龙贩运8吨大米到邓州出售，被几名不法分子诈骗。黄金龙遂向西关派出所报案。时任所长王某在查破此案后将几名涉嫌诈骗的不法分子绳之以法，但却私自将追回的大米拍卖，并以种种借口将拍卖款扣押在所里不予退还受害人。黄金龙多次讨要，王某只退给了1.2万元，其余3700元迟迟不给。无奈之下，黄金龙怀着悲愤的心情来到局纪委反映情况。张天玉和唐天理详细记录了情况后，让他留下了联系地址，告诉他先回家去，待查清问题后给他一个回复。黄金龙认为两人是在搪塞他，便丢下几句牢骚话后悻悻离去。次日，张天玉和唐天理便对此事立案查处，查清了西关所所长王某和另外两名办案民警私分3700元大米款的事实。刚正不阿的两位老同志在责成他们退回非法所得后，建议局党委给予三人纪律处分，并调离出公安队伍。随后，张天玉和唐天理乘坐公共汽车，冒着盛夏酷暑，几经辗转，终于找到了200多公里外的宜城黄金龙家，将3700元大米款如数退还，并向其通报了事情的处理结果。早已对讨要款项不抱希望的黄金龙夫妇无论怎么也想不到，两位老公安竟有这么硬的作风。无以为谢，黄金龙找了一辆拖拉机，把两人送到了十多里外的公路边，并拿出家里自制的大米酒，含着眼泪为他们送行。两人一再道谢，坚持将米酒留给了黄金龙。

1994年，局机关在财务审计时，发现一位部门负责人有经济问题。局党委指定张天玉、唐天理去查。这位负责人以前与他俩在一起工作过，私人交情很不错，便私下里暗示他们手下留情。但他们不徇私情，坚持要一查到底，争执中，这位负责人撂下一句："查我对你们有啥好处？"便摔门而去。张天玉和唐天理毫不动摇，排除干扰，最终把这位负责人的经济问题查了个水落石出，又报请局党委对其做了撤职处理。

在局纪委工作的十几年中，张天玉、唐天理一方面毫不留情地查处民警违法违纪案件，另一方面也查办了一些蓄意诬告、陷害、干扰民警执法的案子，为民警正了名，撑了腰，洗刷了清白。

1999年6月，局纪委收到一份因从事色情行业而被治安拘留的女子的揭发材料，声称承办该女子案件的城郊派出所民警井某，在办理这起案件中，曾奸宿当事人。若揭发问题属实，这可是一起性质恶劣的民警执法犯法案件！局纪委认为此事关系重大，遂决定一方面对井某隔离反省，一方面由张天玉、唐天理进行调查取证，要求快查快办，严惩不贷。在调查中，井某矢口否认有嫖娼问题，并愿以职务作保证。而检举人则言之凿凿，说得有鼻子有眼。由于取证困难，案子一时难以搞清。此事发生后，社会上传得沸沸扬扬，严重影响着公安民警形象。广大民警承受着来自社会各方面的非议和指责，井某本人更是百口莫辩，家庭生活笼罩着一层阴影。为尽快弄清事实真相，张天玉和唐天理不顾年迈体衰，顶着炎炎烈日，反复多次到拘留所找检举人调查情况，沟通思想，一谈就是几个小时。最后，该女子的心理防线渐渐动摇，泯灭的良知终于被召回。她痛悔不已地说出了因遭公安打击，便存心诬陷报复办案民警井某的事实真相，并向井某写了一封言辞真切的道歉信，让两位老同志捎给井某。鉴于此案尚未造成严重后果，张天玉和唐天理在为井某正名之后，本着教育人、挽救人的原则，建议对该女子做宽大处理，并教育她要自重、自爱、自尊、自强，做一个自食其力的人。自那以后，该女子自己开了一间门店，合法经营，未再做那些令人不齿的事情。

这就是唐天理和张天玉，一对雷锋老战友，携手同走雷锋路。

"编外雷锋团"电力雷锋营

传递爱与光明

2003年,560名供电职工加入"编外雷锋团",成立电力雷锋营。十多年来,电力雷锋营立足岗位学雷锋,热情用心服务群众,在这座豫南小城传递着爱与光明。

"学雷锋不是做个样子,而是要融入自觉行动,我们的出发点很纯粹,就是立足岗位做些有益于群众的事。"电力雷锋营现任教导员王玉学坦言,"电力工作与千家万户打交道,我们只有立足岗位学雷锋,才能充分发挥优势,才能更接地气、做得更好。"

守护粮仓做贡献

在当下的农忙时节,电力雷锋营设在每个乡镇的雷锋班都很活跃,他们义务帮助农民解决"电麻烦",而这些事并非他们职责所在,群众连连称赞。

在邓州市乡间,放眼道路两侧,不时有农民在田间浇地。与以往大水漫灌不同,喷灌成了这里的一道风景。"这里是农民的战场,也是我们的战场。"望着路边的景象,电力雷锋营现任营长吴立中要求各供电所电力雷锋班弘扬雷锋精神,义务服务农业生产,助农增收。

"简易的喷灌水管往地里一摆就能浇,浇完这一畦挪到那一畦就行了,这比漫灌省水省电。"房建良是邓州市腰店镇房营村村民,家里承包了40亩地,他深有感触地说,"一季粮食少说得浇3次,用柴油机抽水浇一亩得25块钱,用电抽水喷灌才12块,比漫灌还要省3块。"

无论漫灌还是喷灌,用电抽水最划算,这是庄稼人的共识。"我们村今年夏粮亩产最高达到1280斤,平均亩产1200斤。"房晓是房营村会计,他介绍说,"这地是三分种、七分管,管理得好才有收成,去年秋播时天旱,如果不浇地的话恐怕连300斤都收不了。"

除了种好自家的地,房建良还是村里500亩种子基地的技术员。"让我种粮食没问题，电是看不见的东西，我可不敢乱摸。"在房营村田间，每座井房都写有电力雷锋营的电话，房建良说，"打个电话'电力雷锋'就来了，服务完了也不要钱，还帮着铺水管，不愧是活雷锋。"

"去年秋天热得要命，我们家浇玉米，中午水泵不出水了，是'电力雷锋'跑来给修好的。"房建良的妻子鲁丰娟说，"去年农历十月初，晚上11点多人家来帮着接线。还有一次，半夜3点多跑到地里帮忙维修。人家确实服务得好，我们很满意。他们若是干得不好，你叫我说假话也说不出来。"

"学雷锋，就得讲奉献，不然别人凭啥说咱是雷锋。"29岁的刁杨是电力雷锋营腰店雷锋班的成员，麦收前后他一直没闲着，脸被晒得黝黑发亮，脚上的解放鞋沾满了泥，当天早上7点多接到鲁丰娟的电话后，他就和同事们来了。谈话间，鲁丰娟插话道："今年粮食丰收得给'电力雷锋'记一功。"

清水北上站好岗

邓州市境内的湍河渡槽工程，是南水北调中线一期工程输水总干渠的大型跨河建筑物，湍河渡槽工程轴线总长1030米，渡槽槽身采用世界最大的U型梁式渡槽三线通水，单跨40米，共18跨。

邓州市供电公司接到工程用电申请后，立即与工程建设指挥部沟通，对工程供电的线路进行改造，安装了4台变压器。工地紧急建设混凝土搅拌站需要用电，邓州市供电公司组织雷锋班进行线路建设。为确保工程进度，每天天不亮，20余名施工队员便到达工地。"不怕冻，就怕站，怕冷你就赶紧干！"大伙儿一边打趣，一边在寒风中立杆、放线，这为搅拌站按期投运亮了"绿灯"。

施工期间，邓州发生强对流天气造成停电。湍河边，十余台大型打桩机停在十几米深的地基里，在设备即将损毁之际，"电力雷锋营"集中抢修与工程有关的用电线路，使施工单位避免了设备损失。

由于南水北调工程用土量大，施工工地300多辆大型自卸车往来穿梭，雷锋班在架空线路加装了反光警示，为司机普及了安全知识。工程负责人刘经理说："每次发生意外情况，张村雷锋班都能及时相助，让人很感动。"

在湍河渡槽工程进入引渠混凝土浇筑阶段，施工方引进一次成型混凝土浇筑设备，浇筑过程使用高标号水泥，1小时即可完全凝结，因此必须连续进行，这对供电提出了非常高的要求。

对此，张村雷锋班加强值班，由原来的2班改为3班，每班由4人增加为6人，并多次有针对性地开展事故应急演练。每次浇筑前，张村雷锋班都采用双电源供电，浇筑过程中安排专人蹲点值守。

张村供电所雷锋班来到了湍河渡槽工程现场，巡视这里的线路是他们每周的必修课。湍河渡槽工程项目机电物资部部长邱忠平说，工程能顺利完工，离不开供电职工辛苦付出。

"每次来到现场，都忍不住感叹，多么伟大的工程啊！"时任张村雷锋班班长王光富感慨道，"为了清水北上，咱得站好最后一班岗！"

服务移民往前站

丹江的水要北上，库区得移民十几万，邓州是最大的移民迁入地，安置了3万多人。从建房接电到搬家送饭，电力雷锋营冲锋在前，让移民感受到雷锋城的热情和温暖。这几年，他们又帮助移民走上了致富路。

眼下，正是时令蔬菜上市的季节。从早晨到傍晚，到邓州市西岭移民新村收购蔬菜的货车排着队，黄瓜、豆角、辣椒……商贩们当场给菜农过秤、付款，然后把蔬菜销往周边的城市。

"以前，我们西岭人住在山脚下，种田、生活都不太方便。现在，新家路平电好用，地也好种。村里建成11座蔬菜大棚，电线架到了井口，浇菜很方便，搬到这以后，备用发电的柴油机从没有派上过用场。"62岁的村党支部书记徐建周谈及电力服务时高兴地说道。

为给"南水北调"工程让路，淅川西岭村人移到了邓州市，刚搬来前两天村里没有开火做饭，电力雷锋营就帮着送饭。"有事打个电话就来了，有次大风把房顶的'太阳能'热水器刮跑了，还是他们帮着重装的，'电力雷锋'对俺们就像亲人一样。"村民徐国政感激地说。

西岭移民新村占地35亩的养殖区还没建好，电就架通了。"我在里面养了1万多只鸡，现在已经见了效益，每天能收上千斤鸡蛋。"村民韩晓飞是养殖区的首个受益者，"上料、排粪、通风全靠电，如果没有电，光室内的温度就把鸡热死了，更别说产鸡蛋了。"

"村里还有8户村民养兔子，现在已经达到2000多只，我们和厂家签了上门收购协议，一张兔皮卖17元。"徐建周介绍说，"现在乡亲们都尝到了发展养殖业的甜头，我们准备把所有养殖项目集中到养殖区，进一步扩大规模。"

目前，西岭移民新村有173户人家708口人，走在村里问及电力雷锋营的服务，村民寇元涛告诉记者："用电上有问题了，只要打个电话，不出15分钟人家就来了，该修的修，该换的换，从来没有说过不管，服务很周到。"

"到邓州安家这几年，有电力雷锋营帮忙，我们西岭人在用电上没有吃亏，许多村民都靠电发家致富了。"电力雷锋营让徐建周很是感慨："'电力雷锋'功劳大啊，从搬来的第一天到现在，他们为俺村做过的好事数不清。"

创新管理客户赞

邓州市湍河街道白庄社区从事冷冻食品加工的张阳发现制冷设备无法正常运转，就把电话打到了管片电工的手机上，不到3分钟郭元勇就上门检修线路。

如此精准、快速的服务，得益于邓州市供电公司推行的"人人是经理、个个活雷锋、处处营业厅"的服务理念。该公司结合地域特色，倡导员工人人学雷锋，按照敲开门、见到人、拉上话、连上心、送服务的要求，登记客户信息，解决用电问题。每一级网格经理都是供电企业为民服务工作中不可缺少的螺丝钉，发扬雷锋的奉献精神、钉子精神和艰苦奋斗精神，做到敬业奉献，主动帮助客户，提供优质服务。

同时，要求每位网格经理完成本职工作的同时，在力所能及的范围内为客户提供服务和帮助。半年时间，该公司干部员工走访了邓州全市53万客户，为群众解决用电难题2600余件。"个个活雷锋"服务机制的长期运行，使该公司全体员工人人学雷锋、个个争做活雷锋，涌现出了全国学雷锋活动示范点"三八"雷锋班、国家电网公司优秀共产党员服务队等先进典型。

如今，邓州电力雷锋营已经发展到50个雷锋班，足迹遍布邓州城乡，这份朴实的正能量还在不断传递……

"编外雷锋团"电力雷锋营"三八"雷锋班

爱心接力十九载

2000年春,邓州市电业局城市供电所的女职工在为辖区残疾人、军烈属、孤寡老人提供爱心服务过程中,在抄表女工中成立了"三八便民服务队"。2003年3月8日,"三八便民服务队"正式加入"编外雷锋团"电力雷锋营,被命名为"三八"雷锋班。成立19年来,这些平凡的女工凭借女性特有的细腻和爱心,在工作之中体贴特殊客户,关怀弱势群体,提供志愿服务,为客户提供力所能及的帮助,做播撒爱心的光明使者,并把这种人间大爱当作自己生活和工作的一部分。

在孤寡老人那里,她们是情深义重的"电力闺女";在孤儿弃婴眼中,她们是关怀备至的"电力妈妈";在贫困学子的心底,她们是无私助学的"电力大姐"。"三八"雷锋班学雷锋的事迹在当地广为流传,也因此成为邓州"编外雷锋团"的一面旗帜。

孤寡老人的好女儿

"跟亲闺女一样,几天不见就会想,想了我就托邻居帮我给闺女们打电话。"生前,90多岁的王绍华老人每次聊起"三八"雷锋班就来了精神。

"她们经常来看我,上回拿的东西还没吃完呢就又来了。"得知天热得老太太吃不下饭,当天,雷锋班的女员工们提着牛奶、鸡蛋、水果就去了。

王绍华膝下无儿女,30多年前老伴去世后就一个人生活。15年前,"三八"雷锋班10名女工抄表遇到她时,发现老人为了省钱家里连灯都没装。了解情况后,女工们兑钱免费给老人装灯接电,凑钱垫电费,结成了帮扶对子。

此后,每逢节日,"三八"雷锋班的姐妹们都带着肉馅和面粉到老人家,和老人一起包饺子。节假日,为老人梳头洗澡、做饭洗衣等全包了。每逢老人生日,门金梅都会给老人买新衣服、蛋糕来给老人庆祝生日,连续照顾老人15个年头。老人感动地对邻居说:"我这个孤老婆子,没想到还能遇到这样的好闺女，真是前世修来的福啊！"

十多年来，"三八"雷锋班姐妹们帮扶过的孤寡、伤残老人近 200 位，和老人们结下了深厚的情缘。她们用爱心传递温情，让孤寂的心灵得到抚慰，让孤单的老人安享晚年。

贫困孤儿的好妈妈

"门妈妈，今天是妇女节，祝您以及曾经所有鼓励和关怀我的阿姨们，心情愉快，天天开心，事事顺心如意，赵毅。"2018 年"三八"节的早上，"三八"雷锋班原班长门金梅收到了一条祝福短信。

读完短信，门金梅擦了擦湿润的眼眶露出欣慰的笑容。她很快回复了短信：希望你能学到一技之长，将来在社会上有立足之地。谢谢你的祝福，有时间我去看你。

今年 17 岁的赵毅，是邓州市白牛镇一名贫困家庭的孩子，现在邓州市职业技术学院就读汽修专业。在门金梅的眼里，赵毅就跟自己的亲生儿子一样，让她时刻挂牵。第二天，她就买了一兜水果，拿着 500 元现金去学校看望赵毅。

"门妈妈，我不要你的钱，我自己挣钱了。"赵毅说道。

"拿着！等你毕业了，我就不再给了。"门金梅看着眼前这个比自己高过一头的小伙子说。

"第一次见到赵毅的时候，他大概五六岁的样子，看到他的第一眼，我和'三八'雷锋班的姐妹们就决定把他列为我们的帮扶对象。"门金梅说，赵毅的父亲患有严重精神疾病，母亲离家出走，爷奶去世，幼小的他靠两个姑姑接济生活，看着这个睁着一双惊恐的眼睛的孩子，门金梅心疼地把他抱在怀里，这个比自己儿子还小的孩子，过早地尝尽了世间的冷暖，要好好爱护这个孩子，供他读书，走上社会。

12 年过去了，门金梅没有失望，赵毅靠自己的努力学到了汽修专业技术，春节在南方打工实习期间还给门金梅发来短信，说自己已经靠双手赚取了第一笔工资 2000 元。

"你要好好上学，上到啥时候，阿姨们就供你到啥时候……"在邓州市白牛镇梅张营，读小学四年级的梅涵接过"电力妈妈"送来的助学金、新衣服和学习用品，听着"电力妈妈"的嘱咐，她使劲地点头。

梅涵的父亲在外出务工中去世，母亲出走音信全无，由年迈的爷爷奶奶抚养，生活十分艰难。2012夏天，"三八"雷锋班在服务中了解到这种情况，立即决定帮助她，从此，梅涵有了10位"电力妈妈"。

多年来，梅涵一直是"电力妈妈"们的牵挂。在长期接触过程中，大家发现小梅涵性格孤僻、少言寡语，她们决心用爱打开她封闭的心灵。节假日，"电力妈妈"们带她去花洲书院和编外雷锋团展览馆游玩，带她回家中与自己的孩子一起做游戏。

爱的滋润让梅涵开朗起来。她高兴地对同学说："我有一群'电力妈妈'。"有时，还会主动给"电力妈妈"打电话汇报学习情况："老师夸我是个懂事守纪律的好学生，老师说我进步很快，这学期我得了学习进步奖……"

多年来，"三八"雷锋班的成员先后抚养了4名孤儿，捐助了9名贫困留守学生，成为他们的"电力妈妈"。

贫困学子的好大姐

20年前的一个秋天，已退休的原"三八"雷锋班成员林玉梅在城郊乡李庄村检查线路时，遇到正在屋外哭泣的李亚丽。

林玉梅了解到，李亚丽父亲早逝、外婆年迈、弟弟年幼，生活的重担全都压在母亲身上。由于家庭生活困难，无奈之下，母亲流着泪劝小亚丽辍学。李亚丽一心想上学，她的成绩在班里一直名列前茅。看着满墙的奖状和满脸泪水的女孩，"三八"雷锋班的姐妹们郑重向小亚丽承诺，承担她以后的学费，还会对她的日常生活给予帮助。

多年以后，李亚丽对当时的情景记忆犹新，她在给"三八"雷锋班的信中写道："我还记得那个寒冷的冬天，'三八'雷锋班的大姐们给我送来了学费，让我的心暖阳一片。"

后来，李亚丽不负众望，顺利考上了西南师范大学（现西南大学）。可学费却让这个贫困的家庭发了愁。"三八"雷锋班成员得知这个消息后，积极为李亚丽想办法，为她申请爱心助学基金，使李亚丽如愿走进了大学校园。

大学毕业后，李亚丽响应国家支援贫困山区的号召，主动到贵州偏远山区去义务支教。虽然条件艰苦，但她感到非常快乐。她说："受过帮助的人，更愿意帮助他人，这样心里才踏实。"

"用谢谢两个字来表达感谢已显得苍白无力，但我还是想由衷地说声谢谢，感谢你们对我学习生活的关心，我会化作学习的动力，将来为国家和社会服务，回报社会、热心公益，帮助更多需要帮助的人，不辜负你们的期望。"这是考上北京建筑大学的贫困学子李孟写给"三八"雷锋班的一封感谢信。

像这样的事例还很多。多年来，"三八"雷锋班的成员换了一茬又一茬，但爱心接力棒从没间断过，她们用真情传递着爱心，用平凡诠释着人间大爱，弘扬雷锋精神，播撒雷锋精神的种子，先后帮助了400余户800多人。她们的事迹先后被中央电视台、《人民日报》等媒体报道，在社会上引起较大反响，被中宣部授予"全国学雷锋活动示范点"，先后荣获"河南省优秀志愿者服务集体"、全国"感动电力"优秀团队等荣誉称号。

"编外雷锋团"吧友营

爱的暖流在网上流淌

2010年3月2日,百度邓州吧136名吧友申请加入邓州"编外雷锋团",成立了"吧友营"。吧友们利用网络平台宣传雷锋精神、弘扬社会正气,先后开展了"爱心献给光荣院老功臣""缅怀先烈祭拜人民英雄"等红色主题活动,取得了良好的社会效果。他们在网络上对公众舆论进行正面引导,对有负面影响的"灰色"言论给予批评、驳斥和抵制。他们还把虚拟世界中的正气和爱心带到现实中来,资助贫困家庭、看望孤寡老人、救助失学儿童……哪里有困难,哪里就会有吧友们的身影。

目前,"编外雷锋团"吧友营成员已发展到了600多人,既有在本市生活的人,也有远在深圳、上海的邓州老乡。他们在网上传播着雷锋精神,又在现实中争当雷锋传人。如今,越来越多的人申请加入"吧友营"。这支"网上雷锋"队伍,已成为学习、传播、践行雷锋精神的时代劲旅。

2011年6月15日,邓州吧友看到百度邓州吧有一个求助帖,说的是一个叫程文婷的14岁小女孩,奶奶中风10年,爷爷已72岁高龄,妈妈是聋哑人,家里唯一的劳动力爸爸却患了尿毒症,全家陷入了绝境之中。小爱妃00、小兵、晓波饭庄、yzbszz等吧友一行10人立即前往张村小文婷老家了解具体情况,随后去医院看望小文婷父母。当看到这个14岁的小女孩用稚嫩的肩膀担负起家庭重担时,他们十分难过。吧友们立刻通过各种方式发送信息,介绍情况,组织身边的爱心人士参加网友们在古城广场上举行的爱心募捐救助活动。大家共为程文婷家捐款13000多元,还有大米、白面、食用油等生活用品。

2012年2月25日,天色阴沉,春寒料峭,可在邓州市小杨营镇王庄村村民王群久家中,却涌动着爱的暖流。这天上午,"编外雷锋团"吧友营营长"湍河扁舟"、副营长"喜欢风吹的感觉"和金阿訇等人,为王群久患白血病的儿子王亮送来了4755.7元捐款。王群久夫妻带着孩子在郑州治病,王亮的爷爷王丰平代收了捐款。"感谢社会上的好心人,在最困难的时候给了我们救助。"王丰平眼含热泪说。

2012年2月18日,"喜欢风吹的感觉"在湍河吧发帖《求救小生命——社会献爱心》,希望网友们救助4岁的王亮。2011年8月,王亮突然高烧不退,在当地医院没有确诊。2011年9月,在郑州一家大医院王亮被确诊为淋巴细胞白血病。医生说至少要化疗3年,之后还要定期检查。

王亮的奶奶因脑出血住院花掉数万元后去世,爷爷年迈体弱,已无劳动能力。王亮的父母靠种地为生,姐姐正在上小学一年级。几年来,为了给王亮的奶奶和王亮治病,家里花去了全部积蓄,还欠下外债9万多元。王家准备卖掉家里的3间平房,给孩子治病,维持孩子的生命。

"在南阳吧上看到王群久的求助帖后就转了过来,想向大家呼吁一下,让大家支持一下。""喜欢风吹的感觉"说。他还贴出到王亮家探访的照片,写了自己当时的感受:"看到王亮家里没有一样像样的家具,没有一样家用电器,心里酸酸的,不是滋味。"同时,他还向王亮的父亲王群久送去了希望——"现在,我们'编外雷锋团'吧友营准备为你们捐款,到时候我们会把捐款送到你们手中!为小亮亮献出大家的爱心!一起为小亮亮祈福,祝福小亮亮早日康复!"

帖子发出不久,便得到了网友们的热烈响应。为了方便大家捐款,吧友营除了在网上公布捐款账号外,还在市区三贤路上设置了捐款箱。不少行人纷纷驻足捐款,其中既有白发苍苍的老者,也有正在上学的学生。有的家长专门带上孩子来捐款,更有远在深圳的好心人让妻子儿女送来善款。

在解放清真寺附近,金阿訇仅用5分钟就筹集到善款485元。捐款中有不少是面值为一角、两角的纸币和硬币。这些大多是小学生和小朋友捐的。

邓州市龙堰乡唐坡村农家妇女吴英命运多舛。14岁那年,患有糖尿病的母亲突然中风,父亲在家照顾母亲,兄妹三人一起辍学打工。吴英去镇上一个小裁缝店当学徒,补贴家用。2010年11月,年仅46岁的母亲离开人世。不久,悲痛欲绝的父亲也自缢过世。吴英刚刚在2012年春节前生下个大胖小子,又被查出来患了急性白血病。她还未享受初为人母的喜悦,就踏上了与死神抗争的征途。靠种庄稼和丈夫刘川打零工挣钱的吴英,住院8个月,经过7次化疗,满头秀发几乎全部脱落。家里花费12万元,欠下6万多元外债。

多年相依为命的同胞哥哥和妹妹竞相给吴英捐献骨髓。2012年10月,在浙江省血液中心，吴英和妹妹做了骨髓移植配型检测，各项指标完全吻合。妹妹可以捐骨髓救姐姐，但高达50万元的骨髓移植费用，又再次难住了一家人。

在即将赴北京做骨髓移植的节骨眼上，吴英因无钱医治被迫回家休养。

"如果有爱心老板愿提前支付工资，我愿在妻子病好后给他打工10年。"无助的刘川寄希望于未来10年的付出能为妻子筹措到急需的"救命钱"。

2012年10月21日，百度邓州湍河吧论坛出现爱心救助吴英的帖子。没想到，爱心迅速"发酵"，当天就引起"编外雷锋团"吧友营和"我们都是兄弟姐妹"QQ群的关注。短短几个小时，"顶"声一片，引来200多个跟帖。

次日下午，网名为"湍河扁舟"的吧友营营长，立即召集吧友营4个连的连长、指导员开会商议救助方案，并安排人带领3名营员前往吴英家探望。在唐坡村口，他们和王斌、王丹、申邓等热心网友代表不期而遇。他们从村副支书唐建全处得知，吴英的公公刘其庆是一位老退伍军人。丈夫刘川的哥哥刘佩是北京军区某部三级士官，曾先后寄回几万元，但对数十万元的骨髓移植手术费而言，仍是杯水车薪。目睹了吴英家的窘境后，大家当场商议：网友的力量要拧成一股绳，发起爱心义演募捐活动。

经过4天紧张筹备，2012年10月29日晚7时30分，由"编外雷锋团"爱心艺术团和邓州市好运来婚庆礼仪公司无偿演出的"我们都是雷锋人——情系吴英心手相连爱心募捐义演晚会"在邓州市古城广场拉开帷幕。一辆文艺演出"大篷车"停放广场中央，投影屏幕上播放着VCR视频：如泣如诉的《让世界充满爱》的乐曲中，22岁"光头女孩"仰天长泣，渴望的眼神令人动容。

现场冷风袭人，古城广场却摩肩接踵，暖流涌动。19时30分，《学习雷锋好榜样》大合唱的嘹亮歌声响彻全场。领唱的是雷锋生前战友、"编外雷锋团"团长宋清梅、政委姚德奇等20多位"老雷锋"。

在"老雷锋"带动下，人们纷纷驻足、慷慨解囊。捐赠的人群中既有残疾人，也有拄着拐杖的花甲老人，还有"少吃几个汉堡包没关系，但救人要紧"的"红领巾"。吧友营成员"一岁就很乖"因高空作业不慎摔断胸骨，导致下半身瘫痪，无法到现场，就委托妈妈把捐款带过去；6名蹬三轮车送货的青年打工者路过此地，将当天的收入捐了出来；有位市民在现场把兜里仅有的60元捐出，又回到家里取来200元，再一次捐赠。

21时许，义演晚会接近尾声。主持人将募捐款项11万余元交给吴英。面对数不清的"雷锋"和沉甸甸的爱心，吴英泣不成声："俺碰到的'雷锋'数不清！谢谢大家救俺一命！给俺一次听孩子叫妈妈的机会。俺要坚强地活下来，回报社会和好心人！"

爱心，从虚拟空间走出来；温暖，从千里之外传过来。拥有超过680万粉丝的"当代雷锋"郭明义，在微博上转发了中国军网国防论坛救助吴英的爱心呼吁。中国社会福利基金会学雷锋基金管委会，湖南省学雷锋活动领导小组办公室、湖南省雷锋精神研究会发函表示，将尽全力联合社会爱心人士救助吴英。经北京爱心人士协调，吴英住进了解放军307医院。经过近一年的治疗，吴英实现了"能听到孩子叫一声妈妈的夙愿"。

虽然吴英最终遗憾地离开了人世，但她深切地感受到了人间大爱。

"编外雷锋团"交警营

"马路天使"

2003年4月,邓州市86名交警庄严宣誓加入"编外雷锋团",交警营正式成立。作为弘扬传承雷锋精神的"马路天使",他们谱写了一曲又一曲爱的篇章。

交警"请客"

2018年1月4日,大雪封路。当邓州交警为外地司机送上泡面、火腿肠、榨菜、热水时,不少司机感动得热泪盈眶。

1月3日起,邓州出现连续两天的降雪天气,使辖区内国道、省道大面积积雪,很多汽车、货车驾驶员和乘客滞留在路上。

1月4日,大雪依旧没有停歇。看着滞留在公路上一天一夜的驾驶员和乘客还饿着肚子,邓州市交警大队巡警中队的民警来到等候的车队前,为驾驶员和乘客送去了开水和一碗碗热腾腾的泡面,还有火腿肠、馒头、花卷等食物。

与此同时,其他民警上路铺撒防滑沙和融雪剂,达到具备通行条件后,等滞留人员吃完饭,民警采取警车压速带道的方式,带领滞留车辆缓慢通行,踏上了回家的旅途。

外地驾驶员纷纷表示:"走遍全国各地,第一次遇到交警请客,邓州交警是好样的!给他们点赞!"

失而复得的29000元

2018年4月3日上午10点左右,邓州市公安局交警大队来了一位神色慌张的老人,称自己是南阳市宛城区茶庵乡养殖户,名叫张福涛。当天,他和弟弟一起去襄阳卖完鸭子后坐了一辆顺风车,在邓州下车后,把装有29000元现金的包落在了车上。车牌号不记得,只知道是白色轿车,其他信息一概不知。

接警后,值班人员马上向大队长李冰报告。李冰立即安排大队指挥中心查看视频寻找车辆,并安抚老人。由于提供的线索有限,指挥中心民警几乎排查了所有从襄阳方向过来的白色轿车,都没有任何发现。时间已经过去了4个小时,但是,指挥中心民警没有放弃。经过研判,他们觉得老人提供的线索可能有误,继续扩大排查范围。

功夫不负有心人,下午3点零5分,他们发现了一辆银色轿车,司机戴墨镜,副驾驶穿短袖,这和老人描述的特征很像。经过老人和其弟弟确认,正是该车!虽然帮助老人联系上了该车司机,但司机表示目前已经回到了襄阳,让老人去襄阳取钱。下午6点左右,老人在襄阳农贸市场终于拿到了自己丢失的29000元钱。

当晚回到家中,已经是晚上11点了,而此时张福涛老人80岁的老父亲正在家里焦急等待。回到家中,张福涛老人再也忍不住泪水,大哭起来,连声对家人说:"这次多亏了警察,这次多亏了警察同志!"

为学子护航

2018年4月12日上午,一组邓州交警大雨中蹚水抱送小学生的图片受到众多网友关注点赞。

4月11日夜晚,一场大雨突袭邓州,造成城区不少路段出现积水,给一早出行的市民,特别是送孩子上学的家长们带来了诸多不便。

12日早上7时许,大雨继续下着。中州大道花洲实验小学西校区门前挤满了学生和家长,不少孩子望着路面积水徘徊不前,不敢向校门行进。见此情形,在该校区"护学岗"执勤的邓州交警大队特勤中队的民警,不顾雨大水深,一边指挥家长按秩序停放车辆,一边在大雨中蹚水把马路对面的孩子们,一个个抱送到校门口安全地带。

2018年6月7日,高考第一天。当天下午5时许,花洲实验高中考区执勤人员刘星在执勤时,拾到一个高考准考证。这时,下午的高考刚刚结束,考生们正在陆续离开考场。刘星立即四处询问考生有没有丢失准考证,同时,他将该准考证保管好,通过微信、QQ等各种渠道向外发布信息。最后根据考生姓名、照片,几经辗转,终于查询到考生联系方式。下午6时许,他将准考证交到焦急的考生及家长手中。

考生家长激动地说:"谢谢,谢谢!真不知道说什么好!早就让这个孩子小心,不要把准考证弄丢了,结果还是丢了! 多亏是咱们交警同志捡到了!"

"临时奶爸"

2018年7月10日下午,邓州市交警大队城区中队正在万德隆执勤的钱长征,发现马路中间站着的一个小女孩一直在哭泣。当时车流量很大,为了防止意外,钱长征马上上前将小女孩抱到路边警亭。经过询问,小女孩说是找不到爷爷了,说完就一直哭个不停。这时,同在警亭办公的董文超就上前安慰。没想到这小女孩似乎和董文超有缘,只要他抱着就不哭泣。没办法,董文超只能维持着这样的姿势办公。

最后,孩子说自己在五小附近住。钱长征、董文超就开着警车带着小孩去五小附近,结果真的在五小附近碰上了小女孩的家人。

说到这段"临时奶爸"的经历,董文超笑着说:"最大的感受就是手很酸,但是宝宝很可爱,大眼睛看着我的时候,觉得累点也值得。"

6分钟陪护

2018年8月20日,邓州市公安局交警大队城区中队水上楼执勤点辅警马磊,用6分钟时间全程陪护一位行动不便的老人过马路,受到社会各界一致好评。

当天下午5点10分左右,马磊正在水上楼路口执勤,忽然发现一位驼背的老奶奶沿斑马线过马路。由于老人年纪很大,弯腰驼背,走得很慢。马磊担心绿灯变红灯后,老人还走不过斑马线,立刻走到老人身边,询问她需不需要帮助。老人坚持说自己能走,马警官只好护着老人走马路,老人步履蹒跚时还搀扶一把。就这样,短短几十米的斑马线,马磊耐心陪着走了6分钟。

马磊询问了老人情况,问她是否记得家住哪里,儿女叫什么名字,老人都能一一回答上来。确认老人神志清醒且身体没有大碍后,目送老人安全地走上人行横道,慢慢走远之后,他才继续执勤。

马磊并不知道,这一切被在路口等待红灯的群众拍了下来,还传上了朋友圈并且迅速传播。对于这件事儿,他觉得这是一件特别小的事情,完全不值得一提。他说,只要穿着这身警服,每一位同事遇到市民需要帮助的时候都会这么做，这一点都不特别。

　　这样的例子在交警营里比比皆是，他们立足三尺岗台，充分履行职责，默默地抛洒着辛勤和汗水，为过往群众奉献着亲情和爱心，赢得了人民群众的普遍称赞和爱戴。邓州市交警大队连续被南阳市委、市政府评为"全市政法系统争创人民满意活动先进单位"，被邓州市委宣传部、市文明办、市人武部、团市委联合授予"学雷锋，志愿服务先进单位"，多人次立功受奖。

"编外雷锋团"中心医院营

护航"健康邓州"

雷锋精神鼓舞和感召着几代邓州市中心医院人,用点点滴滴无私的真情关爱和付出,感动着一个又一个病患家庭,谱写出一曲又一曲白衣天使们爱的赞歌。

2016年4月,邓州市中心医院青年骨干医护人员自发成立了"中心医院青年医师爱心义诊服务队",自筹资金购买桌椅及相关器材,制作健康保健宣传知识彩页,在紧张而繁重的工作之余,利用休息时间,走上街头和公园,走进学校和社区,深入偏远乡镇,开展义诊活动,为群众奉献爱心。隆冬,滴水成冰,寒风凛冽;盛夏,炎炎烈日,纹风不动。在仔细体检和认真询问后,他们为群众讲解疾病的防治措施和注意事项,指导合理用药,做好日常生活保健,并为需要到医院接受进一步治疗的患者提供指导意见。针对心脑血管、呼吸、消化等系统疾病高发的情况,他们细致地为每一位前来咨询的群众测心率、量血压,耐心聆听患者诉说病情,详细解答他们提出的每一个问题,宣传健康保健知识。

每次义诊现场,不少市民闻讯赶来,每个桌子前都围满了人。爱心义诊活动不仅让群众受益,也带动了更多的青年医师加入进来。他们说:"青春是我们的名片,服务是我们的志愿,讲奉献献爱心,传播正能量。"爱心义诊队从最初成立只有20多名医护人员,逐步发展壮大,先后有175名医护人员积极踊跃加入。

2017年2月17日,36岁的女教师小聪因腹部不适,来到邓州市中心医院普外科就诊,被确诊为肠道肿瘤,主治医师雷大钊当即对其进行了手术。就在腹腔打开的一刹那,眼前的一切令医护人员颇为震惊:癌细胞已广泛扩散,严重阻碍了消化功能,患者随时都有生命危险。在外科临床一线工作了20多年的雷大钊,深知眼前的一切意味着什么。但他沉着冷静,在征得患者家属同意后,为患者实施了肠道疏通手术。

"姑娘，相信我，只要你配合治疗，你的病没多大事儿。"术后住院治疗的那段日子里，为了帮助小聪渡过"难关"，雷大钊主动尝试着去与她沟通。畅谈历史、聊聊工作、拉拉家常……渐渐地，小聪对医院不再感到恐惧，对雷大钊有了更多信任、更多"依赖"，时不时也像在父母面前一样撒撒娇。

"雷医生，你能不能经常过来看看我？""我答应你，姑娘，只要一有空就来看你。"就这样，医患之间达成的"约定"，让小聪看病多了份踏实。

但是，病情急剧恶化，让这个原本聪明时尚的姑娘难忍病痛的折磨，几次拒绝治疗。

为了让小聪树立信心、接受治疗，雷大钊得空就去病房看望她，还鼓励科室其他医护人员一起开导她。因为癌症晚期病痛的困扰，小聪每天不得不靠着反复翻身来应对。每当翻一次身，都会有大量腹液顺着口鼻流出。只要雷大钊看到了，他便一边帮患者擦拭呕吐物，一边耐心地安慰："姑娘，咱不能轻言放弃，希望总会有的。"雷大钊还与同事多次开展会诊，结合病例，尝试着对小聪运用针灸、中药、理疗等多种办法来缓解她的病痛。

然而，死神还是降临了。3月10日清晨5点多，昏睡了半宿的小聪忽然眼睛慢慢地半睁开，眼球微微转动了两下，随后，就再也没醒过来。

临走之前，小聪对守在病床前的雷大钊轻轻说了句"你也是我爸爸"。这一声，令在场所有人为之动容。

雷大钊怀着对小聪孩子般的不舍和医生无力回天的自责，满怀深情地写下了198行长诗《致20天的女儿，36岁的你》，进行悼念。"医者父母心"的人间真爱刷爆了邓州人的朋友圈。

2017年4月12日上午，邓州市中心医院274名医护人员在雷锋广场庄严宣誓，加入邓州"编外雷锋团"，成立中心医院营，将雷锋精神更好地发扬光大，人人争当雷锋，人人都是雷锋。

城区南桥店患者李老先生突发脑梗，出现昏迷和肢体瘫痪，在入住该院神经内科二病区期间，经常大小便失禁。科主任王茂基每天查房时亲手为患者擦洗身子，清理褥疮。患者家属感动得泣不成声。

邓州市城区大东关百岁老人屈老太太，在该院骨科二病区更换股骨头术后出院。由于年龄较大、不便复诊，科主任祁传才带领科室医护人员，每天下班后上门为其护理，并指导其恢复锻炼，直至拆线完全康复。老太太和家人感激不尽。

护士郑丹外出进修乘火车返回途中,遇到乘客突发消化道出血紧急情况,挺身而出,在火车上实施紧急救助。她还护送该患者入院治疗,在住院期间帮助护理照看,直到家属两天后从四川赶来。

眼科主任杨宏宇组织科里年轻医护人员,长年坚持到敬老院为孤寡老人义务检查,传授保健知识;神经内科一病区主任袁培铎立足岗位,长年坚持钻研新技术,无私救治病人,被河南省卫计委授予"中原健康好卫士"荣誉称号。

近年来,该院累计开展义诊活动300余次,为群众提供健康咨询10000余人次,免费为贫困户体检3000余人次,发放健康保健宣传资料50000余份,为乡镇卫生院医生和村卫生室义务培训1600余人次,受到群众高度赞扬。

"编外雷锋团"文广新营

立足岗位学雷锋

2014年3月7日,文广新营正式成立,现有营员108人。文广新营以雷锋精神为指引,大力开展各项为民服务活动。营员们认真践行雷锋"螺丝钉"精神,踏踏实实做事,干一行,爱一行,钻一行,精一行。

文广新局广播电视网络公司是面向全市有线电视用户的重要窗口,咨询室、三个收费厅、用户安装、网络维护等直接面对用户,服务质量的好坏用户都能直接感受到。针对不同岗位,他们制定了管理规定,规范了服务用语,让用户感受到雷锋就在身边。

图书馆立足岗位学雷锋,与时俱进促服务,将雷锋精神贯穿于整个工作之中。他们充分发挥图书馆各项社会职能,践行"读者第一,服务至上"的宗旨,广泛开展各类学雷锋活动,定期清扫湿地公园垃圾,每逢冬雪便组织工作人员义务清扫道路积雪。同时,开展爱心助考、小志愿者慰问贫困户等活动,为考生家长送清凉,为贫困户送温暖。

电影公司结合工作特点,积极与教育部门和中小学校联系,在中小学开展爱国主义电影展映活动,丰富了学生生活,陶冶了学生情操。

刘洪涛是文广新局戏工室的职业编剧、青年剧作家。20多年来,他一直坚守在戏剧创作岗位上,为宣传思想文化事业默默无闻地奉献着。

2008夏天,刘洪涛正应邀在山东聊城创作电影剧本,突然接到局领导的电话,说是南阳将举办首届小品小戏曲艺大赛,市领导很重视这次大赛,计划让市越调剧团立即拍戏参加大赛,想让他回邓州创作剧本。刘洪涛听后,觉得家乡的需要高于一切,放弃了山东的创作和收入,冒着酷暑乘车返回邓州。

当时的越调剧团处在半瘫痪状态,办公条件十分恶劣。刘洪涛在剧团的一间又黑又热的房屋里,把双脚泡在凉水盆里,一边降温一边埋头创作。历时半个月,小型戏曲剧本《摔碗》终于创作成功。在随后的两个月排练中,刘洪涛和演职员们吃住在一起。

在全南阳120多个参赛剧目中,邓州越调剧团的《摔碗》一举斩获大赛金奖第一名,引起巨大反响,使瘫痪的剧团起死回生,并为邓州越调申报国家级非物质文化遗产保护项目奠定了坚实基础。越调剧团拿出300元稿费给刘洪涛,他婉言谢绝:"我要是想挣稿费钱,就在外地写电影不回来了……"

2012年春,桑庄镇孔庄村罗卷戏剧团负责人听说刘洪涛是邓州戏剧界的专家,就到文广新局戏工室,请求刘洪涛帮助罗卷戏剧团挖掘整理和撰写资料,把河南省非物质文化遗产保护项目"邓州罗卷戏",申报为国家级非物质文化遗产保护项目。刘洪涛听说后很振奋,欣然接受:"我身为邓州戏剧人,一定要尽全力,让这一尘封的文化瑰宝晋升为国家级非物质文化遗产保护项目!"接下来的两年时间,刘洪涛不分寒暑,奔赴孔庄村搜集挖掘罗卷戏历史资料,又夜以继日、加班加点整理撰写申遗材料。

刘洪涛所撰写的材料上报省文化厅和国家文化部后,一次次提出整改意见,他便一次次不厌其烦地进行突击整改和打磨。2013年夏季,文化部有关专家到文广新局急等整改后的罗卷戏材料,刘洪涛两天两夜没有合眼,按要求向文化部专家递交了整改的罗卷戏材料。2014年7月,文化部公布了第四批国家级非物质文化遗产保护项目名单,邓州罗卷戏名列其中。

20多年来,刘洪涛爱岗敬业,孜孜不倦,先后荣获了十多项国家级大奖和数十个省部级奖项。

在文广新营里,学雷锋的典型层出不穷。网络公司徐开同志多次参加义工,为敬老院捐物捐资。电视台记者闫耀柱在豪门花园采访有关会议时,在酒店内拾到一个装有银行卡、驾驶证及近2000元现金的钱包,及时通过多种方式寻找失主,最后联系到失主,将钱包完璧归赵。

2014年,文广新系统组织全体职工为电影公司身患"双癌"下岗职工刘祖峰捐款,共捐得爱心款16420元。干部职工还经常为灾区、老弱病残捐物捐款,义务献血。

通过学雷锋活动的开展,文广新局同志之间相互关怀的人多了,讲文明礼貌、助人为乐、无私奉献的人多了,各项工作蒸蒸日上。

"编外雷锋团"巾帼营郭国云

一个人带出一群"代理妈妈"

创业成功之后,她不仅自己当起了"代理妈妈",还带动丈夫、儿子成为"代理妈妈"。在她的带动下,亲戚、朋友、邻居一起成为"代理妈妈",让爱心的雪球越滚越大。她就是邓州市国云农机销售有限公司经理郭国云。

艰苦创业 打开一片天地

郭国云生于1962年,从小家境贫寒。1985年,郭国云趁着农闲,带上几个月大的儿子到百货公司当起了售货员。1997年下岗之后,她干过副食批发,也开过饭店。

1998年,郭国云开始销售农机。靠着勇于拼搏、诚实守信和良好的售后服务,国云农机销售有限公司规模越来越大,成为邓州市最大的农机销售公司。

在郭国云的精心经营下,国云农机销售有限公司被评为"文明诚信商户""农机销售大户",还被评为"全国文明诚信经营企业家"和"全国市场质量合格用户满意双优单位"。

回馈社会 当起"代理妈妈"

"在创业的时候很多人帮助过我,现在我有能力了,应该回报社会!"郭国云说。2010年,郭国云听说了"代理妈妈"的事情。了解到"代理妈妈"是帮助家庭贫困的孩子后,她跟家人说了想当"代理妈妈"的想法,得到了家人的支持,遂和丈夫当起3个孩子的"代理妈妈",郭国云的两个儿子也都当起了"代理妈妈"。

廖寨村的张静亚是郭国云"代理"的第一个孩子。10年前,她来到小静亚家,看到静亚一家人住着破烂的土坯房。受家庭影响,小静亚见人总是低着头不敢说话。郭国云意识到仅有物质上的资助还远远不够,孩子还需要精神上的抚慰。从那以后,她经常去看望孩子,想尽办法和孩子接触和沟通。

春节和暑假期间，郭国云还把小静亚接到了家中，给孩子买新衣服，带孩子外出玩耍。随着时间的推移，小静亚胆子变大了，性格也变得开朗起来，学习成绩也有了很大提高。

义务宣传　带动邻居亲朋

成为"代理妈妈"之后，郭国云经常想，自己一家人的能力有限，何不发动大家都来当"代理妈妈"，这样才会让更多的贫困孩子健康成长。

郭国云的妹妹郭国存一直在南方发展，2012年刚回到邓州，郭国云便去做妹妹的工作，于是妹妹也"代理"了一个孩子。郭国云的朋友马奇芳"代理"了两个孩子，邻居李小青在她的带动下，先后成为3个孩子的"代理妈妈"。之后，李小青又动员朋友吕书斌成为"代理妈妈"，吕书斌准备"代理"5个孩子。"她就是我们妇联的义务宣传员。"邓州市妇联副主席谢瑞欣如此评价郭国云。

亲戚带动亲戚，朋友带动朋友。据不完全统计，在郭国云直接或间接宣传带动下，已有30多人加入到"代理妈妈"的行列中。

郭国云先后被评为"南阳市志愿服务优秀个人""河南省学雷锋先进个人"。"帮助贫困孩子多学点知识，做一个对社会有用的人，我感到很快乐。今后，我要尽自己的能力，继续发动身边的人成为'代理妈妈'！"郭国云说。

"编外雷锋团"白牛营

扎根乡间的志愿服务队

白牛营成立于2012年,现有机关连、镇直连、中心校连三个直属连,成员200多名,来自机关干部、企业职工、教师学生、医生护士、村组干部等多个群体。白牛营扎根乡间,坚持不懈开展富有特色的志愿服务活动,用拳拳爱心温暖着人们的心田。

为了更好地传承雷锋精神,白牛营独辟蹊径,在志愿服务站内部设有可容纳数百座位的道德讲堂,另辟有令人耳目一新的帮扶中心、妇女之家、法律援助中心、就业指导中心、农民培训中心、留守儿童之家、儿童心理疏导中心等十多个活动场室,为志愿者服务活动提供了"用武之地"。志愿服务站每年开展青少年心理咨询活动、象棋和军棋比赛、书法展、乒乓球比赛、音乐培训等活动50余次,为需要帮助的人们撑起了一片爱的蓝天。

几年来,不分春夏秋冬,白牛营志愿者怀着满腔爱心,奔赴全镇各村组,深入农家院舍,先后开展了"为贫困孤寡老人送温暖""义诊送医暖万家""为留守儿童送温暖""支援夏收夏种夏管理""帮助农户搞秋收"等系列志愿服务活动,给广大村民特别是弱势人群送上了关爱和温暖。

2018年端午节当天,由医务人员、教师、学生和机关志愿者组成的白牛营志愿服务团队,来到白牛镇敬老院,为老人们献上祝福和爱心。体检过程中,查出12位老人有高血压病,3位老人肝上有毛病,1位老人患有胰腺炎,1位老人有轻微脑梗。志愿者根据情况当场进行了处理,不能处理的向本人和敬老院提出了建议。随后,同学们又是帮老人们打扫卫生,又是帮叠被子,又是帮洗刷餐具……机关志愿者们还给老人们送去了粽子、鸭蛋、水果等节日礼物。临别时,一位大妈双眼噙满了泪花:"俺无儿无女,孤寡无靠,想不到你们比亲生儿女还要亲,你们真是人们说的活雷锋……"

周沟村是移民新村,为了让北京人喝上丹江水,村民们为大家舍小家,远离故土来到白牛安上新家。为了使移民兄弟能够尽快安居乐业,白牛营坚持经常开展服务移民志愿活动。机关连、镇直连的成员在工作之余仍心系移民，每每了解到移民在生产生活上遇到困难，都会尽己所能提供帮助，让移民兄弟感受到社会大家庭的温暖。

中心校连负责联系全镇各中小学校，掌握每一位留守学生的生活、学习状况，对每个留守孩子的成长情况做到心中有数，关爱有加。还时常与学生家长沟通，不定期邀请青少年心理健康辅导专家走进校园，为同学们做心理辅导。每逢开学季，为生活困难的留守学生筹集学费，发放书包文具等学习用品，形成了家庭、学校、社会共同关爱留守学生的浓厚氛围。

岗位学雷锋是开展志愿服务活动的主要途径，白牛营成员在岗位上建功立业，在服务中提升自我。

贾国星是白牛派出所民警，白牛营成员。自从走上公安岗位，他每时每刻把雷锋精神融入自己的工作和生活中，从点滴小事做起，为群众办好事、实事300余件。他常说的一句话就是"群众的事再小也是大事，群众托付的事就是无声的指示，对待群众只有将心比心，才会以心换心，老百姓才会把咱当亲人"。他曾在晚上巡逻时，帮一位正在准备焚烧秸秆的老大娘，用板车拉出地里的秸秆，一直忙到深夜，老人感动得泪流满面。有一年冬天，本镇的刘某因违法被治安拘留，其年迈的母亲到派出所询问此事时，肺气肿病突然发作，不省人事。在这危急时刻，又是贾国星把老人送到医院，垫付了医疗费，整整守护了一夜，第二天又照常回到工作岗位。杨营村民吴明振收留的湖北籍智障妇女张书华，因没有户口无法享受国家养老金，户口便成了她一块心病。贾国星得知此情，便开始爱心接力之旅，入户走访、DNA比对、调查报批，终于圆满地补办了户口。当他把户口簿送到张书华手中时，朴实的张书华竟激动得说不出话来。她终于在桑榆暮年享受到国家惠民政策，感受到党的温暖。

在白牛营志愿服务群体里，涌现出许许多多播撒爱心的模范人物。

邵营村村支书邵红基在日常生活中，以雷锋精神鞭策自己。他秉承中华民族传统美德，在家是孝子，对孩子是慈父，对邻里是热心人。他还是一位见义勇为的人。2014年冬天，在砚寺街居住的一户人家的3岁小孩，在邵营游园池塘边玩耍时，不小心落到水里，周围人立即呼救。家住游园附近的邵红基听到呼救声，扔下手头的活，立马赶到出事地点。他二话不说，连衣服也顾不上脱，一跃跳到两米多深的水里，在冰冷刺骨的水中救出了小孩。小孩的奶奶赶到后，拉着邵红基的手，哽咽着一句话也说不出来。事后，老人拿着1000元酬金来表示感谢，可邵红基婉言拒绝了。

户籍民警王瑞霞用自己的行动践行"忠诚、为民、公正、廉洁"核心价值观，被评为南阳市"十大优秀女民警"；白牛民政所所长薛学斌舍小家、顾大家，扶贫济困、爱民亲民；好媳妇王朝英敬老爱幼、勤俭持家、爱国守法、和睦邻里；教师刘毅飞、薛学吉、乔冰敬业奉献、孝老爱亲……

白牛营的志愿者爱心接力，演绎了一曲曲志愿服务的赞歌。

"编外雷锋团"南阳厨师营

守卫舌尖上的安全

2014年的春天,阳光明媚,草长莺飞。就在这个春天,南阳300多名厨师齐聚一堂,加入邓州"编外雷锋团",成立了南阳厨师营。这是全国第一支团结和带领厨师从业人员,开展学雷锋志愿服务活动的群众性组织。

民以食为天,厨师穿上白大褂,就有了和医生一样的责任和使命。对于南阳厨师营发起人、营长彭勋功来说,成立厨师营就好像终于找到了生活的方向。在此之前,他还只是一位义务培训出500多名徒弟,拥有"亚洲厨圣""奥运超厨"等一系列荣誉称号的厨师。如果时间再往前推,就回到了那段让他至今念念不忘的军旅岁月,而他,还是那个朝气蓬勃整天琢磨着如何去帮助别人的学雷锋标兵。

那是1987年,来自内乡县的农家娃彭勋功应征入伍,来到了沈阳军区64军192师炮兵团炮兵营榴炮二连,成为一名解放军战士。20世纪80年代,全国掀起学雷锋高潮。在训练好过硬的军事技术之余,彭勋功开始了自己的学雷锋之路。他争着帮战友打洗脸水,抢着扫地。一到休息时间,他就到附近的居民区、学校、养老院,义务帮人理发。因表现突出,他被团党委评为学雷锋标兵。

1991年,部队支援地方建设,培养军地两用人才。彭勋功对自己的情况进行了仔细分析,认为自己学历低,仅仅初中毕业,离组织要求的有一定的差距。他放弃了提干机会,开始学习厨艺,先后在部队和地方拜师,专攻关东菜和药膳等。

1994年12月,参军7年的彭勋功转业,在本溪市当地一家酒店当厨师。为帮助更多需要帮助的人,他在本溪市饮食服务公司当了一名义务教员,对家境困难的孩子免费培训厨艺,先后带出了500多名徒弟。同行遇到困难,他也总是热情相助。谁要是生病住院,他每次至少都要拿出三百、五百元。

为提高厨艺,彭勋功辗转于沈阳、北京、青岛等地的星级酒店担任行政总厨。2007年为迎奥运，在中国烹饪协会举办、亚洲十几个国家1000多名厨师参加的美食比赛中，彭勋功获得了"亚洲厨圣"的称号。在中国烹饪协会和中央电视台联合举办的东方美食大赛中，他又获得了"奥运超厨"的荣誉称号。此外，他还先后担任辽宁烹饪协会常务理事、中国名厨委员会委员、国家级烹饪技能大赛评委。

2012年彭勋功举家返迁，并于当年3月应聘于南阳一家星级酒店。2013年秋天，他应邀参加市救助失学青少年志愿者协会组织的献爱心活动。在方城柳河的一所贫困小学，看到衣衫褴褛的孩子们挤在三间瓦房里，窗户连玻璃都没有，仅仅用几块塑料布遮着，彭勋功止不住一阵心酸。

彭勋功学雷锋的热情被点燃，有献爱心的活动，他一定要参加。可是，一个人的力量毕竟是微弱的。最终，他和谢文革、薛玉、侯荣宝等300多名同行，决定成立南阳厨师雷锋营，加入"编外雷锋团"。团员们不仅要坚守职业道德准则，坚决不用"三无"产品、地沟油和过期食材，更重要的是以后要有组织、有规模地进行对弱势群体的爱心救助。就在成立当天，他们为身患渐变大细胞淋巴瘤的小男孩点点捐得6000多元爱心款。

2014年6月26日下午，在南阳市卧龙区大众社区内，南阳厨师营的志愿者们为社区居民讲解在外吃饭时如何点菜、打包。大厨朱彦铭告诉大家："在饭店吃饭有剩菜时，尽量将热菜打包，凉菜就不要带了，因为容易变质……"

2014年7月12日，南阳市区同步开启两家以"福报馆·中式能量餐厅雷锋店"命名的快餐，通过餐饮形式，用味道唤起正能量。让在福报馆工作的每一个人都以雷锋为榜样，带动更多南阳市民践行雷锋同志无私奉献精神，持之以恒学雷锋。他们定期举办"传统文化大讲堂"，积极参与社会公益活动。每天为路边吃不上饭的"良知乞丐"送出上百份爱心流浪餐，为奋战在一线的公安民警赠送"警民一家亲"爱心套餐，并根据季节的不同，为广大出租车司机师傅专项打造价格适中、味美可口的司机营养套餐。

2015年新年伊始，南阳厨师营积极投入"文明河南建设在南阳"的实践，率先在所属14家餐厅发起"亮德"行动，带动全市餐饮企业加入到打造"双心餐厅"行动上来，"用心经营，放心消费"。

2016年3月5日，南阳厨师营联合南阳师院化学与制药工程学院走进新野县新苗小学进行帮扶。新苗实验学校地处于新野县、邓州、卧龙区三界交会处，留守儿童占90%以上。南阳厨师营秉承"创建留守儿童乐园"理念，定期选派优秀厨师对该校进行帮扶。

2017年12月18日，南阳市总工会会计培训学校内人头攒动，由南阳市总工会和南阳厨师营联合主办的公益厨艺免费培训班正式开课。学员实行费用全免，理论实践相结合。学员结业可推荐就业或帮扶创业。先期培训以小吃类为主，后续将根据学员需求开展针对性专业课程。"免费厨艺大课堂"先后培训1200多名贫困及待业人员，并为他们推荐安排了工作。

2018年11月18日，南阳厨师营成立缘来味道食材配送中心，大批名优食材厂家直销，确保群众吃得放心。

2019年1月13日，腊八节，浓雾笼罩，天寒地冻。南阳厨师营联合邓州特一连、邓州义工等公益组织举办大型施粥活动。全市35家餐饮饭店、爱心企业走上街头设立临时粥点，向广大市民、环卫工人、值班交警、返乡打工者等赠送腊八粥。

南阳厨师营带动影响了整个厨师行业的风气，共同守卫舌尖上的安全。

"编外雷锋团"南阳出租车营

车轮上的"微信公众号"

"叮咚",随着手机提示音响起,小唐迅速打开手机微信,朋友发过来的是一个小视频,显示的画面是南阳出租车营成员捡到了乘客一部手机。

视频中,传来司机急切的声音:"小唐,小唐,这部手机好像是刚才那位乘客落在车上的。他下车后我也没留意,刚刚等红灯时,我扭脖子时,发现车后地板上有部手机。我拿过来一看,手机屏幕锁着,我也打不开,联系不了失主。乘客下车估计都有20多分钟了,也没有打电话过来。我心里不踏实啊,这会儿开车总想着这事儿。"

"先安心营运,稍微留意下手机动静。如果接到失主电话,一定要及时送还,不要让失主着急。我们不仅是的哥,也是雷锋精神传人。"小唐在微信里回复道。

小唐名叫唐国锋,也是一位的哥。自2016年南阳出租车雷锋营成立伊始,他就一直担任营教导员一职。由于年龄不算大,所以大家亲切地叫他小唐。在南阳出租车雷锋营成立后的两个月里,小唐一直苦苦思索着怎样才能发动大家积极参加雷锋志愿活动,传承雷锋精神。大家都是开出租车的,一天从早忙到晚,有一点点时间,都想美美地睡一觉,哪有时间去专门做好事呢?"咱们可以立足自身岗位学雷锋啊,你好好琢磨琢磨,看看能不能弄出一条自己的路子。"营长唐保国拍着他的肩膀说。

有一次,小唐和朋友在一起吃饭谈到了这个问题,朋友说:"何不利用网络把大家聚在一起呢?"这句话让小唐醍醐灌顶。现在好多人都开始用智能手机,而且手机上大多都装有微信和QQ,自己也从事过网络工作,网络沟通对他而言简直就是小菜一碟。耐不住心中的激动,饭都没吃完,他连忙和营长打电话沟通。

"小唐,你开车时间短,你不知道,出租车司机年龄都偏大,文化都低,基本上都不会玩微信和QQ。就像我,都50多岁的人了,连短信都不会发,就会打电话。让我换智能手机,脑袋瓜子不行了。再说那先进玩意儿都是年轻人用的,还那么贵,谁愿意玩呢?"营长心存疑虑。

"没关系,手机网络社交是社会发展的一个大趋势,目前已在年轻人中逐渐普及,并且大城市的出租车司机都开始使用智能手机在网上聊天。北京的出租车司机,做好事都在微信群里宣传,搞得红红火火的,咱们也可以借鉴,通过微信群宣传咱们的好人好事,营造出一种学雷锋的朋友圈氛围,何愁提高不了大家学雷锋的积极性呢?而且,通过手机接单还提高收入呢。"小唐开始做营长的"思想工作"。

"那你试试吧!让我学,我还真学不了,都快 60 的人了。"营长半信半疑。

小唐立刻投入到实际行动中,召开成员会议,积极向大家讲解智能手机的好处,不厌其烦地演示微信和 QQ 的使用方法,以及如何利用微信收付款提高收入。这一做法得到了众多司机朋友的支持,甚至有些司机听完后立刻就买了部智能机,换掉了自己的老款手机。

只有微信还不行,营内的好人好事传播并不广泛,只能在朋友圈、同行业内传播。如何才能传播得更快更远呢?在摸索中,小唐发现了微信公众号这种一对多的传播方式。经过认真学习,他很快掌握了微信公众号的运营方法,并申请了微信公众号。

当出租车营的成员知道有了自己专属的公众号后,都迫不及待地添加关注。只要大家做了好人好事,都会以图片或者视频的方式传给小唐,并用语音说明事情的经过。小唐经过整理后编辑发布。每当公众号里发布好人好事时,成员们都争先恐后地点击观看、传播,并且更加积极地做好事,以自己的好事能登到网上让大家知道为荣。

有一天晚上,小唐刚收车,拖着疲惫的身体提着夜宵晃到家门口,突然接到三连连长马玉修发来的微信。他告诉小唐,自己连里有位成员今天送乘客去丹江渠首,救了一位落水儿童。当事人不让告诉别人,但他觉得做了好事就应该进行表扬宣传。只有这样,才能通过自我的一言一行感染更多的人来共同传承雷锋精神。"的哥勇救落水儿童",小唐觉得这是一个新闻点,立刻打电话追问马连长事情的经过,并和当事人王文朝取得联系。他连饭也顾不上吃,一直忙到凌晨四点多,终于写完了稿件。

小唐对王文朝的事迹进行了"采访",然后配合文字、图片进行发布。这期内容迅速得到网络上众多自媒体的转载,达到了惊人的70余万浏览量。王文朝的英勇事迹也得到南阳卧龙区文明办的点赞,当选为卧龙区道德模范候选人。

　　南阳出租车雷锋营成立两年来,做好事400多件：拾金不昧、尊老爱幼、捐款捐物、保护公共设施、与损坏雷锋形象行为做斗争……单拿拾金不昧来说,归还失主财物15万多元,其中现金5万多元。小唐也惊喜地发现,自己一年多来已经累计撰写有十多万文字,出租车营的志愿服务工作借助于手机网络传播,如虎添翼,誉满宛城。

　　"叮咚",随着手机响声,小唐再度打开微信,里面传来了欣喜的声音："小唐,小唐,失主打过来电话了！我生意都没干,赶紧把手机送还给乘客了。这下心里踏实了！下面这张图片是归还失主手机时拍的照片,你看看给传到咱的公众号里,让大家都看看的哥学雷锋,那是丝毫不含糊！别忘了给我和车的照片也放到网上啊,让我那上大学的闺女也瞧瞧！"小唐微笑着保存了这张珍贵的图片,又投入到了网络编辑中。

"编外雷锋团"南阳幼师营

雷锋精神拨响青春琴弦

2013年3月,"编外雷锋团"南阳幼师营正式成立。目前,营员由当初的200余人发展至1000余人。

爱心帮扶送温暖

2013年12月26日,天气十分寒冷,一股爱的暖流却在南阳幼师校园里涌动着,南阳幼师营正在为身患白血病的张倩同学进行募捐。

张倩是南阳幼师2011级学生,新野县人。2012年4月确诊为淋巴癌,经过一段时间的治疗,病情基本稳定。2012年12月,张倩重返校园。过了不久,再次复查时,查出病情转移,由淋巴癌转移成白血病。她用顽强的毅力与病魔进行着殊死搏斗。

命运之神并没有抛弃这个美丽的花季少女,张倩在与父亲、哥哥配型失败后,中华骨髓库传来了佳音——找到了与她相匹配的骨髓。多次的治疗花光了家里的所有积蓄,忠厚的父母不愿求助于别人,可面对上百万的骨髓移植费用,家里再也承担不起了。

学校得到消息后十分重视,在校团委的倡议下,南阳幼师营筹划发起爱心募捐活动,利用课外活动、国旗下讲话等多种形式,倡议向张倩同学捐款,挽救这个如花少女的美丽人生。倡议得到了全校师生的广泛关注,纷纷献上一份爱心。特别是南阳幼师营的成员们,主动找到张倩的班主任丁丽老师,要求给张倩捐款。一笔笔爱心捐款,承载着全校师生的关爱,展现着和谐社会中的温情与大爱。仅12月26日一天,就捐款18201.7元。学校领导也非常关心张倩的情况,在经费异常紧张的情况下,拿出3000元帮助张倩渡过难关。

12月29日上午,学生科科长丁光雪、张倩的班主任丁丽老师等一行人,带着花篮、钱款以及全校师生的关心和祝福到新野看望张倩,把21000余元交给张倩的父母,并拉住张倩的手详细询问病情,鼓励她树立信心,战胜病魔。张倩父亲含着泪说:"我们不会忘记南阳幼师对张倩的恩情,我们不会忘记老师、同学们的救命之恩,你们都是当代的活雷锋。"

2014年5月17日,邓州市特教中心校园内人声鼎沸,热闹非凡。在全国第24个助残日即将来临之际,南阳幼师营的志愿者与特教中心学生欢聚一堂,举行了助残日慰问活动。

南阳幼师营为邓州市特教中心捐赠了价值2000余元的生活用品和图书。在慰问演出中,南阳幼师营的志愿者们自编、自导、自演了舞蹈、手语、健美操、话剧等十多个精彩节目,赢得了阵阵掌声和称赞声。残疾孩子就像风雨中的彩虹,他们用一颗善良、乐观、感恩的心为自己的生活涂上美丽的色彩,武术《中国功夫》和手语《爱的奉献》动作认真规范,现场观众心灵受到了震撼。慰问结束后,特教中心校长激动地说:"南阳幼师志愿者像天使一样,给我们这些特殊的孩子带来了爱与光明。""与爱同行"将所有同学、老师融入同一个世界……

南阳幼师营志愿者们还对三里河敬老院、邓州聋哑学校常年开展志愿活动,党委书记王明亭、校长卢明存当上了"爱心爸爸",长期资助贫困学生、留守儿童。

争先创优做典范

说到传承雷锋精神,树立争先创优典范,南阳幼师营一年一度的"幼师之星"评比活动不能不提。该活动扎根学生,注重从学生中间发掘各种好的榜样和典范,从而发挥好学生身边榜样作用,引导学生重视道德实践,弘扬传承雷锋精神。

从2012年第一届到2017年第五届,勤奋刻苦的"学习之星"、遵纪守规的"文明之星"、孝敬父母的"孝老爱亲之星"、节约简朴的"节俭之星"等一大批先进榜样们纷纷涌现出来,这些"幼师之星"们的先进事迹也成为南阳幼师学生们课余饭后讨论的热门话题。

"学习之星"张芳芳,是在校生中唯一的"妈妈学生",已经结婚生子。当得知她是抑制着对家庭的牵挂、对儿子的思念,用已经拿起锅碗瓢盆的手来弹钢琴、用已经挑起生活重担的身躯来学舞蹈时,大家都被深深地震撼了。"自强之星"尚巧玲,与病魔做着殊死搏斗,一度在死亡边缘上徘徊。全校同学为她捐款,帮助她战胜病魔、重返校园。谈及学业,她说,虽然落下了很多,但是会坚持不放弃,要向雷锋同志学习,用"挤"和"钻"的钉子精神,刻苦钻研理论知识,努力学习专业技能,立志成为一名优秀的幼儿教师。"助人为乐之星"赵子菁,虽然没有做什么轰轰烈烈的大事,却在日复一日的平淡生活中,用点滴行动征服了同学们。比如说大扫除中她会帮助受伤请假的同学扫地,小红帽活动中她会主动去清理地上最难清理的垃圾,至于校园清理花坛杂草、帮助交警维持交通秩序等等,这些都是她的惯常行为。

每一个"幼师之星"的背后,都有一串打动人心的故事:陈尊、杨需、常新灵等同学的勤劳节俭,赵宇、胡国彦、马冰倩等同学的努力奋斗,徐楠、张孟婷等同学的尽职尽责,周丽芳、薛亚楠等同学的无私奉献……"爱心""责任"和"坚持"等铸就了她们的不平凡。"青春榜样"激发了同学们的责任感和进取心,营造了积极向上的育人氛围。

志愿服务我先行

南阳幼师营在关注学生的教育和发展之外,也非常注重定期开展志愿服务活动,将爱心传播到社会的每一个角落,让雷锋精神滋养更多人的心田。

为弘扬雷锋精神,庆祝"三八"国际劳动妇女节,2018年3月8日下午,南阳幼师学雷锋志愿者服务队联合邓州市湍河街道办事处走进丽景泓都社区,开展"学雷锋进社区"庆祝"三八"国际劳动妇女节文艺演出活动,社区居民200余人观看了演出。

初春乍暖还寒,丽景泓都社区广场上,欢声笑语一片。演出由消防队官兵小合唱《强军战歌》正式开启。本次演出内容丰富,形式新颖,有独唱、小合唱、吉他弹唱、舞蹈、戏曲联唱等15个节目。整场演出高潮迭起,精彩不断,引来现场观众的阵阵掌声和欢呼声。演出在歌伴舞《家和万事兴》中圆满结束。

"这次活动办得真好啊,演出很精彩,为小区居民带来了欢乐,真是太好了,希望以后能多来我们小区演出。"沉浸在演出中的张阿姨高兴地说道。

"编外雷锋团"邓州义工营

帮助别人,快乐自己

邓州义工成立于2013年12月5日,2014年3月5日申请加入"编外雷锋团",成立了邓州义工雷锋连。随着邓州义工队伍的不断壮大,2017年5月经"编外雷锋团"研究,决定撤销邓州义工雷锋连的建制,成立邓州义工营。

爱心敬老潮涌动

2015年11月29日,冬日暖阳。一群身着红色马甲的年轻人将一张崭新的实木床抬进了孤寡老人丁淑敏的家里。丁淑敏老人笑了,布满皱褶的脸如一朵盛开的菊花……

初冬的一个早上,邓州义工营副教导员赵行舟正在上班,突然接到义工王欢欢的电话。电话里说,丁淑敏奶奶家的床塌了,得换个新的。她和另外两名义工张可、景海丽商量好了,凑钱准备给奶奶买张新床……

接到电话后,赵行舟给卖家具的王总打了电话,王总决定免费给奶奶提供一张新床。由于店内都是1.8米的大床,奶奶的房间狭小,容纳不下,王总立即协调从武汉公司调运一张宽1.5米,价值近2000元的实木新床。

丁淑敏老人平日里最盼望见到的是邓州义工的年轻人,每隔几天看不到义工们来,她就会感觉到缺了点什么。已经90高龄的她孤寡30多年,不能站立行动,生活比较困难。两年来,邓州义工时常过来悉心照顾她的日常生活,打扫卫生,整理家务,送衣送物,成了她的亲人。

自邓州义工成立以来,不管是寒冬还是酷暑,成员们多次到敬老院看望孤寡老人,为他们送去贴心的服务。高集养老院、穰东敬老院、夏集光荣院、赵集敬老院等乡镇多个敬老院里,都能看到他们的身影。冬天到了,他们为老人送去棉被、床单和被罩;夏天来了,为他们剪头发,洗头,洗手,剪指甲,陪老人们聊天下棋;端午节,他们带来了自己采购的粽子、咸鸭蛋、麻叶;冬至,买上包饺子的馅料,为老人们做上一碗热腾腾的饺子。为了给老人们解闷儿,他们还自编自导了一些喜闻乐见的节目逗老人们开心。

助学圆梦情意浓

"娃呀！你长大了，也要加入邓州义工，多做好事，多做善事……"面对义工的慷慨援助，彭桥镇南岗小学五年级学生张燕的父亲张遂罗感动得泪流满面。

张燕今年12岁，一家4口人，3人残疾。张燕在校学习刻苦，在家包揽家务。每天放学她总要做两件事：一是在校迅速完成作业，二是回家路上拎着蛇皮袋四处捡废品，换钱补贴家用。邓州义工得知张燕的情况后，发起救助张燕的倡议。倡议迅速得到广大爱心人士和企业的积极响应和大力支持，为张燕家送去衣物、生活用品和捐款。

宋果果，18岁，小杨营镇东楼村人，就读于二高中。家有一个8岁的弟弟，由于家境困难，辍学在家。面对穷困潦倒的家庭，果果不想上学，想出去找点活挣点钱贴补家里，却被妈妈拦住了。2015年正月初六，义工张苗等在公园碰到了正在卖气球的宋果果。得知她的情况后，张苗去她家和学校进行走访后，决定救助果果。随即，邓州义工资助了宋果果当期的学费，不让她因贫困而辍学。

从我做起树文明

赵行舟至今还清楚地记得第一次到人民公园打扫卫生的情景。在一些不知情的路人眼里看到的是惊奇，但更多的人给予了他们支持。那天大家干得十分起劲，心里非常舒坦。在后来的日子里，邓州义工定期清扫公园、马路、花洲书院等地，越来越多的人加入到队伍里来。

"自从邓州义工开展'协助交警维持交通秩序'活动后，我们一家每天6点钟就准时起床……"提起协助交警指挥交通，义工吴文霞很是开心，"为大家服务，我们发自内心地感到充实快乐。"吴文霞的丈夫李刚、上大学的儿子李一风和吴文霞舅妈唐兰中，都是邓州义工成员。

吴文霞介绍说，大多市民对我们义工是理解、支持的，在我们忙碌的时候，有的司机师傅摇下车窗，向我们点头致意，有的市民在车上向我们竖起大拇指，还有好多市民想加入到我们义工队伍中……也有极少数无视交通规则的市民对义工上前劝阻极不情愿，甚至还说风凉话，"交警还没管，你算老几"！尽管听了心里很不是滋味，但义工们仍然耐下性子，进行说服讲理。

乐于奉献动真情

近几年，每到高考之日，义工们便冒着酷暑，在烈日的炙烤下进行"爱心送考"活动，先后免费为考生赠送8000余瓶矿泉水和200盒藿香正气水等解暑必备品。义工们还临时组织车队，免费提供"爱心考生接送车"。

2015年5月17日是第25个全国助残日，邓州义工和爱心协会的人员如期来到聋哑残疾儿童康复中心，看望残疾儿童。他们给孩子们带来了蛋糕等生活和学习用品。对于义工们来说，他们已经不是第一次来到这里看望这群特殊的孩子了。义工们每次到来都会有不一样的感受和体会，他们陪孩子们做游戏，陪他们玩，一起表演节目，让孩子们在无声的世界里感受温情。

"特别让我感动的是一位男义工，我不知道他的名字，他一直抱着一位刚来的小朋友，给他好玩的，给他擦眼泪……在离开的时候，那个小孩舍不得他走，那时我感觉他在流泪。"一名义工动情地说。

邓州义工营教导员魏厚明在活动感言中这样写道："有太多的弱势群体需要关注和爱……这个社会需要人文关怀，更需要让爱传递，而且要的不是口号，是行动……"

近年来，邓州义工营开展公益活动200多次，参与人员1万多人次，义务出动车辆近百辆次。"帮助别人，快乐自己。"他们在充满爱心的路上一路高歌，成为城市的一道亮丽风景线。

"编外雷锋团"荣冠酒业连

艰苦创业,扶弱济贫

2014年3月7日,邓州新荣冠酒业179名同志加入"编外雷锋团",成立荣冠酒业连。这是对新荣冠酒业践行雷锋精神、艰苦创业、扶弱济贫、传播社会正能量一系列善举的褒扬和认可。

新荣冠酒业是在原邓州国营酒厂的基础上重组起来的,当时的荣冠酒业公司像诸多刚起步的企业一样,面临着人才匮乏、设备老化、机器陈旧、资金短缺等许多难以想象的困难。在这濒于倒闭、破败不堪的烂厂子面前,还站着一大群怨声沸腾的下岗失业职工。这些职工都是上有老下有小、没活干收入低的弱势群体,他们把要吃饭、要生存的希望全都寄托在公司身上。

面对千疮百孔的萧条局面,面对企业职工满怀希望的目光,公司领导摒弃了畏缩情绪,毅然选择了攻坚克难、迎难而上。领导班子通过认真反思,分析了所面临的经济形势,查找企业元气大伤、跌入低谷的背景原因,挖掘有益于企业生存的有利条件,用雷锋精神激励全体员工上下一心,确立了卧薪尝胆、坚定信念、破釜沉舟、迎难而上,大打企业翻身仗的宏伟目标。

在政府的担保运作下,银行的贷款很快批复下来,虽然不是太多,但对于当时的公司来说已是雪中送炭。公司上下又面向社会挖掘潜力,多方筹措资金。在政府和社会各界的扶持和帮忙下,公司招贤纳士,四处招揽精英人才、技术能人,全厂职工节衣缩食,开源节流,引进机器设备。为了将人心聚齐,公司领导打算和以前一样为员工提供伙食,但员工们为了将公司的这部分钱用于刀刃上,一致反对开办公司食堂,不占用公司一分钱。很多时候,员工忙得推迟了下班时间,却从不抱怨,只想为公司多创造些利益。公司领导很感谢员工们的体谅,就想着自己再苦再难也不能难为了这些支持企业生存的员工,一再交代财务把工资结清。但是员工们到领工资的时候,每人只领一半工资作为生活费用,另一半工资留在公司,为公司预留周转资金。他们说:"公司现在这么难,我们也要为公司考虑,虽然我们个人一半的工资不能起到多大作用,但有一分是一分，公司啥时候运转正常了，我们也就安心了。"

经过大家的不懈努力、艰苦奋斗，公司终于度过了最艰难的起步阶段，迎来了突出重围、重新复苏的局面。

在接下来的许多年里，新荣冠酒业始终秉承"以人为本、重质量、求发展"的企业经营理念，每个月都会安排专业技术人员到北京、四川、贵州等名酒生产地参观学习，采诸家之长，以质量推动公司一步一个脚印地稳步发展，开辟出一片灿烂的新天地。如今的新荣冠酒业拥有国家级专业的酿酒师和调酒师数名，不但保留了原国营酒厂"览秀亭"商标，还审核通过"先天下""邓酒坊""邓花"等诸多商标，产品也增加至50多种，得到了社会各个层面消费者的青睐，已成为邓州规模最大的白酒、黄酒生产企业。

从2015年4月中旬起，在邓州市委、市政府的领导下，新荣冠酒业作为承办企业，对邓州市的名优土特产进行整合，多次在北京西城区召开推介展销会，让北京著名企业和广大市民了解并认识了邓州和邓州的名优土特产品，促成了北京企业和邓州企业的交流和融合。

授人以鱼不如授人以渔。为了能健康持续地将邓州特产品牌推介得更广更远，经多方协调奔波，新荣冠酒业以领头企业的角色挂牌成立了邓州市南水源商贸有限公司。公司汇集邓州市名优特色产品100多个品种，300多个系列，成为展示邓州市特产的窗口，实现了邓州特产抱团向全国推广的目标。公司一经成立便初见成效，与北京20多家商超和企业签订合作意向，为邓州经济发展注入了新活力。他们还把邓州的名优特产通过喜买网这个百亿级的电商平台推向全国。

新荣冠酒业在经历了摸爬滚打，从低谷重新走向辉煌后，没有忘记社会的关注，没有忘记帮企业走出困境的人们，更没有忘记挣扎在贫困线上的弱势人群。

近年来，新荣冠酒业先后资助十余名贫困大学生完成学业，其中有几人是在初中时就开始资助，一直到其考入大学，再到大学毕业。几年来，累计投入助学基金20余万元。

2017年6月，邓州市多个乡镇农副产品大量滞销，新荣冠酒业积极响应党和政府精准扶贫的号召，对这些滞销农产品以市场价进行收购，然后再免费赠送给社会贫困人员。此次活动辐射夏集、裴营、小杨营、张村、十林等十余个乡镇，累计赠送金额达15万元。

2017年12月，新荣冠酒业为罗庄镇岭上村、高庄村小额信贷已实现帮扶脱贫的40户贫困户，每户赠送价值800元的爱心物资，另发放给每户3000元的分红现金；2018年1月16日，在裴营乡闸刘村、花园村也实现帮扶87户贫困户增收，每户发放现金分红400元。

在节假日及工作闲暇时间，新荣冠酒业员工到夏集镇中心小学、裴营乡汤集小学等学校，为孩子们送去学习用品，并担当起了"代理妈妈"的角色。

"善行犹如灯光，点亮自己、照耀他人。我们要做雷锋精神火炬的传递者，给越来越多的人带去温暖。"荣冠酒业连连长刘建党说。

"编外雷锋团"南阳理工学院营电子商务学院雷锋连

点亮心灯,与爱同行

南阳理工学院营电子商务学院雷锋连成立于2009年,营员们坚持每周利用课余时间到南阳市第九人民医院儿童康复科,陪伴那里的自闭症儿童上康复训练课。

患有自闭症的孩子们被称为"来自星星的孩子",他们缺乏与人沟通交流的能力。"我们每周末都会去帮助医生护士们照顾那里的自闭症儿童,在他们上课时代替他们忙于工作的父母陪在他们身边,给予他们温暖和关心,陪他们聊天,引导他们敞开心扉,制止他们的危险行为。以保护孩子的安全为第一位,看护且帮助孩子完成喝水如厕问题,陪孩子共同游戏。每个孩子的情况都不相同,营员们都是一对一辅导孩子,秉着多观察、多问、多了解孩子的方式,跟孩子们交朋友,和他们一起做手工,认颜色,学舞蹈。"电子商务学院雷锋连连长何梦阳介绍说。

每年的元旦、儿童节等节日,电子商务雷锋连的志愿者们都会来到南阳市第九人民医院,和老师、家长一起陪孩子们过节日,引导他们认识丰富多彩的世界。"今年的'六一'儿童节,我们和医院康复老师、家长一起,带孩子们去了南阳市科技馆,跟孩子们做手工、捏泥人、跳舞、玩游戏……一天下来,志愿者们虽然个个满头大汗,但看得出来,大家都很开心。孩子们难得的笑脸、家长欣慰的笑容对于我们来说就是最大的收获!"电子商务学院雷锋连教导员包凯说。

在营员们的帮助下,孩子们也在一点点进步,偶尔多露出的一丝笑容,孩子的家人们心中也会高兴很久。帮助他们需要长期努力,电子商务学员雷锋连的成员们一批一批进行爱心接力,带给孩子们关爱、理解和陪伴,帮助他们走出孤独,拥抱这个美好的世界。

2011年,电子商务学院的康金华老师视力急剧下降,几近失明,无法再继续从事繁重的教学工作,在家中休养。离开了讲台,康老师就像战士离开了战斗岗位一般失落。"那时候不愿意和任何人接触，整个人生跌入了谷底。"康老师回忆说。患病之后，出行成了康老师最头疼的问题。得知这一消息后，雷锋连的成员们自发组成小队，每周不定时来照顾康老师，陪她出去买菜买药，为她读书念报。在月季展期间，带她去南阳市体育中心看月季展。虽然康老师眼睛看不到，但是她用心灵感受得到。

  2015年寒假，学生们已经放假。康老师的父亲生病住院，丈夫工作忙不在身边，儿子也正在上学，想去看望父亲的康老师给家在本地的侯亚诺同学打了电话。"当时电话没有接通，真是失望之极，可想想也是，放假了孩子们也许都在忙呢。"康老师告诉我们。让康老师没想到的是，侯亚诺同学很快将电话打了回来。在了解到康老师的想法之后，营员们带着水果来到了康老师家，陪她一起去看望父亲。

  康老师很喜欢写作，用文字寄托自己内心的感受。除了康老师的儿子外，马璐瑶经常帮他打字投稿。"我们都挺佩服璐瑶的，康老师眼睛不好，写的字有时候自己都分辨不出来，但她总能领会到老师的意思。五六千字的文章，她一打就是一上午。"13级国际贸易专业的学生王凯萌笑着说。多年来，营员们帮康老师整理出来的文字有一百多万字。

  "每次遇到困难，都是这群孩子们在帮我。"康老师脸上洋溢着感动。

  2016年6月，电子商务学院雷锋连营员帮助康老师的故事被《河南日报》报道后，电子商务学院乃至整个南阳理工学院，越来越多的同学主动申请加入大学生雷锋营，进行志愿服务，积极在校园内外发光发热，传递爱心。

  这么多年来，南阳理工学院营的营员虽然一直在更新交替，但不变的是营员们"立足校园，服务同学，奉献社会"的初心。点亮心灯，与爱同行，他们一直在路上。

"编外雷锋团"雷锋银行

从亏损到旗帜

2003年9月,邓州市农行因经营恶化、管理混乱,一度陷入发展困境。以刘子军同志为支行党委书记的新一届班子成员,在深入基层进行数月调研之后,决定在拥有"雷锋城"称号的邓州市把"雷锋"请进农行,把全心全意为客户服务作为撬动支行科学发展的"支点"。

他们创新思路,编写了"雷锋银行格言":对待客户像春天般温暖,对待工作像夏天般火热,对待差错事故像秋风扫落叶一样无情,对待违规违纪违法行为像冬天般冷酷。践行"雷锋银行格言",全行上下掀起了热火朝天的学雷锋活动。

2005年,邓州农行和邓州农行营业部分别被邓州市武装部、邓州市编外雷锋团授予"雷锋银行""雷锋营业部"称号。邓州农行也一举摆脱了连续8年亏损的困境,成为全市"规范管理、有效发展"的标兵,被誉为全省农行县级支行的"一面旗帜"。

客户满意是全员追求

"上回小宋给我介绍那个天天理财,晚上把钱转到理财户,早上就能转回活期户,既不耽误用钱,天天还有看得见的利息。我算了一下,天天理财一个月的利息差不多都够我一个月的电话费了。我相信农行,我觉得刚才宋经理介绍的产品值得投资。"在2017年中秋节营业部举办的"营业部贵宾客户答谢会"上,王女士动情地说。

十年前,王女士还是一家小卖铺的小老板。每次来营业部存钱,都是小心翼翼地拿出一包又一包的零钱、小票。营业部的柜员们总是细心地帮她把钱整理好,然后存到她的个人账户上。每年临近春节,王女士打个电话,就有休班的柜员上门为她提供零钱。

王女士做生意肯吃苦、有头脑,2008年开始做建材生意,而且生意越做越大。在营业部主任的建议和指导帮助下,她到工商部门注册了自己的公司,并把公司的基本账户开在了营业部。2009年,想要再开两家门店的王女士遇上了资金周转不开的困难,她第一时间想到了邓州农行营业部,并找到营业部主任讲明了情况。营业部主任与客户经理对王女士的自有资产和经营情况作了评估,按照小企业简式快速贷款的办理流程,为王女士的公司办理了10万元的流动资金贷款。有了这笔钱,王女士新开了两家门店,生意更红火了,来营业部办业务也更频繁了。

每次来营业部,王女士都要与客户经理小宋聊上几句:"最近有没有啥好的理财产品?""你上次打电话给我说的那个企业网银,我听说用着挺方便的,我今天把资料都带齐了,给我们也办一个吧。"……

目前,营业部有王女士这样的贵宾客户6000多人,营业部的每一名员工都有自己专门负责的贵宾客户。除了每周至少一次的短信和电话问候以外,如有新的理财产品发行了、客户的理财产品将要到期了、客户生日、重大节日等信息,营业部的员工都会及时送上温馨的提醒或是祝福。

送痴呆老人回家

2010年1月1日,当人们都沉浸在节日的气氛里,支行营业部仍然忙忙碌碌地为客户服务。

忽然,担任大堂经理的刘子梅主任发现,一个60多岁的老太太神情恍惚地走了进来。刘主任立即走上前去问寒问暖,从老太太只言片语中了解到,她叫高某,家住驻马店市泌阳,具体住址和家庭情况都讲不清楚。刘主任听后十分担忧,当即通过当地派出所几经周折才联系到她的家人。原来老太太患老年痴呆症,间歇性神志不清。

她的儿子们得知情况后,立即赶到邓州农行,非常感激地对刘主任说:"多亏你们及时帮助,才让我们找到了母亲,您不愧为雷锋银行呀!"

小小火车票,暖暖农行情

2011年8月25日下午6点多钟,正在北京科技大学就读的学生龚某,在营业部办理银行卡存入学费的过程中,不慎将夹着当晚11点邓州至北京火车票的学生证遗失在柜台上。

柜员刘静在 7 点钟准备下班打扫卫生时，发现了龚某遗失的学生证。她看到夹在其中的火车票后，就急忙招呼同事陈丽："现在是火车的客运高峰期，火车票不好买，咱必须把火车票及时送还给失主。"两人经过一番商量，自编自写了几张认领启事到邓州火车站张贴，还专门到火车站广播室说明情况，对认领启事进行连续播放。

眼看已是晚上 10 点钟了，仍然没人前来认领火车票。没有吃晚饭的刘静、陈丽忘掉了饥饿，忘掉了一天 200 多笔业务量的疲劳，又分头打电话找熟人、同事、朋友、亲戚协助寻找。一张无形的亲情互动寻找网迅速张开，延伸。

当晚 10 点 35 分，龚某和她的家人一同赶到火车站，领回了火车票。列车启动最后一刻，龚某顺利地登上了上北上的列车。回校之后，龚某寄来了感谢信。

农行服务零距离

2012 年 6 月 21 日，赵先生到支行营业部取款。可是由于着急，致使密码连续输错 3 次，银行卡账户密码被锁定。满头大汗的赵先生到大堂经理处咨询。

值班大堂经理王湍了解到，这张卡是赵先生 70 多岁母亲的卡，母亲患病住院，几个在外地打工的子女给母亲汇来 12000 元，赵先生正准备将钱取出给母亲交治病手术费用。

银行卡解锁必须本人到现场签名确认，但是赵先生母亲瘫痪在病床无法走动，且定于下午做手术。制度不能不遵守，但手术迫在眉睫，一时让人犯了难。这时运营主管邹武衡说："走，我和你一起去医院。"于是，他和王湍冒着酷暑陪同赵先生一起到医院核实了情况，并让老太太亲笔签名确认后，返回银行办理解锁手续取出了卡里的钱。

临走时，老太太拉着两位小伙子的手，眼神中充满了感激之情。

纪委送来表扬信

2015 年 6 月 15 日，邓州农行构林支行收到邓州市纪委监察局送来的一封表扬信，信中对该网点柜员宋青盈的热情服务给予高度赞扬，对该行能够培养出这么出色的员工表示由衷地感谢!

2015年6月9日上午,邓州市纪委的工作人员到构林支行要求协助办理查询工作。当时正值业务办理高峰期,客户众多。网点柜员宋青盈在认真核查身份等证件后,全力协助查询。

因查询的内容时间跨度长达5年之久,且账户收支频繁,需要大量的查找和打印工作。小宋从上午10点多开始一直到下午5点下班,期间一直顾不上休息,中午也只是简单地吃了几口饭就继续埋头打印,共打印交易记录200多页。

协助查询的间隙,小宋主动帮助其他需要咨询和服务的客户。有几位老人因为年纪大耳朵不太灵便,讲了好多遍都听不明白,她依然满怀热情,一遍又一遍地耐心讲解,直到他们满意离去。

优良的职业素养、优质高效的服务、无私的奉献精神和耐心细致的作风,给纪委的同志留下了美好而深刻的印象,并让他们深受感动。

邓州市农行现任行长、河南省"五一劳动奖章"获得者刘昕居介绍说,该行在全国唯一的"雷锋银行"称号激励下,不断提升文明规范服务,促使各项业务长期位居南阳市农行和邓州市同业前列,先后荣获了中国银监会"全国银行业'雷锋岗'",农总行"精神文明建设先进单位",共青团中央"全国青年文明号"等多项荣誉。

点亮希望之灯

2013年3月4日,在邓州市学雷锋活动总结表彰大会上,学雷锋先进个人和第二届道德模范双重奖项获得者郝旨港同学,代表学校"学雷锋互助小组",深情地讲述了该小组帮助聂新苗同学的过程。

聂新苗是林扒镇一初中九年级学生,患有先天性腿部残疾,下肢肌肉萎缩,只能"跪"着行走。聂新苗七年级时的班主任张艳玲老师介绍说:"刚到校时聂新苗很自卑,总觉得身边有异样的目光盯着自己,常常低着头一个人躲在教室的角落里,不敢大声说话,成绩直线下滑,甚至产生了辍学念头。"

张艳玲老师立即到聂新苗家中走访,对他进行心理辅导:"你腿不行,一双手好好的,利用电脑工作和正常人一样。张海迪的身体状况还不如你,只要好好学习,将来你也可以成才。"她还经常买衣物、学习用品给聂新苗,留他在家里吃饭。聂新苗的情绪慢慢稳定下来。

在学校组织的学雷锋活动中,张艳玲老师因势利导,让品学兼优的郝旨港、王豫宛等同学成立了"学雷锋互助小组",从学习上、生活上帮助聂新苗。从此,同学们轮流背着或抬着聂新苗的身影成为校园里一道亮丽的风景线。节假日,同学们还主动接送聂新苗。

聂新苗的爷爷聂富明讲述了这样一件事:一个周五的下午,天下着雨,年已古稀的他因生病没能及时去接聂新苗。当时,天色已晚,他心急如焚。

正在这时,一名同学推着自行车,另一名同学打着伞,把聂新苗送回了家。学校距离村子有七八里路,道路湿滑,两名同学的衣服早已湿透了。聂新苗告诉爷爷,送他回家的是班上"学雷锋互助小组"的郝旨港、杨震。

2012年秋季,新学期开学之后,聂新苗被分到了九三班。新班主任张利华老师立即召开了"学雷锋,献爱心"主题班会,号召同学们把爱心传递下去。"学雷锋互助小组"中有的同学被分到别的班级,但很快又会有新的同学加入进来,继续帮扶聂新苗。

一次考试,聂新苗成绩不太理想,情绪低落。晚自习时,竟然没来上课。

张利华老师和同学们在宿舍里找到了聂新苗，他情绪非常激动："就别在我身上浪费时间了，我想退学回家。"

张利华老师耐心地开导他："你好好学习，可以给同学们树立个榜样，将来学个技术，自己养活自己，不给家里增添负担。"

同学紧握着他的手说："我们是同班同学，我们不会撇下你的，你的困难就是我们的困难，既然是同学，就让我们一起毕业。"在大家的积极开导下，聂新苗变得开朗了。他和同学们一起学习、一起玩耍。在上学期期末考试中，他的成绩跃升到班级前列，登上了领奖台。

为方便聂新苗打饭，学校为他开辟了"绿色通道"，可以直接进到灶内。每当"学雷锋互助小组"为聂新苗同学打饭时，大家都主动让道。全校师生为聂新苗捐款2000多元，免除了他的一切费用。有时候，"学雷锋互助小组"的同学有事，老师和同学只要遇到了，都会伸手帮一把。

"要不是大家的帮助，我可能早就辍学了，更不可能取得现在的学习成绩。"聂新苗说，"将来有能力了准备开个公司，投身社会公益事业，回报所有帮助过自己的人。"

大家在帮助着聂新苗，聂新苗也尽己所能地帮助别人。在他的辅导下，郝旨港的数学成绩有了很大提高。聂新苗的坚强乐观也在影响着班级里的每一个人。"班级带起来特别省力。"张利华老师说。

2018年3月，林扒镇一初中被授予"雷锋中学"称号。

"编外雷锋团"雷锋小学

系好人生"第一粒扣子"

在邓州市城区雷锋路上有一所雷锋小学（城区十一小西校区），围绕"创建雷锋式学校、争当雷锋式教师、争做雷锋式学生"目标，全校师生认真践行雷锋精神。在这里，学生系好了人生的"第一粒扣子"。

雷锋小学校长党元军介绍说，学校投资18万元在校园内修建了雷锋广场，广场中央树立着庄严肃穆的汉白玉雷锋雕像，周围墙上镶嵌着制作精美的21块版面，涵盖雷锋生平、雷锋精神内涵、"编外雷锋团"事迹介绍和学校开展学雷锋活动展示等内容。认真观看这些内容，师生就会对雷锋精神有一个更加全面深入的了解。雷锋广场已成为该校师生学习雷锋、弘扬雷锋精神的主阵地。

学校通过唱雷锋歌曲、听雷锋故事、写学雷锋日记、办学雷锋手抄报等形式，带领学生走近雷锋，体悟雷锋精神的内涵。少先队组织是学校学雷锋的先锋队，他们通过"学雷锋，讲奉献""学雷锋，讲诚信"等主题队会让雷锋精神与社会主义核心价值观紧密结合。在编外雷锋团展览馆、校雷锋广场，新少先队员佩戴鲜艳的红领巾，面对雷锋雕像庄严宣誓，接受雷锋精神的洗礼。他们还邀请雷锋生前战友、"编外雷锋团"团长宋清梅深入学校，为学生作雷锋事迹报告，把雷锋精神的种子播撒在学生心田。

引导学生从身边做起，从小事做起，雷锋小学广泛开展志愿服务活动。学校成立了"学雷锋志愿者服务队"，立足校内，走出校园，开展形式多样的"学雷锋"活动：走上街头打扫街道，清理街头小广告，擦洗公交站牌；走进社区夕阳红敬老院，扫院子、擦玻璃，为老人们梳头、捶背、剪指甲，送上茶杯毛巾等生活用品，表演节目，孤言少动的老人们在孩子们的感染下一个个乐得合不拢嘴，有的还激动得流下了眼泪。

2012年秋季的一天，雷锋小学六年级一班任宇同学在放学回家的路上拾到一个手包，里面装有现金1500多元、金项链、存折和各种证件。任宇马上返回学校，把手包交给了该校少先队辅导员陈芳芳。陈老师立即把这一情况向学校领导作了汇报。学校经过多方查找，最终联系到了失主。原来失主买菜时把手包放在电动车上，不小心弄丢了。在经过的地方反复找了多次没有找到，她已经不抱任何希望了，没想到竟然找到了。失主一定要拿出500元钱进行感谢，任宇同学谢绝了。学校门口设有"学雷锋失物招领处"，学生拾到的手机、校服等物品不计其数。

2013年秋，雷锋小学一年级学生关云龙不幸烫伤，巨额医药费让贫困的家庭雪上加霜，了解到这一情况后，师生们自发为其捐款9000余元，解了燃眉之急。学生家长为学校送来了锦旗，感谢师生们的无私捐助。教师杨会芬、董艳丽患有慢性疾病，大家主动为她们捐款，到家里进行看望，让她们感受到学校大家庭的温暖。在我国南方冰雪灾害、汶川特大地震、雅安地震等灾难发生时，全校师生第一时间慷慨解囊，为灾区献爱心。在2017年邓州市组织的春雨爱心捐赠活动中，学校师生向贫困乡镇捐赠图书3000余册，学习用品2000多件。

教师宋丽不断探索小学语文教学规律，积极进行课程改革。连续两年参加国家中小学骨干教师培训后，她综合培训的内容和自己的实践经验，逐步形成了"积累、激趣、临摹、评学"小学作文四步教学法，激发了学生对作文的兴趣，提高了学生的写作能力。她执教的《我爱邓州》获省级优质示范课，在第三、四届全国教师范文大赛中获一等奖，20多次获地、市级优质课、示范课一、二等奖；《爱与责任》等40多篇论文获省、地、市级奖项或在CN刊物上发表。2008年8月，宋丽当选为河南省首届名师。2010年，她当选为邓州市"送教名师"，2012年成为邓州市"名师""名班主任"，2013年她参与的省教研课题《城镇小学生阅读习惯的行为研究》荣获一等奖。市里在该校成立了"宋丽名师工作室"，她又承担起了培养本校和全市青年教师的任务。

李凌老师，患有严重的颈椎病，带病坚持工作，义务辅导学生竞赛。路培娜老师，常常把竞赛学生的作文带回去批改，很多时候熬到深夜才睡。从2012至今，她辅导的六名学生荣获"姚雪垠作文竞赛"一等奖。景娜老师，为了让每个学生都能听到自己所讲的内容，讲课嗓子累哑了也无怨无悔。

在老师们的引领下，同学们发扬雷锋的"钉子精神"，在学习上不耻下问，努力钻研，在市教体局、关工委举办的学科竞赛中，赵一达、陈家石等许多同学获奖。

雷锋小学先后荣获"河南省德育实验学校""南阳市优秀红旗大队""河南省经典诵读示范学校""邓州市文明单位""河南省精神文明建设先进集体""河南省学雷锋先进单位"等多项荣誉称号。

"编外雷锋团"中州家园社区学雷锋志愿服务站

"雷锋社区"雷锋多

中州家园社区学雷锋志愿服务站成立于2016年10月,是"编外雷锋团"成立的第一个社区学雷锋志愿服务站。

服务站成立后,社区先后邀请"编外雷锋团"宋清梅团长、姚德奇政委为大家上党课,夯实大家用雷锋精神建设和谐平安新型社区的理念。邀请解放军报社原副总编辑、《雷锋》杂志主编陶克将军到社区指导服务站建设工作。雷锋精神研究专家翟元斌给社区提出要将"创建雷锋社区的口号喊出来"。

两年来,服务站不断吸纳辖区内优秀团队和个人加入,先后成立了党员、交警、城管、电力学雷锋志愿服务队,积极开展"送温暖、献爱心、帮贫扶困"志愿服务活动。

中州家园学雷锋志愿服务站积极响应"编外雷锋团"号召,学雷锋不讲空、大、虚,一切从实际出发,从群众的切身利益出发,立足本职开展学雷锋活动。

服务站在大门口设立开水供应站,放置打气筒、充电排插、维修工具等便民用品,为过往居民提供方便。据不完全统计,已累计为过往群众免费提供茶水、自行车电车充气(电)、手机充电等便民服务1000余次。大厅内设立雷锋岗,把办理事项由服务性、证明性事项拓展到民生事项和行政审批事项,使每位来办事的居民感受到家的温暖。截至目前,社区已经完成城乡居民最低保障、一孩二孩生育服务登记、临时救助、大学生贫困救助等与居民密切相关服务事项400多件。

开展关爱留守儿童、孤寡老人学雷锋活动。社区采集信息时,就把哪家有留守老人、留守儿童,哪家生活比较困难,登记得一清二楚。每逢节假日,就开展不同形式的关爱、慰问活动,让他们感受到社区家的温暖。

2016年11月,社区工作人员为出交通事故的义工李淼雨捐资1800元,并及时送到其母亲手中。寒冬时节,携手社区内爱心企业,为生活贫困的孤寡老人送去急需的生活用品。

2017年6月初，正值用电高峰期，服务站主动联系供电公司、派出所、消防队，配合办事处安监办，深入各个小区排查用电、消防隐患，对辖区内10个小区进行为期10天的电路、消防隐患排查。通过现场排查，服务站配合职能部门消除小区安全隐患3处，责令限期整改1处，为居民安全用电保驾护航。志愿者义务巡逻队在小区内义务巡逻，"巡逻到位、防范到人、保安到家"，解决了居民上班后的后顾之忧。

党员志愿服务队发挥退休老党员经验丰富、耐心细致的特点，对辖区内青少年进行指导帮助，切实做好青少年特别是未成年人权益保护和犯罪预防工作，为青少年营造健康、安全、和谐的成长环境。社区被邓州市评为"青少年零犯罪零受害社区"。

服务站还积极协调市中心医院"雷锋医生"雷大钊主任带领骨科、康复科、内科、儿科等知名专家成立义诊团队，回社区开展义诊活动，为社区困难群众送医送药。自2016年4月以来，共义诊2000余人次，为困难群众免费发放药物2万余元。

阳光嘉园网格党员、交警大队中队长张静宇，自2016年5月回社区报到后，积极投入社区为民服务工作，自发组织成立交警志愿服务队。仲景路与中州路交叉口，早上人流量大、交通情况复杂，严重影响居民出行，他利用早上上班前半个小时时间带领全队人员指挥交通，无论刮风下雨，为方便大家出行营造良好环境。同时他心系群众，帮困扶贫。2016年，他在走访时发现失去儿子的赵培新生活困难，每逢节假日就带着日常生活用品看望老两口，照顾老人日常，并与他们"结对子"。

在和谐大厦网格居住的网通公司党员曹雷，关心困难家庭生活，为居民义务修电、排查故障。他与小区内张总信结为帮扶对子，时常为老人带去必需的生活用品，逢年过节还给他们留下零花钱，对待他们像对待自己的父母一样。

在典型的带领下，社区居民掀起了学雷锋、做雷锋的热潮。目前，已先后涌现出21名社区雷锋。大家自发开展的"雷锋在身边""雷锋总动员"活动，帮助社区居民解决环境卫生、社区绿化、路面破损以及物业管理等问题。同时，社区还创办"雷锋大舞台"，开办"雷锋讲堂"，开设"雷锋影院"，开放"雷锋书屋"，营造了幸福和谐的社会氛围。

"编外雷锋团"彭桥卫生排排长曾伟

乡村医生的仁心大爱

曾伟，邓州市彭桥镇彭桥村卫生室医生，主治医师，南阳医专思想政治兼职辅导员，"编外雷锋团"彭桥卫生排排长。

20多年来，曾伟一直把雷锋作为自己的人生楷模，把雷锋精神视为自己的行为准则，精心钻研医疗技术，解除人民群众病痛，帮危扶困。他先后获得邓州市"十大新闻人物"、"感动中原十大人物"、河南省"最美乡村医生"、河南省"道德模范"提名奖、河南省职工职业道德建设标兵个人、河南省岗位学雷锋标兵、河南省五一劳动奖章、"全国我最喜爱的十大健康卫士"等殊荣，荣登"中国好人榜"。中央电视台、《河南日报》、河南人民广播电台、河南电视台、《医药卫生报》、《南阳日报》等媒体对他的事迹进行了报道。

曾伟的家乡彭桥镇位于邓州市西部，距市区40余公里，属于浅山丘陵地区，交通不便，经济落后。他从小目睹了家乡人民因缺医少药，小病变大病、大病等着死的残酷现实。和他关系要好的两个同龄孩子因患急性肠炎，无医无药治疗，相继死去，对他震动很大。他决心好好学习，长大当一名医生，为乡亲们服务。

1991年，曾伟从南阳卫校毕业。当时，正是我国卫生医疗机构急需专业人才的时候，勤奋好学、专业扎实的曾伟，一毕业就被郑州一家大医院"相中"。这对于其他一心想"鲤鱼跃龙门"的农村孩子来说，可谓梦寐以求的机会。可曾伟却毅然决然地放弃了这一机会，回到家乡当了一名村医。

2009年秋季的一天中午，林扒镇退伍军人和克俊满脸痛苦地来到诊所，曾伟判断他得了双侧股骨头坏死症。当天下午，曾伟自费租车将他拉到邓州市第一人民医院做了CT检查，确诊为双侧股骨头坏死症，南阳专家建议先保守治疗。和克俊家境贫困，妻子又患冠心病，连吃药的钱也拿不出。曾伟开始对他免费进行中西医保守治疗，一直坚持了两年。

2011年11月的一天晚上，和克俊的妻子给曾伟打来电话说："你快来看看，和克俊要自杀了!"曾伟二话没说，租了一辆车，奔走50余里赶到和克俊家。老和上吊被人救起，原因是下午又摔了一跤，双腿完全不能活动，需要马上手术，可家中十分困难，根本付不起那么多的手术费，于是他产生了死的念头。

曾伟听完之后眼圈红了，他坚定地说："老哥，别灰心。你的手术费用，我来想办法。"

第二天，曾伟租来一辆面包车，带着筹集到的2万多元钱，拉上和克俊到邓州市第一人民医院，帮助老和做了手术。2012年2月，曾伟又为他支付了4万元医疗费，和克俊顺利做了第二次手术。在恢复期，曾伟又每月为他提供1000元的营养费。3年来，曾伟相继为和克俊支付了8.5万元医疗费。身患股骨头坏死的和克俊奇迹般地站立起来，现在在广东佛山看大门。

2008年元月中旬的一天夜里11点左右，曾伟接到彭桥镇刘山村五保老人杜士苹邻居打来的电话，说老人昏迷了，请他赶紧过去。当时正值冰冻灾害，曾伟只能步行去看病，因山区路滑，他不小心摔倒在沟里，双手摔伤，至今左手还留有伤疤，一到冬天就隐隐作痛。曾伟赶到老人家里后，立即诊治，直到第二天早上老人烧退之后才离开。可曾伟却因受凉病倒了六七天。从1996年至今，曾伟为杜士苹免费看病，赠送药品价值4万余元。

48岁的肖永奇是湖北省老河口市孟楼镇的一位农民。2011年秋天，肖永奇因脑血栓引发偏瘫，家人将其送至曾伟的诊所后，再也不见露面。曾伟对肖永奇悉心诊治，并先后为其垫支医疗费用4000余元，最终将肖永奇治愈，送回家中。

彭桥镇赵河村村民马永秀，2006年10月因脑出血引发偏瘫。曾伟连续6年上门对其进行针灸诊治，并送医送药，最终将其完全治愈。如今，马永秀已到南阳建筑工地打工。提起曾伟，马永秀赞不绝口。

作为村医，曾伟要求自己开的每个药方都要对得起自己的良心，力争用最便宜的药给人看好病，坚持做到"能吃药的坚决不打针，能打针的坚决不输液"。

从医28年来，像这种垫支医疗费用、上门送医送药的好事，连曾伟自己也不知每年做过多少。据不完全统计，他已累计为患者减免医药费达40余万元。

"九八洪水"和"汶川地震"发生后，曾伟不留姓名地进行捐款；在2003年"非典"肆虐时，除了捐款外，他还自告奋勇地担当起到从疫区返乡者家中进行排查的任务；在每年手足口病高发期，他把按照国家标准熬制的中药，送到彭桥镇各个幼儿园；他还先后为白血病患者吴英、"火海救母"的闫倩玉和彭桥镇教育基金捐款……

近年来，随着曾伟在中医治疗中风偏瘫方面名气的增大，很多大医院相继向他伸出橄榄枝。有人想开私人医院，在城里买好了门面，几次到家里请他，希望他去当坐堂医生。还有医院的领导一进他家门就开价："一年25万你来不来？"家里上有老，下有小，妻子一直盼望孩子能到城里读书。但想到乡亲们离不开自己，他婉言谢绝了。"我走了，乡亲们怎么办？"说起曾经的决定，曾伟猛地起身，"本来乡亲们看病就难，我走了，他们会更难，他们需要我。"

作为一名共产党员，曾伟号召彭桥镇的村医以雷锋为榜样，学习邓州"编外雷锋团"的先进事迹，申请加入"编外雷锋团"，成立了彭桥卫生排，被推举为排长。他们经常到敬老院免费送医送药。逢年过节，他们还为老人们摆上丰盛的宴席，带老人们到渠首和城里游玩，感受新时代新变化。在曾伟的带领下，彭桥卫生排组织参与公益活动1500多次，免费义诊1万多人次，免费发放药品价值20多万元。

"作为一名医务工作者、一名共产党员，最大的快乐不是挣钱，而是帮助患者摆脱病魔，尽自己的绵薄之力，为社会多做贡献。"曾伟说。

"编外雷锋团"南阳师院营江雨佳

"道德酵母"

2012年9月,江雨佳从浙江省进入南阳师范学院学习。2013年6月22日,"编外雷锋团"南阳师院大学生营成立,江雨佳是骨干成员。她时刻牢记"好事无大小、做了就是美"的做人做事准则,认真学习、践行雷锋精神,从力所能及的身边小事做起,持续热心社会公益事业,真挚热诚地敬老爱幼,带动身边的人一同奋进,用行动传递青年正能量。

志愿服务让青春飞扬

"青春,永远属于力争上游的人。"雷锋的名言,给予了在校大学生江雨佳自我突破和超越自我的力量。

2013年暑假,江雨佳放弃休息时间,主动走上街头,开展香烟换巧克力"街头劝戒烟"活动。三天时间,共有250多位市民同意了她的戒烟建议。寒假期间,她在豫浙两地自费发起"鞭炮换礼品"活动。她拿出700元压岁钱,购买了一些日常生活用品来交换居民家中的鞭炮,并倡议市民争做"弃炮族",少放烟花爆竹,远离火患,远离雾霾。江雨佳还先后发起"我陪孤寡老人过春节""给抗战老兵送爱心包裹""暑期独自赴老区支教""寒冬深夜当'更夫',巡逻敲梆保民安""第一个为修缮'红色遗产'捐款""露天爱心超市——爱心捐赠、物物交换"等20多项公益活动。

2012年国庆长假期间,一组定格103位老人微笑的照片引起了不小的轰动。这组照片的拍摄者正是江雨佳。这事缘起于当年暑假的一天,她在市区一家照相馆冲印照片,正巧一名中年男子骑着三轮车,带着腿脚不便的母亲来到照相馆要拍照片。攀谈中,她得知母子二人是从山区来的,想圆照一张相的心愿。得知山里的老人拍张照片如此不易,爱好摄影的她决定上门帮助老人们免费拍照。国庆7天长假,她没有选择出游,而是到革命老区去实现暑假时定下的目标,拍摄活动的所有经费都是她在大学里所得的稿费和奖金。白天拍照,晚上回市区冲洗照片。当她拿着冲洗好的103张16寸大照片挨个儿给老人送去,看到老人们指着相片中的自己开心大笑时,觉得心里暖暖的。"用镜头留住爹娘的微笑",她每年都利用寒暑假及双休日去为老人们服务。2015年3月的一个星期天,当江雨佳把35张彩照送到南阳"惠济托老康复中心"及学校周边社区的35位孤寡老人手中时,老人们都乐得满脸笑开了花,直夸大学生江雨佳想得周到。92岁的老奶奶梁桂兰,人生头一回见到自己16寸的大照片时,感动得哭了。从2012年开始在豫、浙两地用相机镜头定格"爹娘的微笑"的公益免费摄影活动开展以来,这已是她第17次寻找"爹娘的微笑"的摄影之旅。她把自己在报刊上发表的40多篇(幅)作品获得的2275元稿费和奖金,全部用于这些活动上。

春节长假,江雨佳在山巅当起了消防守护神。春节,是万家团圆的时刻,也是江雨佳最忙碌的时刻。2015年春节期间,她志愿来到温岭市温峤镇楼旗山上的岐峰宫观音殿里,日夜担任消防志愿者。她还自费印制了1000份开展"文明敬香、文明礼神、做好消防安全"活动倡议书,发放到游客手中。她倡导的"文明敬香·暖暖新年"行动,赢得台州市政协委员、温岭市道教协会会长、岐峰宫周诚通道长的高度赞誉:河南大学生江雨佳引领社会文明风尚发挥出积极作用,值得全社会点赞。

大爱无疆　润物无声

随着江雨佳在学校知名度的提高,越来越多的学生知道了这个热衷做好事的浙江姑娘,在她周围日渐形成了一个积极做好事的朋友圈。2013年3月,南阳师院正式成立了以她的名字命名的"雨佳爱心服务队",将这个圈子影响扩大到全校,延伸至河南、浙江两省,确立了志愿服务的常态化。雨佳爱心服务队成立之初,首先发起了寻找抗战老兵送"爱心包裹"活动,让抗战老战士们充分感受到全社会的亲情和尊重。丰富多彩的社会公益活动,让雨佳爱心服务队声名远播。这支队伍由最初的12人发展到现在的200余人,成为南阳师院乃至河南省内知名的学生公益社团。

在江雨佳同学的带领下,"雨佳爱心服务队"重点开展尊老学雷锋志愿服务行动,从温暖孤老、爱心关爱、留住微笑等三个方面经常性地开展各项志愿服务工作。江雨佳说，无论何时何地，她和"雨佳爱心服务队"志愿者就像一颗颗爱的种子，只要落地，就要努力扎根，为人民奉献，努力开创志愿服务新局面。

江雨佳是河南、浙江两省青年一代的骄傲和自豪，也是出彩河南人的杰出代表。2014年10月，她还作为河南优秀大学生代表，参加"践行社会主义核心价值观"优秀大学生事迹巡回报告团，和其他成员一道赴河南省7所高校的学生现场讲述自己的事迹，用平实的话语、真挚的情感、生动的事例传递着正能量，感染青年学生。2014年9月16日，她作为浙江省道德建设10位楷模之一，参加浙江卫视"发现最美浙江人——浙江好人 德行天下"公民道德宣传日电视特别节目的录制。江雨佳在平静中坚持付出爱心、平凡中持续担当的感人事迹，激起豫、浙两地青年学子的共鸣。

在2014"感动中原"十大年度人物颁奖典礼上，河南省委常委、宣传部部长赵素萍等领导在颁奖典礼上向江雨佳同学表示热烈祝贺。评选活动组委会给江雨佳同学的颁奖词是：她是孤寡老人的贴心小棉袄，她用镜头记录下岁月的微笑，她在公益阳光下让青春飞扬。当爱心汇成奔腾的江河，无数追随者也顺流向前。一场好"雨"，润物无声。

这位平凡的女孩，付出的是爱心，赢得的是尊重，江雨佳先后被授予"河南省优秀共产党员"、"河南青年五四奖章"、"感动中原"十大年度人物、"最美浙江人——浙江好人"、第四届南阳市道德模范提名奖等30多项荣誉，获得3项国家级奖学金。她被中央人民广播电台《中国之声》作为"最美新闻人"向全国听众推介。《河南日报》《中国妇女报》《中国教育报》《人民政协报》《浙江日报》及豫、浙两地百余家平面媒体先后跟进报道。新华网、人民网等200余家网站转载发布。她被网友誉为"当代最美大学生""当代最美文明学生"。

2016年7月，江雨佳刚从学校出来又进入学校，成为北京师范大学台州附属高级中学的一名历史教师，她将雷锋精神也带回了台州。江雨佳在接受记者采访时说：习近平总书记在十九大报告中指出要推进诚信建设和志愿服务制度化，强化社会责任意识、规则意识、奉献意识。我作为河南省优秀共产党员、北京师范大学台州附属高级中学"雨佳'道德酵母'志愿服务总队"的一名青年志愿者和服务队的队长，我将继续带头弘扬"奉献、友爱、互助、进步"的志愿精神，带头倡导社会文明新风，带头践行社会主义核心价值观，带头为美丽中国建设增添新动力、注入新活力。用自己的青春热情，感染每一位志愿服务队的队员，让青春在服务每一天中焕发出绚丽的光彩！

"编外雷锋团"许昌学院营朱晓东

爱心创造生命奇迹

"编外雷锋团"许昌学院营成员朱晓东自愿捐献造血干细胞，用爱心构筑了生命奇迹。

对全国400多万白血病患者来说，造血干细胞移植，是生命黯然时能摸索到的唯一光亮。2013年4月，许昌学院大三学生朱晓东带着满满的爱心，走上了流动献血车参加无偿献血活动。此时的他还不知道，在百公里以外，一个可爱的小男孩在与死神艰难地抗衡着，他的家人在焦急地等待着合适的造血干细胞。

2013年10月，朱晓东的高配血样通过了高配检测并配型成功。志愿者血样与白血病患者的血样高分辨配型成功后，如果志愿者反悔，患者就没救了。因为患者为准备移植造血干细胞，必须进行大剂量的放疗和化疗，那时将丧失造血能力，如果终止捐献，患者将有生命危险。朱晓东坚定地说："我绝不反悔！"

2014年3月18日，朱晓东被送入河南省人民医院的干细胞采集室，进行造血干细胞捐献手术。手术的过程对于大家来说都是无比的漫长，血液从朱晓东身体中抽出，通过血液分离机提取干细胞之后，血液又重新回到身体里面。看着90后小伙的鲜血在血液循环机里面循环，科研和医护人员对朱晓东充满了信任和敬意。

最终朱晓东成功地将150毫升造血干细胞捐给了北京304医院一名3岁白血病男童，使得幼小的生命重燃生命之烛。朱晓东的奉献精神感动了许多同学，他们自愿加入到捐献造血干细胞志愿者队伍中来。许昌学院作为许昌市最大的血源基地，已有500余名师生加入了中国造血干细胞捐献者资料库。

"编外雷锋团"河南工院营袁贤

从"袁老师"到"袁姐"

袁贤是河南工业职业技术学院教师,"编外雷锋团"河南工院营成员。大学期间,她加入学院校园文明纠察队,从事维护校园文明环境的志愿服务活动,一干就是三年。

大学毕业后,袁贤从事了专职的学生管理工作。负责200多名学生日常生活学习管理,军训、辅导、早晚自习坐班,使她忙得不亦乐乎。

长期以来,袁贤都以"严字当头,爱字存心"来要求自己,对学生严管厚爱。对于学生犯的错误她决不姑息,但是她也明白,仅仅只靠严管是远远不够的。在传统文化的熏陶下,很多学生都在用一种仰望的姿态去看站在讲台上的老师,再加上日常的批评和说教,学生和老师之间的鸿沟会越来越深。

为了消减这种落差和鸿沟,袁贤坚持以爱感人,以情动人:大晚上在学生宿舍跟学生聊天谈心;每个月自己掏钱买蛋糕给学生过生日;夏天蚊虫多,给学生买蚊香;晚上学生生病,她开车带着他们寻医问药,陪着他们打吊针……这样的"深入"交流,让她和学生之间几乎没有任何芥蒂,推心置腹、无话不谈。学生对她的称呼也慢慢地从万能的"袁老师"变为公众场合的"老师"和私下的"袁姐"了。

做学生管理最担心的事情就是学生夜不归宿。为了照看好学生,袁贤每天都住在简陋的学校宿舍里。一个冬天的深夜,到宿舍查铺的时候,她发现一班的胡某不在寝室,第一反应就是他肯定又是翻学校院墙出去上通宵网了。学校地处偏僻,天寒地冻,大半夜去哪里找人?袁贤也有些害怕,但是在责任感和使命感的驱使下,她带着手电筒寻了七八个网吧,终于把学生带回了校园。胡某没有辜负她的期望,以后再也没有类似的事情发生。在袁贤的鼓励下,胡某在书法方面长进很快。

工作之余,袁贤经常关注南阳市志愿者协会官方微博,积极参加各类学雷锋活动。在参与活动的过程中她感觉到,众人拾柴火焰高,学雷锋光靠一个人两个人是远远不够的，要带领学生一起学雷锋！义务清洁校园、安全知识宣传、爱心认购……她把自己的学生"拉下水"，让他们也体会到"赠人玫瑰手留余香"的快乐。通过参加这些活动，她所带的班级班风优良，她本人也多次被学院评为优秀教师、文明个人。

2012年，当选拔全国农运会赛事志愿者的通知下发之后，袁贤按照市组委会的要求组织了笔试和面试，最终选拔出了200名同学，并逐个对未被选上的同学进行心理辅导，引导学生正确对待，避免负面情绪出现。紧接着，她利用自身专业优势，对这200名志愿者进行了通用知识强化培训和考试，以保证他们能以最好的面貌和心态迎接来自全国各地的运动员和观众，并为他们提供满意的志愿服务。

2012年暑期，其他同志还在家里过暑假的时候，袁贤冒着酷暑，带着志愿者们开始紧张的赛前场地知识培训。农运会召开前后的十天里，每天天不亮她就带着志愿者，奔赴农运会主赛场工作岗位：分放礼品、协助交警指挥交通秩序、协助安保人员进行安检、清理观众席位上的垃圾……农运会结束后，她的嗓子哑了，皮肤黑了，但是她的心里却是无比充实的，尝到了践行雷锋精神的甘甜。

为了紧跟时代步伐，密切联系社会，袁贤还与时俱进，玩上了微博、微信等新媒体，并充分发挥新媒体在学雷锋活动中的特殊作用。她组织学生参与到"救助杨新耀，传播正能量""寒冬送饺子，温暖环卫工""弘扬英雄精神 倡导正能量——伸援手帮助救火英雄家庭""关注弱势群体，唤醒爱的能量"等一系列社会性公益活动中来，传播社会正能量。

"用自己的行动倡导社会主义核心价值观，用自己的学识、阅历、经验点燃学生对真善美的向往，努力成就事业的风采，做党和人民满意的教师！永做雷锋式的教师！"袁贤说。

"编外雷锋团"房管营刘守伟

群众眼里的"热心人"

人称"活雷锋"的刘守伟,是邓州市房管中心职工,"编外雷锋团"房管营成员。

刘守伟从学童时代起就唱着《学习雷锋好榜样》,尊敬师长、团结同学、刻苦读书,为学校、同学做了许多好事。从小学到高中,他一直是品学兼优的"三好学生"。

1979年底,刘守伟高中毕业,怀着保国戍边的坚定决心应征参军。到部队后,军营里学雷锋的浓厚氛围,感染着他、鼓舞着他。在雷锋精神的激励下,他努力学习、积极工作、奋发向上,入了党,从士兵转为志愿兵,荣立三等功二次,受到嘉奖多次,多次被评为先进工作者和优秀士兵。

1993年,在部队服役14年的刘守伟从志愿兵的岗位上转业,回到家乡,被安置在邓州市房产管理局下属的房地产市场管理处工作,巧遇雷锋生前战友、时任房管局局长的姚德奇。姚德奇组织带领全局干部职工,大力开展学雷锋活动,用雷锋精神教育职工爱岗敬业,凝聚人心,使房管事业蓬勃发展。在姚德奇的示范和带领下,刘守伟更加坚定了学雷锋的信念和决心。特别是房管局率先加入"编外雷锋团"成立房管营后,他作为369名新成员中的一员,更是欣喜若狂。

刘守伟像雷锋那样干一行、爱一行、钻一行、精一行,在自己的工作岗位上有创新、有发展、有特色。他从事的房地产市场管理工作在邓州刚刚起步,广大人民群众对这项工作不了解、不理解。管理与被管理、收费与缴费,这本来就是一对矛盾。如何化解矛盾,规范房地产市场管理,这对管理者提出了很高的要求。刘守伟认识到这项工作的特殊性,就找来国家、省、地、市关于房地产市场管理的政策法规,认真学习,苦心钻研,很快就熟记于心。同时,刘守伟还带领同志们把邓州市区内大街小巷商业门面房、居民小区跑了个遍,登记造册,定位编号。在熟悉政策法规、掌握第一手资料的基础上,搞清了办案程序，理清了工作思路和方法。他带领同志们对租房户和承租户，挨家挨户地把房地产市场管理的政策法规发给他们，并对他们进行认真耐心的宣讲。经过三番五次做工作，使广大租户和承租户了解和熟悉了政策法规，得到了他们的支持和配合，化解了矛盾，理顺了管理和被管理、收费与缴费的渠道。人们无不称赞刘守伟是个细心人、热心人、"政策通"和"活地图"。

刘守伟学雷锋最大的特点是矢志不渝，持之以恒。他从上班第一天起就坚持每天7：30到单位，把一至四楼公用的楼梯、厕所打扫冲洗干净。他不管别人说什么，20多年从未间断。刘守伟把单位当成自己的家来经营管理，不管是当一般职工，还是当单位领导。下班，他走在最后，看看各办公室门窗关好了没有，看看照明灯是否断了电源，看看自来水龙头是否有跑冒漏滴现象，看看办公楼上了锁没有，才能放心回家。双休日、节假日不管自己值不值班，也总往单位跑跑，时常心系单位的安全问题。到了单位到处走走看看，他心里才踏实。

刘守伟人勤快，手又巧，水路、电路都懂点，修修补补也会点。他的办公室有一个自备的工具箱，同志们称之为百宝箱。每当单位的电路、水路出了故障，桌椅、板凳坏了，刘守伟都能及时排除故障和修理。刘守伟修修补补为单位节约了多少经费，谁也说不清，只有他用坏和磨损的一件件工具和他的百宝箱知道。

1988年冬，单位与电影公司邻楼的厕所窗户坏了，其他窗户也没有防护设施。为预防单位被盗，刘守伟主动从家里搬来被褥，在办公室一个角落里一住就是7天。直到把坏的窗户修好，给其他窗户加上防护窗，并在各主要地方安装加固防盗门窗护栏后，才把行李搬回家。他没向单位要一分钱的加班费和看护费。

多年来，刘守伟年年响应市委市政府号召，参加扶贫助残、城市建设、双拥双帮、党员结对帮扶等活动。活动中，他从不高的工资中捐款4000余元，捐物30多件套，以实际行动传递着爱心和温暖。

2013年元月，刘守伟妻子身患乳腺癌，在郑州手术治疗，历时一年。儿子辞掉了工作护理母亲。刘守伟因工作实在太忙，离不开岗位去照料妻子。经过刘守伟和大家几个月的努力奋战，单位提前完成了全年任务，业务量比往年翻了一番，创下历史最好成绩。

刘守伟学雷锋、传承雷锋精神，像春风化雨，滋润和影响着他的家庭，他的每一位亲人都富有爱心，乐于助人。家人利用住房近临街道，又处于汽车站附近的地理优势，开了个家庭旅馆，起名叫军民旅馆，牌子上印着雷锋像，雷锋像两侧写着"学习雷锋"四个字。爱人病后恢复休养期，大学毕业的儿子辞掉工作，回家帮助母亲经营旅馆，照料家人。母子俩就是用"军民旅馆"这个招牌，遵纪守法，诚信经营，为旅客提供优质文明服务。他们为方便客人，在旅店内备了河南、南阳、邓州地图，列车时刻表、城乡主要道路图、城区公交线路图，过往的客人受到亲人一样的接待。住店客人称赞道："军民旅馆不是家却胜似家。"

平凡孕育着高尚。刘守伟20多年来坚持不懈学雷锋，在平凡的工作岗位上做出了不平凡的业绩，先后多次被评为"学雷锋先进个人""学雷锋标兵""先进工作者""优秀共产党员"。

刘守伟表示，要一辈子学雷锋，当好人，做好事，用实际行动续写新的雷锋故事。

邓州市学雷锋研究会会长武安耀

扶危救困志不移

武安耀出生于邓州市一个贫寒农家，1970年参加工作，1971年加入中国共产党。1999年因企业困难下岗，自谋生路。通过刻苦自学，他考取了国家统考第一期拍卖师执业资格证书，创办了河南省人和拍卖公司。

武安耀事业有成，不忘回馈社会，多年来坚守着学雷锋、当好人、做善事的坚定信念，让十多名贫困学子圆了大学梦，向百余户贫困家庭伸出援助之手，为灾区慷慨解囊捐款。2013年，他以河南人和拍卖公司邓州办事处为依托，投资20多万元成立了邓州市学雷锋研究会，任会长。

18岁时，武安耀在邓州市张村镇（原张村公社）当通讯员。深秋的一个深夜，熟睡的武安耀被一阵痛苦的呕吐声惊醒。仔细一听，声音来自政府招待留宿客人的房间，里面住着县商业局来张村招工的干部。武安耀来不及多想，匆忙赶了过去。只见那位干部痛苦地蜷曲在床上。原来这位干部夜间突发高烧，上吐下泻。武安耀见病情紧急，背起病人，飞快地赶往公社卫生院，叫醒医生，诊脉开药，服侍病人打针、吃药。病情稳定下来后，武安耀又把病人背回乡政府，招呼病人休息，在身边守到天明。病人醒来后，一把拉住武安耀的手，感动地说："小同志，要不是你，昨晚我可要去见马克思了。"

1978年，在县城工作的武安耀回村筹办婚礼，听说村里修桥、建窑资金紧缺，就把准备建房的2万多块砖，无私地捐献出来。时隔30年，2008年村里修桥筑路、硬化坑塘，已经是河南人和拍卖公司经理的武安耀再次为家乡的新农村建设捐款5万元。

1989年，为了帮助家乡村民致富，他三次出资支持村委考察，引进桑蚕种植与旱稻种植技术，帮助村民植桑养蚕、种植旱稻脱贫致富。村里收入大幅度增加，连续两年免除了村民的提留款。

有一年，村里有个叫武新年的老干部病困交加，武安耀先后两次赠送1600元，帮助武新年度过困境。几十年来，武安耀还向贫困孤残等弱势人群及社会公益事业捐助善款计20余万元。

武安耀学雷锋，像雷锋一样热爱学习。对知识的汲取，使他形成了尊重知识、尊师重教、关心贫困学子的美好品德。

1991年春，共青团中央发出捐助希望工程的号召，武安耀积极响应。当时团中央号召向老少边穷山区一个贫困孩子捐助20元学费，武安耀一次捐助了5个贫困学生的学费。此后，团中央致信武安耀先生，提供了他所捐助孩子中蒙敏学的联系方式。他马上给团中央回信，承诺全力支持这个山区的失学儿童。同时，他给蒙敏学的班主任去信，表示帮助蒙敏学完成学业。蒙敏学走上了人民教师工作岗位后，以自己的爱心回报社会，用自己的工资救助一名失学儿童。现在蒙敏学逢年过节，都要向她敬重的"武爸爸"送上衷心的祝福。

1999年，武安耀为村建小学捐款7000元，抗震救灾英雄战士武文斌就是从这所小学里走出来的。2008年5月12日，四川汶川大地震发生以后，武安耀向汶川灾区3所中学捐助1.5万元。2012年10月，武安耀在郑州办事处资助两名贫困大学生1万元。2013年和2014年，捐助唐河县、内乡县、邓州市共4位品学兼优的贫困大学新生1.1万元。

武安耀像雷锋一样热爱学习，对知识的尊重，还体现在他对地方文化事业无怨无悔的倡导与赞助上。"如果没有武总经理的支持，我和邓州一批书画家，也许就没有今天的成就。""2011年中国最具网络人气美术家"高明柱在家乡邓州接受新闻媒体采访时，发自肺腑地说。

出于对书画艺术家的敬重和对地方艺术事业的热爱，武安耀在十多年的创业中，先后投入60万元，捐资邓州市艺术事业，资助高明柱、杨世安、王荣奇等数十名艺术家举办个人书画展，助推他们走出邓州，登上了国家艺术殿堂。其中高明柱、张学汉成长为国家级书法家、美术大师。

党的十八大胜利召开后，"编外雷锋团"的战友们在一起研读报告中"推动学雷锋活动、学习宣传道德模范常态化"的指示精神。已是"编外雷锋团"成员的武安耀适时提出创建邓州市学雷锋研究会，并表示愿提供创办研究会所需全部费用和办公场地。2013年2月5日，邓州市学雷锋研究会创办，宋清梅任名誉会长，姚德奇任执行会长，武安耀任会长。为了研究会的创立，武安耀先后投入资金22万元。研究会编辑学研专辑《永远的雷锋》，创办网站宣传雷锋精神。2014年，出资近7万元编辑出版《邓州编外雷锋团展览馆画册》和

《雷锋日记书法展作品集》。

2013年，武安耀出资4万余元，为"编外雷锋团"艺术团购置了一套现代化的音响设备；出资近2万元，为"编外雷锋团"的老战友们购买50套出席各种活动服装，展现战友们的精神风貌。他还出资30万元，为困难企业67位下岗职工补交了多年来拖欠的养老金，使他们顺利地办理了退休手续，退休后的生活有了着落。

在接受中央电视台"焦点访谈"记者采访时，武安耀说："我就是想做点好事，像'编外雷锋团'老同志那样做一辈子雷锋。"

"编外雷锋团"黄志牧业雷锋营

元宵节送来分红款

2018年3月2日,元宵节。一大早,邓州市文渠镇红庙村村民张根群就赶到了文渠镇文渠村村部。

张根群非常激动,因为今天要"分红"了。张根群的爱人10年前眼睛看不见了,大儿子也有病在身,因此张根群被定为贫困户。

同样高兴的还有文渠镇泰山村的贫困户吕继红。吕继红妻子患病,他去年在工地干活时,又不慎从三层楼摔下来,导致胳膊骨折、腰部受伤。

上午9点40分,邓州"编外雷锋团"黄志牧业雷锋营分红仪式正式开始。张根群等26户贫困户每户分红3000元,吕继红等42户贫困户领到了面和食用油。大家脸上堆满了笑容,有的人还激动地流下了眼泪。

"国家政策好,自己再勤快点,生活肯定会越来越好的。"吕继红笑着说。

"参与精准扶贫,让更多的贫困户早日脱贫,这是我们企业应该承担的社会责任,也是在用实际行动弘扬雷锋精神。""编外雷锋团"黄志牧业雷锋营营长、河南黄志牧业有限公司董事长黄志谈起了自己的初衷。

黄志牧业雷锋营充分发挥自身产业优势,积极参与到"金融+产业"扶贫中去。2016年以来,在小杨营、腰店、赵集、文渠、高集、张楼、都司等18个乡镇,通过安排就业、代养分红、项目带动、小额贷款入股分红、扶贫救助基金帮扶等模式,共计帮扶贫苦户13295户,贫困户增收3000万元。在养殖基地、面粉厂、饲料厂、循环经济产业园、花卉苗木基地等地方共安排贫困户400余人就业。

"编外雷锋团"回民支队张春芳

生死时速30分

"如果不是张医生抢救那么及时，后果不堪设想。我和张医生素不相识，非常感动，非常感谢。"2018年10月27日，安徽淮北市的代士虎先生在电话中激动地告诉邓州市委宣传部工作人员，"要大力弘扬传播这种正能量。"

事情还要从刚刚过去不久的国庆假期说起。放假之后，代士虎带着妻子邓志芬和同事、好友一起去甘肃、四川等地游玩。在四川若尔盖草原，邓志芬发生了高原反应。到马尔康医院检查时，已发展为肺气肿。在当地医院紧急治疗后，开始返程。想着已经没事了，10月4日，一行人到湖北神农架神农顶观景。令人意想不到的事还是发生了，邓志芬头疼欲裂，呼吸困难。他们赶忙开车往山下赶。事后他们才知道，神农架海拔3100米，邓志芬又出现了高原反应。

邓志芬的呼吸越来越微弱，渐渐处于昏迷状态。在海拔1500米处停车区，代士虎等人赶忙将车门打开，一边通风换气，一边拨打了120急救电话。

"什么情况，什么情况？让我来看看。"正在焦急等待期间，一名中年妇女匆忙走了过来。代士虎确认对方是医生后，同意她立即展开施救。

这名中年妇女名叫张春芳，来自河南省邓州市，当日和好友结伴来到神农架景区游玩。看到患者神志不清、处于休克状态，对家属进行简短询问后，张春芳立即招呼同伴，取来随身携带的针灸器具进行急救。同行的友人善意地提醒她，病人情况极其严重，又是陌生人，千万不要惹上"麻烦"。"先救人要紧，我不能袖手旁观。"张春芳回答道。

精通中医和针灸的张春芳，用银针扎病人的合谷、人中、内关等穴位，并用手按压患者的膻中穴。抢救进行了半个小时，慢慢地，患者意识稍微有所清醒，能够听懂亲人讲话。

半个小时后，救护车赶到，邓志芬被送往景区附近的医院救治。张春芳的紧急抢救，为挽救患者生命赢得了宝贵时间。

代士虎告诉记者，妻子回到当地医院住院一个星期后，在家进行调养，身体正在慢慢恢复。他非常感谢全家的救命恩人张春芳医生，待妻子的病情稳定之后，便给邓州市委宣传部写信，希望当地媒体好好宣传宣传张春芳医生的大爱行为，"张春芳医师的行为真正契合了当前社会倡导的仁爱、友善的道德风尚，彰显了医者治病救人的崇高医德"。

张春芳出生于中医世家，幼时患小儿麻痹，行动有所不便。南阳医专毕业的她，在邓州市古城街道办事处月牙池开了一家诊所。因为医术好、收费低，很多外地患者都慕名而来。平时，勤奋好学的她还经常外出学习深造。"张医生是个热心负责的好医生，有时候半夜急诊，她也是认真接诊。"经常在张春芳这里看病的海国安介绍说。

张春芳是"编外雷锋团"吧友营回民支队成员，热衷于参加社会公益活动，经常去聋哑康复中心给聋哑儿童免费义诊，到社区义务打扫卫生。

谈起神农架救人一事，张春芳平静地说："救死扶伤是医生的天职，这是我应该做的事情。作为一名医护人员，就是要用我们的专业技能，帮助每一个需要帮助的人。"

"编外雷锋团"薪火营教导员杜恒

传好雷锋精神接力棒

杜恒，2007年底从雷锋团退伍，现为"编外雷锋团"办公室主任，兼任邓州花洲办事处中州家园社区居委会副主任。

2000年3月5日，"编外雷锋团"团长宋清梅、政委姚德奇到杜恒所在的高中作报告，听完报告后他激情澎湃。从那一刻起，当一名像雷锋那样的解放军战士，成为杜恒最大的梦想。非常幸运的是，2002年杜恒来到了雷锋生前所在部队服役。

入伍第一天，240名新兵在雷锋塑像前庄严宣誓：我是光荣的雷锋传人，我决心学雷锋精神，走雷锋道路，创雷锋业绩。杜恒将誓言牢记在心中。

五年军旅生涯中，杜恒以雷锋为榜样，在雷锋精神的激励下，他连续5年被评为优秀士兵、优秀班长。2004年4月，杜恒主动申请参加了全军第一批赴利比里亚维和行动，被联合国授予和平勋章；2005年8月，参加抚顺"8·13"抗洪行动，在洪水中连续一天一夜守卫辽宁省高压输电塔；2007年8月，参加集团军比武，获得团队第一名；2007年，所带班被评为"先进班"。

军旅生涯使杜恒对雷锋精神的认识从幼稚走向成熟、从肤浅走向深刻，学雷锋的信念更加坚定，追求更加执着，雷锋精神已经深深扎根心中。返乡后，他和一起退伍的25名战友做的第一件事，就是申请加入邓州"编外雷锋团"。在他们心中有这样一个坚定信念：穿上军装是雷锋团的战士，脱下军装依然是雷锋精神的传人！

退伍后，杜恒面临的第一个问题就是就业。按政策规定，杜恒参加过维和、立过功，属于优先安置对象。但考虑到邓州复转军人多、安置岗位少，政府压力很大，他主动向民政部门提出放弃端"铁饭碗"的机会，选择自主择业。亲友们都说他这样做太傻，将来肯定是要后悔的。但他认为，吃苦奉献是当兵的本色，敢拼会赢是军人的天性，作为新一代复退军人，就要积极适应时代和市场经济的考验，理解组织顾大局，少给政府添麻烦。

凭着在部队练就的过硬素质和优良作风，杜恒很快在厦门一家企业找到了工作。仅用半个月时间，他就熟悉了主要工作流程，第二个月便被提拔为部门主管。2009年春节，杜恒回家探亲时，居委会主任找到他，说现在居委会服务群众的任务很重，需要一个能吃苦、会协调、有爱心的年轻人，想请他回来到居委会工作。杜恒在厦门的工作干得正好，老板对他也很器重。但一想到自己是从雷锋团走出来的兵，又是"编外雷锋团"的人，不能一到利益面前就只想着自己。于是，杜恒毅然辞去了厦门的工作，到居委会当了一名普通办事员。

到居委会后，杜恒主要负责民政和计生等方面的工作。官虽然不大，干的也都是些面对面为街坊邻居服务的"小事"。但他觉得，这些事关乎着基层群众的切身利益，如果干不好，不仅自己落埋怨，也影响党委政府的形象，必须全心全意，倾注真情。

2011年7月，国家启动了城镇居民社会养老保险试点这一项重大民生工程，邓州市从10月份开始办理有关手续，要求居委会在1周之内必须完成。杜恒所在的居委会有700多名60岁以上的老人，是全市人数最多的。接受任务后，他和同事们马上行动起来。白天，为来办手续的老人讲解政策、采集信息、端茶倒水，遇到行动不便、听力不好的，就主动上前搀扶，大声反复解释。晚上，加班加点整理资料，每天只休息四五个小时。一天下来，嗓子喊哑了，人也累得快散了架。第四天晚上，大家在核对数据时发现，辖区内王大爷的手续还没有办。一打听才知道，前几天他摔伤了腿起不了床，老伴王奶奶患白内障近乎失明，也来不了。杜恒怕耽误他们领保险，就连夜跑到王大爷家，收集有关信息。可是，办好整套手续必须本人到场采集指纹。第二天一大早，杜恒又借了一辆三轮车，拉着老两口到了居委会。当时院内围满了办手续的群众，通往办公室的楼梯上也挤满了人。杜恒一看，就一把背起王大爷，拉着王奶奶挤上了楼梯。办完手续，又把他们安全护送回家。居委会的老人称赞说："看这办事员，服务多热情，真不愧咱身边的活雷锋啊！"

2012年4月，杜恒参加了军地共同组织的"编外雷锋团"建设座谈会。"编外雷锋团"政委姚德奇焦虑地说："我们这一批雷锋老战友，现在都70多岁了，健在的也只有300多人，大都身体不好，一定要抓紧培养接班人啊。"杜恒心想，自己作为从雷锋团退伍的新战友，有责任在学雷锋活动中走在前列，有义务为"编外雷锋团"建设出一把力。经过认真考虑，他郑重向人武部和

"编外雷锋团"领导建议，以雷锋团复退战友为主体，以入过党、当过班长的同志为骨干，成立一个雷锋营，有组织地开展学雷锋活动，有意识地培养锻炼接班人。团里审定后，同意了他的建议，并把这个营正式命名为"薪火营"。2014年8月15日，薪火营正式成立。目前，在杜恒的联络下，薪火营已吸收了180名雷锋团复员战士，成为"编外雷锋团"的一支生力军。

在杜恒心中，有一个难以割舍的情结。同乡战友李涛在利比里亚执行维和任务时不幸牺牲，得知噩耗时，他悲痛万分，流着眼泪写下日记：亲爱的李涛兄弟，你为国尽忠死得光荣，我替你尽孝义不容辞，你放心地走吧！为了让李涛父母心灵有所寄托，尽快走出中年丧子的悲痛，杜恒和战友们帮他们收养了一个小孙女，取名李可心。这几年，大家一有空就去他们家探望，送些生活用品，农忙时帮助收割庄稼，农闲时陪老人说说话，给小可心讲雷锋团的故事，教她做人的道理。每年春节，大伙都要结伴去给两位老人拜年，一起吃顿团圆饭。在战友们的悉心照顾下，李涛的父母慢慢走出了悲伤，脸上的笑容渐渐多了起来。2012年9月，李涛的母亲得了急性肺炎，病情很重。杜恒得到消息后，立即租了一辆车赶了过去，把她送到邓州市结核病医院进行治疗。老人住院后，杜恒和战友们轮流值班，每天到医院护理，送饭喂药。10天后，老人重新恢复了健康，她拉住战友们的手说："我失去了李涛这一个儿子，但有他这么多好战友照顾我，我也知足了。"

2014年底，杜恒被抽调至"编外雷锋团"办公室工作。他有更多机会接触在邓州大地扎下根来学习雷锋、做雷锋传人的宋清梅团长、姚德奇政委，以及全国、全省、全市许多学雷锋先进人物。这些年逾古稀的雷锋生前战友对雷锋老班长的无比崇敬之情，对学习传承雷锋精神默默奉献半个世纪的执着情怀，无时无刻不在激励着他。

几年来，杜恒在老战友的激励、帮助下，不断学习进步，不计个人得失，兢兢业业做好"编外雷锋团"14000余人的上下协调工作，受到各级领导的肯定，连续两年被"编外雷锋团"树为学雷锋标兵，去年3月被市里表彰为学雷锋先进个人。

"我坚信，有军地各级领导的关心支持，在社会各界的共同努力下，'编外雷锋团'的旗帜一定会在我们手中高高飘扬，雷锋精神一定会在邓州大地薪火相传！"说这番话时，杜恒目光坚毅。

雷锋精神之花绚丽绽放

每一个"编外雷锋团"成员都是播撒雷锋精神的种子,在广袤的中原大地上,他们生根、发芽、开花、结果,绚丽地绽放在社会主义精神文明建设大花园里。

大力弘扬雷锋热爱党、热爱祖国、热爱社会主义的崇高理想和坚定信念。"编外雷锋团"团长宋清梅从部队转业后,被安排到邓州市文明办任副主任,他服从组织分配,在这个位置上一干就是17年。他将学习雷锋作为一辈子的事,不仅自己躬身践行,作为团长,在他的带领下,"编外雷锋团"培育了14000多颗播撒雷锋精神的种子。雷锋战友、原邓州市高集镇杨庄村党支部书记高国建,立志改变家乡的落后面貌,历尽艰辛,杨庄村一天天富了起来,高国建却积劳成疾倒下了。

大力弘扬雷锋服务人民、助人为乐的奉献精神。电力雷锋营"三八"雷锋班的女工们,爱心接力19载,是孤寡老人的好女儿,是贫困孤儿的好妈妈,是贫困学子的好大姐,当之无愧地成为全国学雷锋活动示范点。原南阳师范学院学生江雨佳,从力所能及的身边小事做起,帮助山里的老人免费拍照,发起"我陪孤寡老人过春节""给抗战老兵送爱心包裹"等公益活动,传递青春正能量。

大力弘扬雷锋干一行爱一行、专一行精一行的敬业精神。在部队赶马车的张三明从部队转业后回到地方,在腰店镇丁营村,他发展"地膜覆盖"蔬菜种植,蔬菜远销湖南、湖北等地。到自来水公司担任安装队队长,他克服人为干扰、自然条件恶劣等老大难问题,让辖区居民喝上了"放心水"。到园林处当副主任,想尽千方百计改变"一穷二白"的面貌,原先一条条光秃秃的大街被打扮得五彩缤纷。闫光德转业之后成为一名刑警,他刻苦练习擒拿本领,积极钻研侦查知识,成为犯罪分子的"克星",人民的"保护神"。

大力弘扬雷锋锐意进取、自强不息的创新精神。"编外雷锋团"吧友营利用网络平台宣传雷锋精神,弘扬社会正气。他们还把虚拟世界中的爱心和正气带到现实中来,资助贫困家庭、看望孤寡老人、救助失学儿童……"编外雷锋团"电力雷锋营创新管理模式,推行"人人是经理、个个活雷锋、处处营业厅"服务理念,当客户遇到问题时,第一时间予以解决,提供优质服务,成为国家电力公司先进典型。

　　大力弘扬雷锋艰苦奋斗、勤俭节约的创业精神。丁士浩下岗后不等不靠,挑过货郎担子,炸过爆米花。他在河滩上搭起石棉瓦棚,开荒种田,养鹅养蜂,摸索试种麦套棉,实现了一年三熟。随着市场经济的兴起,他又和家人开办起了门窗加工业务。最终,丁士浩家成了远近闻名的"小康户"。新荣冠酒业是在原邓州国有酒厂的基础上重组起来的,刚开始起步时企业面临着许多难以想象的困难:人才匮乏、设备老化、资金短缺等等。企业管理层卧薪尝胆、迎难而上,多方筹集资金、外出取经学习、推出邓州特产品牌,把企业从低谷走向辉煌。

　　"时代楷模""全国最佳志愿服务组织","编外雷锋团"的影响日益深远,越来越多的人申请加入。一加十,十加百,百加千千万。千万颗种子,千万朵花。精神文明之花在中原大地盛开,人们精神丰盈,朝着伟大复兴的中国梦奋力前行。

下 编

雷锋在邓州 邓州好人多

"不跪的中国人"

1995年3月7日下午3点零5分，珠海市吉大南山工业区瑞进电子公司六楼车间，突然传来一声女人的咆哮："全体工人，都给我跪下！"

这声咆哮，犹若晴空霹雳，震撼得每个员工心头发颤。他们面对咆哮的女老板，睁大眼睛，你看看我，我看看你，谁也不知道究竟发生了什么事。

原来，这个外企公司有个特殊的"规矩"，休息时，一律列队离开车间。一位女工，因为连续超时加班，再加上患了感冒，浑身没劲，休息时没有跟着大伙列队离开，就坐在工位上打起盹来。

工人们不知详情，心里不平：你让加班，我们就加班，你让列队休息，我们就列队休息。凭什么让我们都给你下跪呀？他们没有执行女老板的命令，全都直愣愣地站着。

女老板见工人们没有下跪，感到丢了面子，损了权威，气得脸都变了形。她顺手操起一块电视机线路板，狠狠地向那位"犯规"的女工砸去。然后又"噌噌"几步，上前抓住那位女工的领口，恶狠狠地说："你给我跪下！谁让你在这里睡觉的？"那女工惊呆了，不知如何是好。

"全部跪下，若有一个不跪，就让全车间的人，永远这样跪着工作！"女老板凶狠地对众人说。

见此情此景，那位善良的山妹子，感到"祸"是自己闯下的，连累了工友，心里十分内疚。这时，女老板气冲冲地走到她身后，一边双手用力往下按压她的双肩，一边用脚狠狠地从后面踹她的膝弯，累得软弱无力的山妹子被迫跪倒在坚硬而冰冷的水泥地板上。

这位女工跪下后，接着第二个、第三个、第四个……在场的120多名工人陆续跪下了。车间里黑压压跪了一片。

这时，只有一个工人还直挺挺地站在那里，傲骨铮铮。

"你为什么不下跪？"女老板用手指着唯一不肯下跪的人，大声质问。

"你有什么理由叫我下跪？"这声音，带着火山爆发般的怒气，在整个车间震荡。

这位不肯下跪的小伙子，就是24岁的孙天帅。他来自河南邓州市十林镇（原十林乡）农村，是老板一手提拔起来的中层管理人员。他从勤杂工、装配工一直干到技术修理人员。恰恰就在今天，已正式升任拉长之职，享受人事部长一级的待遇，工资也由开始的370元一步步升高到1300元，马上就要拿到1750元了。客观上说，女老板待他不薄。眼下，他可以给女老板一个下台的面子。

这位逼迫中国工人下跪的女老板名叫金珍仙，三十出头，韩国人。她心里也清楚，自己的行为有些过火，孙天帅没有错。但免了他吧，自己今后的面子往哪搁？免他一人，今后怎样统领这几百名员工的企业？稍稍懂点汉文化的金珍仙认为，不使霹雳手段，难显"神圣"威严。作为一名虔诚的基督教徒，此时，她手在胸前画着十字祈祷：主啊，给我力量吧，让这些中国人统统在我面前跪下吧！

人事部长看出了女老板的心思，同时也想尽快结束眼下这尴尬的场面，跪着身子，伸出手，拉拉孙天帅的裤腿，小声央求："天帅，老板对你那么好，给她一点面子吧！"

"给她面子，她为什么不给咱们面子？你是不是中国人？"孙天帅的话像一记又响又脆的耳光，不仅甩在那位人事部长的脸上，也甩在了全体工人的心上。整个车间静极了，连掉根针的声音都能听到。大伙既为孙天帅担心，更为自己的软弱羞愧。

这时，只见孙天帅挥动双臂，对跪着的工友们大声喊道："你们跪什么？大不了，不就是被炒鱿鱼吗？"

为了顾全自己的"面子"和"尊严"，女老板向孙天帅发出了最后通牒："孙天帅，你到底跪不跪？"

"我是中国人，死也不跪！"孙天帅声如洪钟，气冲斗牛。愤怒，悔恨，藐视，征服，多种情感复杂地搅和在一起，酿成火焰，烧炙着女老板的心。她绝望似的发出了歇斯底里的怒吼："不跪，给我滚蛋！"

"滚？我走人。此处不留爷，自有留爷处。"金老板的话音刚落，孙天帅一手撕掉衣服上的厂牌，一脚踢开凳子，昂着头，大步流星头也不回地离开了车间。

望着孙天帅离去的背影,女老板心里像打翻五味瓶,很不是滋味。她清楚,孙天帅是一位很有发展前途的打工仔。他刻苦勤奋,善动脑筋,技术熟练,装配、调试、维修,样样都是行家里手,是个以一当十的优秀员工,还曾向公司提出不少合理建议,简化了工作程序,提高了工作效率,给公司创造了不少的经济效益。没想到,已把他提拔到公司中层领导岗位,他却这么犟,说走就走了。让这样的人才走了,这不是自己给自己拆台吗? 她真想追下楼去,大喊三声:"孙天帅,你回来,你回来,你回来!"可刚抬起脚步,又停下来了。因为她知道,就是自己反过来给他下跪,这个中国汉子也是绝不会回来的了。

"说出去的话,泼出去的水","男儿膝下有黄金","宁可站着生,不愿跪着死","宁为玉碎,不为瓦全","敢从石头下伸腰,不为五斗米折腰",等等,对汉文化多少有些了解的韩国女老板,懂得这些中国名言谚语的内涵。然而,让她更没有想到的是,孙天帅的走,竟然引发多米诺骨牌效应。不久,许多中国员工痛定思痛,也陆续不辞而别,愤怒地离开了让他们备感耻辱的瑞进公司。

孙天帅出身于邓州农家,父亲孙致堂,退休前是一名清正廉洁的国家干部,一辈子办啥事都是杉木杆子进城门——直来直去。半辈子掌管供销社的物资出入大权,没给儿子们置下什么产业,也没给几个儿子安排个舒适的工作,只给儿子们留下了耿直、正直的家风。他从小就教诲天帅:"儿啊,人一辈子都要活得有骨气,饿死迎风站,累死不弯腰。站着像个男人,躺下是条汉子!"此次,孙天帅在外国老板的"下跪令"面前,不顾对方威严,不怕失去利益,誓死不跪,凛然而站,站出了中国人的尊严,站出了中国男子汉的风采,也为老父亲倡导的家风增添了光彩的一笔。他被迫离开公司后,住窝棚,喝凉水,流落街头,受尽磨难。但他无怨无悔。

"中国人历来有反抗外辱的铮铮硬骨。我们不能受了侮辱,就悄没声息地算了!"孙天帅联合原来一起在瑞进公司打工的三名员工,向珠海市劳动执法部门递交了申诉状,要求惩治任意践踏中国《劳动法》的外国女老板。然而,因种种原因,这起官司打得很艰难。在那些日子里,孙天帅不屈不挠,始终斗志满怀。他到狮山烈士陵园,高声吟诵叶剑英元帅写的对联"浩气贯苍穹,英魂有恨填香海;伤心悲世道,吊客何堪问佛山",为自己鼓劲。他和几位失业的工友一起登上伶仃岛，齐声朗诵文天祥《过零丁洋》为自己加油，他一定要为自己讨个说法，为中国人的尊严而抗争。

孙天帅的投诉书，引起了珠海市人民广播电台的高度重视。有关领导将此事郑重地称为"珠海'3·7'罚跪事件"。在"罚跪事件"专题讨论会上，该台台长彭大鹏一语道破事件的真正性质："瑞进公司老板罚中国120名工人集体下跪，关系到人格、法律问题，更重要的是中国人的尊严问题。我们要抓住这个事件，做一篇爱国主义教育的文章。同时给那些外国老板提个醒，中国已不是旧中国那个时代了，外国人在上海滩办企业时可以随意侮辱中国员工的时代一去不复还了。如今在中国土地上办工厂，必须遵守中国的法律！"电台记者立即写出《金老板罚120名中国工人下跪》的新闻稿件，在《市民热线》节目播出。

没想到，这则新闻好像一枚炸弹立即在珠海掀起轩然大波。珠海市的工人、农民、机关干部纷纷要求政府按法律惩治金老板。中央人民广播电台根据驻珠海记者站提供的材料，写了一份内参《中国雇工的诉说》，中央一位领导看后，作出批示："请中央办公厅调查此事，并将落实情况告我。"

最后，在当地政府、法律部门和社会各界的大力支持下，这场打工仔和外国老板的较量，终于以孙天帅等打工仔的胜利而告终，那位侵犯中国人权的金老板在法律和正义面前终于低头认错，悄悄离开了中国。

因为"罚跪事件"，孙天帅成了人们心目中的"英雄"。著名诗人王怀让奋笔疾书写出长诗《中国人，不跪的人》。随后，孙天帅被郑州大学破格录取。孙天帅现为大河报发行公司金水分公司经理。为了学习孙天帅的"不跪"精神，立志做有尊严的人，2016年1月，郑州52中将一个班级命名为"孙天帅班"。

"京城活雷锋"

2001年7月的一天晚上,在北京打工的孙天丛下班之后朝住宿地点走去。走着走着,突然听到路旁的林荫道边,传来一阵细微的呻吟声。他赶紧停下脚步,走过去一看,路边躺着一位老妇人。看来,老人是被车撞了,司机已经跑了。

"一定要救活这位可怜的老人!"孙天丛顾不得多想,赶紧拦了一辆出租车,要把老人送到附近医院抢救。

"老人身上脏兮兮的,弄脏了我的车,还得费力洗刷。"第一辆车扬长而去。"老人眼看快不行了,要是死在我的车上,说不清楚。"第二辆车的驾驶员下车看了看老人,又开车而去。

拦住第三辆车,孙天丛愿意出双倍的车费,好不容易才说通了司机,赶紧把老人送到医院抢救。挂过急诊号,他把身上所有的钱掏出来交了押金,背着老人来到急救室抢救。

"你是老人什么人?"医生问。是呀,自己是老人什么人呢?如果说不认识,又打出租车送来,又交押金,又背着来急诊室,医生也许不会相信。孙天丛便顺口说道:"我是她儿子。"

经一个多小时的全力抢救,老人呼吸开始平和了,血压也稳定了,心脏正常跳动了,总算脱离了生命危险。

"老人伤得不轻,要是再晚来半小时,神仙也没法治了,老人的这条老命就交待了。"医生说。

看着老人已经没有了生命危险,又已进入正常治疗,孙天丛押金也没要,就悄悄离去了。老人苏醒过来,能说话了。医生对她说:"不幸中的万幸,多亏你的儿子送得及时。要不,你这会儿早就听不到我说话了。"

"我儿子?"老人很惊讶。

"是呀,送你来的人,亲口说的,是你儿子哩。"

"快,快把他叫来。"

医生找了个遍，没见她"儿子"的踪影。"怪了，难道说你儿子把你放在这儿走了，不管了？不孝顺！"医生很愤慨。"不，我儿子是很孝顺的。你，你打个电话。"

医生按老人提供的电话号码，把她的儿子叫了来。儿子见老人伤成这个样子，心疼得哭出声来。

"是他送我来的吗？"

"不是。"

老人和她的儿子，以及医生，这时才恍然大悟，是一位做好事不留名的"活雷锋"把老人送来的。

一个月后，73岁的老大娘痊愈了。可一家人都还有一块心病没卸下，他们决心要找到那位不知姓名的"救命恩人"。全家一边四处打听，一边在电视上登出"寻找恩人启事"。《北京晚报》等新闻媒体也相继登出《救人的雷锋你在哪里》，还声明，谁能提供这位"活雷锋"的线索，都将得到重谢。据医院医护人员讲，这个救人不留名的人，是个青年，操河南口音。于是，这家人一边在北京的河南打工人群中找恩人，一边打电话请河南的新闻单位帮着寻恩人。

几个月后，不知是什么人通过什么渠道提供"情报"，终于把已经不在北京打工回到河南邓州老家的孙天丛"找"了出来。被救的老大娘知道后，亲自带着家人不远千里，从北京来到邓州，送来了锦旗和数目不菲的答谢酬金。

面对真诚的老人，锦旗不能不收，可酬金，虽说能顶自己打工好几年的收入，孙天丛死活也不收。他说："世上，还没几个人为钱去救人的。见到一个快不行了的老人，还不赶紧救援，见死不救，还有点做人的起码道德吗？我只做了这点本该做的事，还让你们远天远地来登门感谢，我已经很过意不去了，哪能还要你们的钱？"

争来说去，酬金就是一分没要。这时，老大娘和家人急了，来了个"突然袭击"，下跪给救命恩人孙天丛"咚咚"磕了几个响头。告别时，老大娘依然一步三回头，泪水不住流……

孙天丛的行为震惊京城，被誉为"京城活雷锋"，为中原人民争了光，用行动树立了河南人形象，追访孙天丛的记者也蜂拥而至。

"你对眼下有的人麻木不仁，见难不助、见死不救的现象怎么看？"记者问孙天丛。

"我国的市场经济还是初始阶段,价值多元化的胚胎正在形成之际,机遇、自由降临的同时,道德底线面临着严重挑战。你可以放开手脚去发家致富,但不能与自己发财无关的事就一概不管不顾了;你可以不舍己为人,但不能损人利己;你可以不是圣贤,但应认同道义人道;你可以不攀登道德的最高境界,但道德的底线不能逾越。因为道德底线是人类精神世界的最后屏障。社会变革的大剪刀,正在剪掉许多累赘的辫子,但不能剪掉中华民族千百年来的许多传统美德。这把剪刀既修剪心灵之树上的枯枝败叶,也要剪除心灵树上自私、冷漠等毛毛虫。我们坚信,中华大地的未来,既是美好的明天,又是温暖的春天!"孙天丛回答道。

"抗震救灾英雄战士"

岷江上游的都江堰，记载了李冰父子不畏艰险与洪水抗争的奋斗历史；2008年，它铭记了一位战士真情爱民累倒在抗灾一线的感人事迹。

2008年6月18日凌晨4时45分，因过度劳累引发肺血管破裂出血，济南军区驻豫某红军师炮兵指挥连战士武文斌永远地走了，年仅26岁。时任中华人民共和国中央军事委员会主席胡锦涛签署命令，授予武文斌"抗震救灾英雄战士"荣誉称号。

"舍不了自己的命，就救不了群众的命"

武文斌是邓州市张村镇人。2002年，高中毕业的他入伍来到某红军师"飞夺泸定桥"红二连。

这是一支有着优良传统的军队。该师历史悠久、战功卓越，素有"铁军"之称。

从此，红军的传统熏陶着这名年轻的战士，二十二勇士"要桥不要命"的连魂深深融入他的血液。

2005年8月，武文斌以全团第一的成绩考入解放军信息工程大学测绘学院，2007年7月他被分配到铁军师炮指连实习。地震发生时，武文斌的实习期快满了。考虑到这点，部队安排武文斌留守。"指导员，你是不是不把我当连队的兵看？对我来说，能给党分点忧，给灾区人民做点贡献，就是最好的毕业证。"就这样，武文斌争取到了参加抗震救灾的机会。

2008年5月12日，四川汶川发生里氏8.0级地震。部队到达灾区后，武文斌和战友们始终奋战在第一线。转移群众，他肩扛背驮走在前面，和战友们翻越一座座大山，把食品和饮用水及时送到受灾群众手中；搜救失事直升机，他不畏山高路险，一直在最前面探路，3次滚下山，幸运地被树木拦住；灾后安置重建，他一个人干几个人的活，清淤泥、搬石头、疏通引水渠……

"他最自豪的是他以前的老连队。"新兵徐鸿光说，"当我们都觉得扛不住的时候,他就用红军精神鼓励我们。"

5月17日,武文斌所在师接到命令,迅速组织兵力前往汶川县三江乡展开搜救和转移重伤员。具有军事地形学专长的武文斌和代理排长李孝会,被抽调到先遣队担负探路任务。

道路被毁,山体滑坡,判定方位、选择开进路线异常困难。但武文斌还是凭着过硬的专业技能,引导救援官兵以最快的速度,翻越3座2500多米的高山,第一时间把部队安全带到了指定地域。

"让我去!"浸透衣背的汗水还没晾干,得知山上的一位老人房屋倒塌、生死不明,武文斌立即找到通信营教导员王斌请战。

山路崎岖,余震不断,飞石滚落。武文斌全然不顾,带着几名战士攀山而行,一个多小时后赶到救援现场,将全身7处受伤的老人马学友成功救出。

那是一次多么艰难的前行啊!战士们如伏在旱地上的青蛙,四肢交替爬行。衣服破了,手划破了,双肘双膝磨破了。虽然他们小心翼翼,但还是几次险些跌下山崖。面对战友的担心和责怪,武文斌却十分坦然:"舍不了自己的命,就救不了群众的命。"

"老乡一天不住进板房,我就一天不休息"

武文斌出生在邓州市农村,对农民怀有朴素的感情。

在武文斌眼里,群众的事就是自己的事。进入灾区以来,武文斌从没睡过午觉,一有空儿就跑到附近的老百姓那里,清废墟、割麦子、搭帐篷。

2008年6月9日,连队奉命帮灾区群众安装板床,武文斌抢着承担了最重的拧螺丝任务。时间不长,就磨破了手套。他就干脆徒手作业,很快手上就打起了血泡。

"戴手套拧螺丝不方便,速度慢。"战友见状,给武文斌送来手套,劝他休息一会儿。武文斌却说:"不碍事,我们早一分钟把床装好,灾区群众就少受一分钟的罪。"

一天下来,武文斌拧了1400多个螺丝,螺丝刀都被拧变了形。

看着他打满血泡的双手,有的战友心疼得掉泪,可武文斌却自豪地说:"我们铁军都该有双铁手。"

据炮兵指挥连提供的资料,武文斌在抗震救灾一线的32天时间里,连队共给他安排了3天轮休，分别是5月22日、6月2日、6月16日。可他一刻也没"消停"。

"他是我们连平时最听话，但在抗震救灾中'最不听话'的兵。"连长李俊峰说，到灾区以后，武文斌总是找活干、抢活干，干完分内的事，就到处蹭活，别人拦也拦不住，被战友称为"拼命三郎"。

历史记下了他和连队战友32天创造的业绩：走遍都江堰市玉堂镇的12个村7816户人家，转移群众3638人，帮助群众搭建1000余顶（间）帐篷和简易房，组装木床1818张，卸载救灾物资54车。

历史记下了这位钢铁战士最后一日的战斗瞬间：6月17日早上8点，连队从玉堂镇向胥家镇转移战场，临行前，武文斌抽空给父亲武中林打了参加抗震救灾以来的第三个电话。

电话中，父亲听说儿子又有了新的任务，反复叮嘱他："既要完成好任务，又要注意休息，我们正在家给你忙乎结婚的事。"

武文斌对父亲说："现在咋能休息，老百姓都在焦急地等着。只要还有一个老乡没住进板房，我就一天不休息。"

这一天，武文斌好像知道自己的时间不多了，整个人像开机的马达，转个不停！

活动板材很沉，四周是锋利的金属皮，稍不留意就会割破手。第一车快卸完的时候，夜色渐暗，连长李俊峰担心天黑后官兵割伤手，决定组织党员骨干抢卸。

武文斌不是党员，他找到连长："让我上吧，我保证和党员一样快。"

对于武文斌，李俊峰没有办法拒绝，这个虽然不是党员的战士，只要组织党员突击队，他都一次不落。况且，连里开展火线入党时，他还把机会一次次让给了别人；部队组织党员交"特殊党费"时，他把身上仅有的200块钱交了上去。

21时25分，武文斌和战友们冒雨将8车50吨活动板房建材全部卸载到位。他累得瘫坐在地。

武文斌实在太累了！尽管如此，他仍念念不忘灾区群众。熄灯前洗漱，他对一起打水的班长姜春雷说："洗洗袜子泡泡脚，明天又可以好好干。"

没想到，这却成了武文斌留在人间的最后一句话。

"我们要替武班长了结入党心愿,他是一名真正的共产党员!"5月18日,武文斌牺牲的消息传到指挥连,全连官兵签名要求连队党支部发展武文斌为中共党员。集团军党委及时作出决定:追认武文斌为中国共产党党员。

"我宣誓,我志愿加入中国共产党……宣誓人:武文斌!"6月20日20时,在武文斌的灵堂内,战友抱着他的遗像,全连官兵高举右手,面向鲜红的党旗,庄严地代表武文斌齐声宣读入党誓词。

"老婆,等我抗震救灾凯旋时,一定把你风风光光娶进门"

听说武文斌要上灾区前线,2008年2月份刚和他领取了结婚证的妻子杨卫华有些放不下心。武文斌在电话里对她说:"现在灾区人民有难,铁血男儿岂能无动于衷,如果错过了这次抗震救灾机会,我会后悔一辈子。战士就应该上战场!"

杨卫华高挑的个子,俊秀的面容,和英俊的武文斌站在一起,谁都说是天生的一对。他俩恋爱5年,感情深厚,一直到今年2月,武文斌才休了一个短假,领了结婚证,两人商定在"五一"或6月武文斌毕业时举行婚礼。因为工作,一推再推。"老婆,辛苦了!等我抗震救灾凯旋时,一定把你风风光光娶进门。"丈夫透着千般柔情。

这些日子,武文斌几乎每天都要和杨卫华通个短信,报个平安。参加抗震救灾以来,两人每次联系,武文斌要说许多安慰妻子的话:"我不累。""我在这挺好。"武文斌牺牲的噩耗传来,杨卫华悲痛欲绝,前往都江堰的途中,怀里揣着丈夫的照片,泪流满面地念叨着:"文斌呀,我一直等着你回来完婚,没想到这婚礼竟成了永远的梦。"

武文斌牺牲后,战友们在清理他的遗物时,发现他口袋里仅有5元2角钱。

"这孩子太节俭了,心里总想着别人。"父亲武中林热泪盈眶,伤心不已。

武中林说,儿子当兵以来,无论是当义务兵还是后来当士官,他隔三岔五向家里寄些钱。回家时,绝少不了给村里大爷大妈孝敬。

武文斌是家里的顶梁柱,弟弟是个智障残疾人,妈妈做过胆结石穿孔手术,干不了什么重活。为了生计,已经60岁的武中林来到邓州市第二人民医院做临时工,每月挣300元钱。儿子当上士官后对父亲说:"我今后有工资了，你以后不用再操心，安心注意身体，我养活你。"

武文斌从小就想当兵。参军来到部队后，武文斌省吃俭用，一双袜子补了又补，一个牙刷能用半年，一个笔记本用完正面用反面，从不随便丢弃，从不乱花一分钱。

"他热爱生活，懂得体贴人，哪怕遇见小孩子过马路，他总是习惯地伸开手护着，生怕他们摔一跤。这次，他是为灾区人民献身的，我为有这样的丈夫感到骄傲！"杨卫华抽泣着，努力地不哭出声来，"我要留下来，当个志愿者。"

武文斌走了，他同时带走了妻子6月17日22时00分53秒发来的短信——这是一段绵绵的情话："老公，你受苦了，等你回去，我去看你，请你吃好吃的，吃你爱吃的，给你按摩，让你舒舒服服！你困吗，要是困了，你就先睡吧。"

武文斌睡着了，头冲着青城山。他的心与灾区人民紧紧相连，他的爱洒在了身下这片土地！

2008年6月24日，武文斌烈士遗体在四川都江堰市火化，2万多名当地群众自发赶到都江堰市殡仪馆为烈士送行。7月21日，10万邓州市民不顾细雨打湿衣服，胸佩白花，迎接英雄回家。武文斌的骨灰安葬在邓州市烈士陵园。

武文斌当选为"2008年度感动中国十大人物"，颁奖词这样写道："山崩地裂之时，绿色的迷彩撑起了生命的希望，他树起了旗帜，自己却悄然倒下，在那灾难的黑色背景下，他26岁的青春，是最亮的那束光。"为了纪念武文斌，2008年11月18日，"文斌小学"在武文斌生前曾就读过的邓州市张村镇原程营小学揭牌。

传递"义乌温度"

丁玉平,人称"老丁",今年68岁,邓州市人,2000年底到浙江义乌打工。他看到很多外地打工者的艰辛和无助,就自学法律知识替他们维权。从2009年开始,丁玉平还做起公益事业,筹集旧衣服送往贫困山区。他先后获得"义乌好人"、"感动商城"新义乌人等荣誉称号。

"关心帮助弱势群体,关心贫穷山区人,让社会更加和谐,我乐意为此努力。"丁玉平说。

"维权斗士"

2014年9月2日中午,正在吃饭的丁玉平接到一个陌生人的电话,随即放下手中的碗,骑上电动车就出门了。

打电话的是一个在义乌打工的贵州女子。她告诉老丁,自己在一家工厂打工时手指受伤,厂方不但不赔偿,反而把她开除了,听工友说老丁爱助人维权,就向他求助。

丁玉平热心为之奔走。随后,义乌市后宅街道办事处人力资源和社会保障所介入此事,事情得以圆满解决。

这件事是18年来丁玉平帮助外来打工者调解劳务纠纷的一个缩影。

2000年底,丁玉平随妻子一起到义乌打工。他在何麻车社区综合市场开了一个小商店,妻子在附近一家工厂上班。

在此期间,丁玉平了解到,一些打工者常常受到黑心老板欺压,甚至连工资都要不回来。有些打工者受了委屈就到丁玉平的小店诉说,他听后气愤不已,就萌生了替大家维权的想法。于是,他就在自己的商店办了一个"法律咨询站"。商店里贴满了宣传标语,外面也摆放了很多法律宣传展板。买书籍、做展板就花去了老丁几千元钱。

"我天生就爱管闲事,爱打抱不平。"丁玉平说,在邓州老家时,他就见不得不平的事情,乐意给乡亲们调解纠纷。

2005年上半年,一个在义乌务工的南阳小伙子因为家里有急事要请假,厂方不同意。待他从家里回来后,厂方以旷工名义不肯支付工资。小伙子一筹莫展,就慕名找到了丁玉平。

"他年纪不大,连饭都吃不上了。我能不帮吗?"丁玉平说,那个小伙子在义乌的一个农村工厂打工,工厂离市区很远。老丁就自掏腰包坐车去了那里,先找当地的劳动监察大队和工会组织,但没有结果;后来又带着法律书籍去找老板。经过沟通,老板最后被老丁说服,给小伙子付了工资。小伙子很感动,从工资里拿出300块钱给丁玉平,他婉言谢绝。

记者在丁玉平租住的小屋里看到,十几平方米的房间挂满了锦旗。他说,每次维权成功,受到帮助的打工者都会给他送来锦旗,称他为"民工守护神""弱势贴心人"。

据统计,十几年来,丁玉平至少为800名打工者提供了维权帮助。当地媒体获悉丁玉平的事迹后纷纷报道,称赞他是外来务工者的"维权斗士"。

"义乌温度"

2014年9月2日下午,记者在何麻车社区综合市场看到,一个大铁皮柜放在路旁,上面写着号召大家爱心捐衣的标语。

"这是我最近几年搞的一个活动:募集市民的旧衣服,然后将衣服送给贫困山区的群众。"丁玉平告诉记者,活动从2009年开始,多年来,他一直坚持做这件事。

活动缘于一件偶然发生的小事。

2009年冬天的一个深夜,丁玉平在租住房门口看到,一个流浪汉在垃圾堆里翻找东西,他穿得很单薄,浑身发抖。丁玉平回到房内,拿出了一件旧衣服给他穿。流浪汉穿上衣服后,一个劲地表示感谢。在那一瞬间,丁玉平突然想到:现在义乌的经济发展很快,市民都比较富裕,可以想办法发动他们捐出旧衣服,再把旧衣服送给有需要的困难人群。

说干就干,老丁立即动手做了一个小货柜,安放在自己的流动宣传三轮车上,并写了很多爱心标语。他骑着这辆车,在义乌城区收集旧衣服,把收集来的旧衣服清洗、消毒后,放在社区的综合市场上,让民工免费挑选拿走。

几个月后,丁玉平募集旧衣服的事已四处传开,很多市民都主动把旧衣服送到他那里。当地几家媒体获悉了他的事迹后，纷纷进行报道，并称其为"义乌好人"。

《义乌商报》还联手丁玉平，举办了一场名为传递"义乌温度"的收捐旧衣爱心活动，号召大家把闲置的衣物捐出来，送给贫困地区的人们。

2010年春天，丁玉平从电视上看到西南山区的一些群众连过冬的棉衣都没有，有些人甚至被冻伤、冻病。他决定将收集来的旧衣服送到那里。

在媒体的报道下，更多的义乌人知道了丁玉平和他的"义乌温度"活动，纷纷将家里的旧衣服收集起来送到他这里，甚至还有福建、广东的好心人将旧衣服打包寄给他。

短短一段时间，丁玉平就收集到了4000多件旧衣服。2010年4月，他带着首批80包旧衣服，与儿子踏上前往云南省云县涌宝镇忙亥村的路。经过3天奔波，将这些旧衣服分发给了忙亥村的村民。

随后，丁玉平又将一批批旧衣服送到了云南、贵州、四川等地贫困山区的群众手中。

据统计，"义乌温度"活动自开展以来，已累计送出衣物100余万件，让远在千里之外的人们感受到了来自义乌的温暖。

"感动商城"

在爱心传递中，丁玉平的善行也激发了更多人参与"义乌温度"活动，他们不仅捐衣捐物，甚至捐款筹集运费。

民泰银行义乌分行副主任王龙给丁玉平送来100箱衣物的同时，还送来了5000多元运费。王龙说，他所在的银行设立了爱心衣物回收箱，发动员工和鼓励爱心人士募捐旧衣物，还号召员工为衣物募集运费。

"有人直接把衣服送到这儿，很多人打电话，让我心里很温暖。"老丁说，有一次，一个约50岁的男子不仅给他送了七八十件衣服，还塞给他200元钱，说是这些衣服的运费，却怎么也不肯留下名字。负责为丁玉平托运货物的物流公司老板知道"义乌温度"活动后，只收取了运输成本费。有人则自发募集旧衣服给丁玉平送过来，还参与衣服的分类、清洗、打包等工作。

"我的行为感动了别人，义乌人对这个活动的支持也感动了我。"丁玉平说。

老丁从手机里找出一条短信："朱华仙4月11日12时30分转账到您的卡1500元。"他说，之前，有一位不愿意透露姓名的人打来电话说，她想汇来1000元作为"爱心运费"，另外再汇500元给他买点东西补补身体。

2012年9月，义乌团市委、义乌市创建办、义乌市慈善总会等单位联合推出了"评选义乌十大好人"活动，丁玉平高票当选。

2013年1月，丁玉平又被评为首届"感动商城"新义乌人。

"河南好人"

"丁玉平不仅为咱河南人争得了荣誉，也为外来务工人员赢得了尊重。"2014年9月3日，共青团河南省委驻浙江工作委员会义乌工委书记蒋豫告诉记者，在义乌市，很多人都知道有一个"河南好人"丁玉平。从替民工义务维权到募集旧衣服捐给偏远山区，他的行为体现了一个外来务工者的正义和善良，传递了正能量。

蒋豫说，目前约有20万河南人在义乌工作和生活，因为丁玉平的善举，让在义乌的河南人受到了尊重。

丁玉平为大家热心做公益，却往往忘记自己的小家。他大部分时间都在从事公益活动，家里的收入来源几乎全靠妻子微薄的工资。

"我不是一个有钱人，但见不得别人苦。"丁玉平说，再苦再难也要把这项公益事业坚持下去。

主办单位在授予丁玉平"义乌十大好人"证书时，这样评价他：善行无分大小，感动也不一定需要泪流满面。

丁玉平，就这样在传递"义乌温度"的爱心路上一直前行。

烈 火 英 雄

邓帅，邓州市人，生于1991年8月，2008年12月入伍。店铺大火肆虐，上百围观群众束手无策，他奋力踹开卷闸门勇闯火海；两个易爆气罐随时可能爆炸，他毅然从熊熊烈焰中果断关闭气阀抢出；浓烟弥漫三层楼房，他科学组织，成功扑灭大火；群众翘首等待英雄出现，他已悄然离开现场……

2013年大年初一下午1时左右，人们正沉浸在节日的欢乐中。邓州市振坤路一家钛镁合金批发店突发大火。店主郑显革全家回乡下过年，楼房卷闸门紧锁。"楼里有两个大气罐，要是发生爆炸，我们这儿就全完了！"听着知情邻居的介绍，围观群众焦急万分。

探亲休假的北京卫戍区某班班长邓帅正好乘自家车路过。他跳下车，连车门也没关就冲了过去，一边拨打"119"报警，一边疏散群众。火势越来越大，情况万分危急。邓帅让邻居找来铁锤砸开门把手，使出浑身力气，连踹三脚，终于打开卷闸门。这时，三楼的玻璃窗烧得噼啪作响，塑料燃烧后产生的有毒气体刺鼻难闻。火势迅速向二楼蔓延，晚救一分钟就多一分险情。"危险！别进去，小心气罐爆炸！"邓帅不顾群众劝阻，用衣袖捂住口鼻，冲进楼内，关掉电闸。滚滚浓烟中，他摸索着找到二楼厨房已经发烫的液化气罐，全力砸开固定装置，扛起来就往楼外跑。来不及喘口气，他再次冲进一楼，抱出氧气罐，人已熏得像块黑炭。

看见爆炸隐患排除，几名胆大的群众拎起水桶、端起脸盆，跟着邓帅冲进楼内。邓帅沉着镇定，组织大家取水救火。半个小时后，大火被扑灭，无一人受伤。回过神来的群众相互打听救火英雄姓名，邓帅已悄悄乘车离开。3天后，媒体记者根据群众提供的线索，知道了英雄乘坐汽车的牌号，从车管所查到邓帅的家庭住址。

邓帅火海排险毫发无损的英雄壮举经过30多家军地新闻媒体报道后，迅速传为佳话。

邓帅是北京卫戍区继"舍己救人模范警卫战士"周波、"最美警卫战士"

高铁成之后，涌现的又一位英雄人物，荣立一等功。北京卫戍区党委作出了向邓帅学习的决定，并把他的英雄事迹作为"坚定信念、铸牢军魂"主题教育活动和"警卫战士忠于党"系统教育的鲜活教材。

邓帅的英雄壮举在家乡也产生了强烈反响，邓州市委、市政府联合授予邓帅"学雷锋先进个人"荣誉称号；邓州市"编外雷锋团"破例吸收邓帅全家人为成员；家乡街道办事处、居委会分别向邓帅和所在部队赠送锦旗。事主郑显革热泪盈眶地说："我信佛，现在才真正感到，解放军就是我心中的'佛'。"

邓帅在部队里刻苦训练，不仅会操作连队编制内的所有武器，还掌握了近十种装备操作技能。一位将军听了他的事迹，感慨地说："有邓帅这样的士兵，人民军队战无不胜。"邓帅不仅自己做得好，还要求班里战士这样做。在邓帅的感召下，"红三班"战士自觉把军人的大爱情怀，转化为精武强能、岗位建功的精神动力，积极融入训练学习、日常生活的点点滴滴。邓帅当班长以来，"红三班"连续两年荣立集体三等功，4人被评为"优秀士兵"，3人光荣地加入了党组织。

邓帅2013年3月入党，2014年被保送进入陆军军官学校步兵指挥专业学习。毕业后，他又回到了原部队，现任解放军某部副连长。

"最美路人"温暖全城

"太感动了,让我重新相信世界的美好。感谢美女小护士。""为好人点赞!"……2015年12月24日,当得知前天在车祸现场紧急抢救老人的年轻姑娘是一名护士后,邓州网友纷纷点赞。

"刚才在团结路穰城路红绿灯这里发生一起交通事故。"12月22日13时39分,邓州网友在贴吧发帖,上传了一组照片:车祸现场,受伤老人头下面流了一大摊血,一名身穿米白色毛领衣服的年轻姑娘正忙着对伤者进行救治。

"就这个姑娘一直按着伤者的头部,开始以为是亲属,最后才知道是路人……天冷人心不冷!"发帖人感叹。

这条消息迅速占据了邓州市各网站重要位置。很快,有人认出了救人的年轻姑娘是邓州市人民医院护士张楠。

12月22日下午,正在歇班的张楠和朋友高爽在位于穰城路与团结路交叉口附近的售楼部,突然听到外面马路上传来"嘭"的一声,探头一看是一辆三轮车将一名老人撞倒了。

张楠当时想都没想就出去了。到现场一看,只见一名70多岁的老人躺倒在地上,流了很多血。她上前扒开老人的衣物,发现老人的耳朵内正在大量出血。于是,她向周围围观的群众要了卫生纸进行引流,防止血液倒流引起感染,并捂住老人的两只耳朵止血。

一名路人表示将用自己的私家车送老人去医院,一名市民拿出手机让她当手电筒使用查看伤者瞳孔。救护车过来后,众人帮着急救人员将老人抬上救护车。张楠悄然离去。

高爽介绍说,张楠上学时就乐于帮助别人。这次她刚买的羽绒服沾了很多血,她根本就不在意。张楠是邓州市古城街道人,出生于1992年,2014年从郑州澍青医学高等专科学校护理专业毕业后,回到邓州成了一名护士,工作兢兢业业,做事认真负责。

在邓州市人民医院内分泌科护士长张谢芳的印象中,张楠比较有爱心,视病人如亲人，有些病人脾气不好，她想尽办法进行安慰。同事谁需要帮助了，她会主动替班。她能够在外边主动抢救车祸受伤患者，这是意料之中的事情。

"终于见到你了，谢谢你救了我父亲。"12月23日下午4时许，被救老人吴玉良的老伴张广芝和女儿吴文平来到张楠所在的科室，紧紧握着张楠的手泪流满面，连声说"谢谢"！。

事发那天是冬至，吴文平的父亲吃完午饭后骑着电动车到东关要找朋友下象棋。得知父亲被撞的消息赶到医院，获悉陌生女孩救助父亲的事情后，吴文平一直想找到恩人说声"谢谢"。

"老人现在怎么样了，伤情稳定吗？"张楠迫切地问道。当她了解到老人已经从重症监护室转到普通病房，张楠流下了激动的泪水。

"老人右侧额颞叶脑挫裂伤，脑内血肿，右侧枕顶硬膜外血肿，颅顶骨折，头皮外伤，出血量比较大。张楠的现场急救非常及时，为后期治疗争取了时间。"邓州市人民医院医生卢博介绍说。

"很平常的事，觉得就是自己应该做的。"张楠平静地说，"自己最大的愿望就是帮助病人减轻痛苦。每当过去的病号亲切地拉着自己的手说活，心里可舒服了。"

爱心点亮村庄

"路灯安装之后,晚上亮堂堂的,大家出来散散步、跳跳舞,可方便了。""晚上村里看着跟个小城市一样。"在邓州市白牛镇扇刘村,谈起村里退伍军人刘晓安装路灯带来的好处,村民袁玉芝、张道雷等人赞不绝口。

扇刘村由7个自然村组成,村民400多户共2100多人。由于经济落后,加上居住分散,大部分村民一直过着晚上出门黑灯瞎火的生活。乡亲们非常盼望能够安上路灯,晚上能够像城里人一样出去运动。

刘晓出生于1986年,2003年12月入伍,2015年12月从某集团军某干休所退伍返乡。在部队时,刘晓多次立功受奖。拿到32万元复员费后,刘晓首先想到的是老家村里的照明问题。

刘晓打算把复员费全部捐出来给村里安装路灯。当他说出这个想法后,在家务农的父亲刘崇庆和母亲辛荣桂一开始并不支持。在他们看来,32万元并不是一个小数目,家里需要钱的地方还很多:30年前盖的砖瓦房漏雨翻修,需要钱;刘晓的弟弟去年刚大学毕业参加工作,没有结婚,也需要钱;刘晓复员之后重新创业,两个小孩还在上幼儿园,还是需要钱。

不过,母亲的想法慢慢转变了。"孩子一心想为村里做点好事,让村里有'不落的太阳',慢慢儿地也就理解了。"辛荣桂笑着说,"听着乡亲们的夸赞,心里怪美的。"

"我从小跟奶奶在一起生活,受奶奶的影响比较大。"刘晓说。刘晓的奶奶张金翠没有结婚之前便入了党,婚后在村里卫生所里任所长,主要职责是接生。"当时村里路都比较差,没有自行车,主要是步行,不管白天黑夜、下雨下雪,只要有人家喊着去接生,就随叫随到。"村民许光辉感慨不已,"真是一个热心肠人!"

除了奶奶之外,刘晓还受到雷锋精神的影响。刘晓说,2013年6月5日,在烟台警备区礼堂里,他亲耳聆听了解放军报社原副总编辑陶克作的报告《雷锋,永远的榜样》,心里非常感动。报告中提到的邓州市"编外雷锋团"的事迹，给刘晓留下了深刻的印象，因为"编外雷锋团"就在他的家乡。

刘晓决心用实际行动践行雷锋精神。他从部队退伍回乡的第二天，就找到"编外雷锋团"团长宋清梅，主动申请入"团"。

为了给村里安装路灯，2015年6月份回乡探亲的时候，刘晓便开始实地考察，了解哪里需要安装路灯、需要多少盏等等，并联系路灯生产厂家。经测算，村里5公里主干道路，每50米一盏，需要路灯102盏。当年12月份复员之后，刘晓立即联系厂家开始安装路灯。2016年1月8日，路灯全部安装完毕。过年那几天，扇刘村可热闹了，路灯下健身的、聊天的，随处可见。

在刘晓的带动下，扇刘村在外打工的村民许爱东决定每年拿出1万元，资助两名贫困学生，如果这两个孩子能考上大学，则一直资助到大学毕业。村民闫永正义务用水泥对路灯基座进行加固，还准备将村头的小桥进行加宽。村民许思来准备将闫庄和下雨庙两个自然村之间的500米土路修成水泥路。附近村里在外打工的人纷纷回馈家乡，竹北和土楼两个村里也装起了路灯。扇刘小学还将刘晓的事迹介绍给同学们，希望他们将来有能力之后，也能够回报家乡、回报社会。

刘晓离开老家几乎身无分文，但却拒绝20多家企业的高薪聘请，选择回到第二故乡烟台创业，从一个小小军品店做起，创办烟台军星特种装备有限公司，公司一步步发展成为年销售额4000万元、上缴税收100多万元的现代化企业。刘晓现为烟台军星特种装备有限公司董事长。

致富不忘国防建设，刘晓主动参加部队采购招标109场，为部队制作野战单兵携行具5000套，宁愿自己公司亏损也不让军品质量打折。

成功不忘战友，刘晓累计拿出70余万元，先后帮助120余名退伍军人渡过创业难关和成功就业。他成立挂牌服务的军星拥军服务中心，创办烟台军星拥军网，组建志愿者业余拥军艺术团，搭建私营企业军地鹊桥会，创造烟台双拥"4项第一"。

2016年9月，刘晓受邀到驻军某旅作专场事迹报告会，激发了400名也即将退伍的老兵"真本事立身、高素质报国"的热情。

兄弟三个"兵",个个是"雷锋"

2019年2月18日上午8点,丁富强准时出现在邓州市市直机关党工委办公室内,开始一天的工作。2016退休后被单位返聘,但他一点儿也没有放松自己。丁富强和两个弟弟都当过兵,转业后回到地方工作,像雷锋那样做人做事,是大家心目中的"雷锋"。

丁富强1976年入伍,1979年参加对越自卫还击战,荣立战功。1985年,他转业回到到邓州市,在市直机关党工委任办公室主任。期间,他有不少机会可以调入福利待遇好的单位。但他认为,既然组织上安排自己在这个岗位上,就要干好这一行。他积极钻研党建理论,针对新形势下党建工作遇到的新情况、新问题,积极探索、钻研,写出了一批有见地的理论性文章。他还主动向领导建言献策,使该市率先在非公有制企业中建立了党支部,在流动党员集中的城市建立了域外党支部。

丁富强还是大家公认的热心肠。同事李有富至今难忘1996年12月3日发生的事。当天,他的叔叔白天从乡下来看病,晚上留宿他家时突然病故了。严冬的深夜,各种生意早已打烊,李有富求助无门。丁富强听说后,毫不犹豫地陪他上街寻找出租车。一听说是深夜拉死人,没有一个车主愿意干。无奈之下,丁富强找到了当司机的亲戚,让亲戚将死者送回乡下老家。折腾了一晚上,李有富一家万分感动,拿钱要酬谢,被他婉言谢绝了。

丁富强的二弟丁富星,1981年入伍。1992年11月份的一天下午,在解放军总后勤部襄阳第二后方基地司机训练大队工作的他,从山西晋城执行完运输任务返回营区。当车辆行驶至襄州区黄集镇太山庙附近时,一辆中巴车因车速过快,会车时处理不当,侧翻路边,河南省沈丘县农机铸造厂采购员李炳文右肩胛骨骨折。看到伤员躺在那里痛苦地呻吟,他想到自己是军人,不能袖手旁观。于是,他果断地将伤员送往距离最近的邓州市。深夜12点左右,他将伤者送到邓州市康复医院,向值班医生说明了情况。值班医生听后很是感动,决定暂不交押金,先住院。他将伤员安顿好,根据信息给李炳文所在的单位发了一封电报说明情况。做完这些返回部队，已是第二天黎明时分。"危难见真情，军民一家亲"，第二年3月份，李炳文康复后，和厂长、书记一起到他所在的部队当面致谢，并送上锦旗。

1995年，丁富星从部队转业后被安置在邓州市第二化肥厂工作。在企业改制中，该厂破产，他和妻子双双下岗。但两口子不气馁，不埋怨，先后到多家小厂打工，还担任过清洁工进行养家糊口。在打工过程中，他先后三次从水中救人，拾金不昧，受到工友们好评。

丁自力是丁富强的三弟，1987年入伍，在部队先后两次荣立三等功，15次受嘉奖。2000年，他转业到该市结核病医院当门卫，面对理想与现实的落差，没有怨天尤人。在尽职尽责干好本职工作的同时，他潜心新闻写作，先后在《人民日报》《河南日报》等报刊发表了200多篇文章。2005年，他被调到邓州市卫生局办公室工作，干一行、爱一行、钻一行，很快成为业务骨干。同时，他继续加班加点写新闻，宣传卫生系统的好人好事、亮点工作。2014年，他的作品集《一滴阳光》出版。业余时间，他还发挥自己的维修技能，为他人热心服务。

2016年，丁自力被任命为白牛镇卫生院院长。上任后，他狠抓医德医风建设，使该院很快迈入先进单位行列。正当他干得得心应手时，市里加强中医药工作，一纸调令，他又到了市中医药管理局副局长的位置上。两年来，他和局长国医大师唐祖宣一起，在各级的帮助支持下，投资1.79亿元，将市中医院整体搬迁，医院床位由原来的200张增长到1200张。建设"仲景国医堂"，创建"中医特色服务机构"，组织中医"名师带徒"活动，建成全国中医药文化宣传教育基地——张仲景展馆，邓州市的中医药工作受到社会各界好评。

丁富强兄弟三人还在所住小区义务担任清洁工，常年担任义务治安员，护送小区的中小学生上早学……他们多次被上级部门表彰为"学雷锋标兵"。

仲景故里"活雷锋"

在邓州市穰东镇，有一位年近八旬、白发苍苍、精神矍铄的老人，经常骑着一辆电动三轮车，车上插着一面写有"学习雷锋好榜样"7个大字的鲜艳红旗，深入全镇30多所中小学校，配合学校关工委和团队组织，开展丰富多彩的思想教育活动。这位老人名叫王恒彦，是一位老退伍军人，被人们誉为仲景故里"活雷锋"。

邓州市穰东镇是"医圣"张仲景故里，王恒彦就是在这方孕育了一代名医的热土上出生长大的。1958年，王恒彦初中毕业后参军入伍。1964年，他在执行一次特殊任务时因公负伤，左胳膊落下终身残疾。负伤后，为了不给部队增加麻烦，他毅然决然地向领导提出提前退伍申请，回到了生他养他的家乡。

王恒彦终身未娶，但他"儿孙"满堂。他先后收养了14名或智障，或遭父母遗弃，或父母被判刑无人照料的孩子。到目前，他收养的孩子，有的已成家立业，有的在外打工，眼下还有3个孩子在校读书。每逢节假日，他的孩子们都会带着礼品回来看望他，让这位可敬的老人尽享天伦之乐。

王恒彦每月都有1000多元的伤残军人生活补贴，这些钱数量虽不算大，但要是全用在自己身上应该是绰绰有余的。但是每月到头，他的钱都所剩无几。这是因为他在用爱心资助着十多个家庭特困的孩子，尽着"代理爸爸"的义务。据王恒彦所在村的村民讲，自王恒彦退伍之后，全村受过他资助的孩子足有100多名，至于总共奉献出去多少钱，连王恒彦自己也说不清了。

王恒彦在部队是汽车兵，开车技术十分精湛。自退伍以后，他自备电动三轮车，在刮风下雨天气义务接送本村学生上学放学，确保了学生的安全。据村民们讲，几十年来，王恒彦为接送学生，用坏的电动三轮车有十多辆。

王恒彦经常给孩子们讲雷锋故事。退伍几十年来，他每年都要多次深入中小学校举办学雷锋讲座，并把他自费购买的《雷锋日记》《雷锋故事》《他们从雷锋身边走来》等书籍赠送给学校评选出来的"学雷锋标兵"和"雷锋式好少年"。

现在，王恒彦精力和体力已大不如前，但他仍念念不忘关心下一代工作。自己干不了的事，他只要想到了，就会千方百计请人帮他办。前不久，他得知村办幼儿园的凳子需要更新，就马上聘请几个木工师傅，把自己院子里的大树锯倒做成小木凳，然后骑着三轮车送到幼儿园。

2018年国庆节前夕，王恒彦从一位朋友口中得知，邓州城区三小要召开第三届校园小作家表彰会。得到消息后，他立即进行精心准备，给授予"优秀校园小作家"的5名小学生，分别购买了书包、笔、本、文具包、字典、励志图书等物品，每份礼品价值150余元。活动当天，王恒彦驾驶三轮，带着礼品赶到城区，并亲手将礼品发放到获奖孩子手中。

"爱心粥铺"集结爱心

"我自愿加入志愿组织……帮助孺弱，不计名利，成就他人，不求回报。"2014年9月8日，中秋节，在邓州市车站社区"爱心粥铺"前，志愿者和所有就餐人员一起庄严宣誓，以此来庆祝"爱心粥铺"开业一周年。

提起"爱心粥铺"，一直在此就餐的60岁环卫女工王小女满是感激："每天3点多起来，干的活多，饭量大，这里管吃饱，不管刮风下雨，每天准时开饭。"

在"爱心粥铺"附近居住的68岁老人刘海庭坐着轮椅，每天早晨也准时过来就餐。他已经中风25年了，老伴瘫痪在床。"自己做不了饭，需要孩子们送饭。到食堂里去吃饭，小桌子小凳子，吃着很不方便。来这里之后，给娃们减轻了负担，不影响他们工作。"

开饭了，环卫工、残疾人、留守老人等坐在桌前等候。为了避免拥挤烫伤，志愿者们把饭端到他们跟前。这天过节，做的是邓州风味胡辣汤，大家吃得津津有味。当天在这里就餐的有100人左右。

这个"爱心粥铺"的创办人是杨改勤、李春晓、周乐忠、李云红等十几名普通的邓州市民。2013年中秋，"爱心粥铺"开始营业，为环卫工、残疾人、流浪者、留守老人和儿童等弱势群体提供免费早餐。为了让大家吃得可口，八宝粥、红薯稀饭、小米稀饭，每天更换花样，各类时令蔬菜，轮番端上餐桌。

志愿者石银玲每天早晨3点起床，煮稀饭、炒菜、馏馍。23岁的周家梁，每天早晨4点起床帮着石银玲一起忙活。志愿者栗春风平时开三轮车，不仅做义工，而且多次捐钱。志愿者王斌捐面、捐钱，还在节假日带着妻子、孩子一起来做义工。邓州市多家爱心企业送来了米面、矿泉水等物品。社会各界爱心人士自发地捐款捐物……

邓州市慈善总会、邓州市总工会先后对"爱心粥铺"进行了慰问、捐助。邓州市文明办在"爱心粥铺"设立了志愿服务站，每天有20多名志愿者在这里进行志愿服务。

在"爱心粥铺"志愿者手中,爱心在不断传递,爱的正能量越聚越多。目前,"爱心粥铺"在城乡已经有了7家"连锁店"。他们积极救助"三贫一残"人员,为高考考生提供"免费午餐",《人民日报》《光明日报》《中国青年报》《河南日报》等中央、省级媒体对他们的事迹进行了报道。

邓州救援队

暴风雨中汽车抛锚，湍急的水流中小孩溺水，余震不断的灾区紧急抢险……哪里有需要，哪里就可以看到他们忙碌的身影。他们就是邓州救援队。

2018年6月26号下午1点40分，邓州救援队随同市公安局去文渠镇进行防溺水宣传。返程至S249老收费站处，遇到大货车发生惨烈车祸，车头严重变形，车内两人生命垂危。邓州救援队立即下车施救，会同赶来的消防人员，2点10分他们成功将车内两人救出。

2017年8月8日21时19分，四川阿坝藏族羌族自治州九寨沟县发生了7.0级地震。获悉消息后，邓州救援队迅速行动，奔赴地震灾区展开救援，高质量完成了救援工作。8月16日上午，四川省委书记王东明拉着邓州救援队队长王旭东的手，对参加九寨沟地震救援的邓州救援队表示亲切慰问。王旭东等人还曾参与2014年8月云南鲁甸地震救灾工作，成功救出一名孕妇，央视作了报道。

2017年7月14日，邓州救援队成员像往常一样进行每周集训。17时30分，邓州救援队突然接到警情通报：位于淅川县境内宋岗码头处有一小孩落水！警情就是命令！邓州救援队马上结束集训，开始了紧张有序的准备工作：绳索上钩，捞仔钩上车，车辆出库……值班队长王旭东担任此次指挥，张岩、王坤、赵龙、崔生阳、高旭带齐装备，第一梯队迅速出发赶赴失事地点。

车辆行进途中，邓州救援队始终与事发地人员保持紧密联系，现场情况不断传来。救援计划初步制定：情况复杂，水域深浅不明，第二梯队马上准备，待命。

18时40分，邓州救援队到达失事现场，立即展开搜救工作。第一波水下绳钩搜索，加长搜索距离，第二波扩大搜救范围。天色逐渐变暗，据气象局报传可能有雨，会增加搜救难度！王旭东当即决定第二梯队迅速赶赴事发地，加大加快搜索力度！第二梯队带上水下成像设备、水下声呐探测装置，火速从邓州出发。21点15分，第二梯队到达现场。丁杰、辛东换下第一梯队开始水下可视搜救，水下声呐同步进行。22点45分，历经4个多小时不间断搜索，终于将失事人员尸体打捞上岸。此次行动得到了当地群众和政府的高度评价。

2016年4月13日中午12时20分左右，邓州救援队负责人王旭东刚刚走到办公楼下，无意间抬头看到东边一栋高楼冒着浓烟。经过仔细辨认之后，他确定是邓州市中心医院大楼起火。

王旭东第一反应便是事关重大，在医院里看病的很多人是老弱病残，必须第一时间进行救援。他立即走上二楼，叫上梁磊、王坤等人，带着毛巾、口罩，立即向中心医院进发。3分钟后，王旭东等人赶到了现场，只见住院大楼东侧外墙6层到10层之间正在着火，火势还在不断向上蔓延。

与此同时，邓州市政府、公安、消防、安检、卫计委、中心医院等部门立即启动应急预案，展开救援。王旭东迅速查看医院科室分布图和安全通道位置，决定将自己带来的6个人分成3个组，一组王坤、田童、赵龙往21楼走，找最需要帮助的人进行救助；二组自己和梁雷、田鑫到产房去，救助孕妇；三组王彦芳配合转运。

在安排自己所带人员进行救助的同时，王旭东还不断提醒医院职工，救助的时候要走西边安全通道，不要乘坐电梯。在六楼产房内，在公安民警的配合下，王旭东等人迅速将一名叶姓孕妇转运到了医院广场西侧树荫下。在医院3楼，他们还将一名行动不便的老大爷搀扶下楼。

在该医院18楼，王坤等人将一名老大爷背下了楼。

12时38分，火势被扑灭，病人有序进行转移。13时8分左右，在大家的共同努力下，病人全部转移到安全地带。此次火灾无一人伤亡。在经过拉网式排查，确认安全后，17时10分，病人全部回到病房，医院秩序恢复正常。

邓州救援队2014年开始自发救援，2017年7月7日，经共青团邓州市委批准，在市民政局正式注册，逐步发展成为一支专业化救援队伍。救援队成员来自全市专业无线电爱好者、应急志愿者、退役军人、运动员和户外探险者。救援队以道路车辆救援、水上救援、突发性救援以及生活中所发生的各种意外事件进行力所能及的救援。现有正式成员52人，预备队员26人，其中民政部应急救援员培训师2人、民政部职业应急救援员6人、中国扶贫基金会应急救援教官2人、民用无人机驾驶员4人、医疗救护员4人、医师2人、特种行业操作员8人。

在团邓州市委的指导下，邓州救援队相继开展了"安全教育进校园""预防未成年人溺亡"等系列宣教活动，还经常协同市公安局等多个单位到乡镇进行公益性的防溺水宣传，义务宣讲40余次，受益人群1万余人。开展各种救援700余人（次），深受社会各界的好评。

"我为人人，人人为我。不断提高队伍素质，增强救援能力，完善管理制度，为保障人民的生命财产安全做出更大贡献。"王旭东说。

浪漫和公益一起飞

"一枝玫瑰，两份爱心"，"天下有情人携手献爱心"，"关注贫困少年，让爱的花朵绽放在这个美好的人间"。2014年8月2日，中国传统的七夕节，在邓州市新华路一餐厅门前，一块粉红底色的宣传版面格外醒目。

下午4点，冒着酷暑，身穿红色马甲的邓州蒲公英爱心协会的志愿者们开始向过往行人散发宣传单，通过义卖玫瑰救助贫困少年。

不少行人驻足询问，并不断有人掏钱购买玫瑰花。正在热恋中的小伙儿李邓一下子买了11枝玫瑰花，单腿跪地送给两个多月没有见面刚刚赶来的女友。看到那么多人围观，女友刚开始还有些嗔怪。当了解到事情的真相后，她羞涩地笑了，亲自把钱投到了"助学箱"中。

邓州蒲公英爱心协会负责人王丹向记者介绍说，举办这次活动是为了救助两名贫困少年王宇和米浩瑞。王宇，邓州市穰东镇邹庄村人，孤儿，秋期开学上七年级。米浩瑞，穰东镇霍庄村人，父亲去世，母亲离家出走，跟着80多岁的奶奶一起生活，秋期开学之后上六年级。"通过义卖，为两个孩子筹集学费。"王丹说。

晚上9:20，商家提供的玫瑰花全部卖完了。大家开始清点钱数。一共是1950元。一名志愿者掏出了50元钱，凑够2000元。

"虽然很热很累，可是很开心，所有的烦恼都没有了。"14岁的志愿者詹思贤说。

帮聋哑老人回家

"非常感谢邓州的爱心人士，谢谢你们帮我找到了母亲！"2015年4月27日，在邓州市胜利派出所，来自湖北省谷城县五山镇何家湾村3组的段燕将两面写有"无私奉献，爱心人士""为民服务，忠于职守"的锦旗分别送给了爱心志愿者和派出所民警。

2008年12月5日，虽然已过去多年，但段燕仍清晰地记得母亲杨泽珍走失的日子。

那天，还在南阳做生意的段燕带着刚满月的孩子和母亲一起去洗澡。洗完澡后，她抱着孩子先走，母亲拿着衣服跟着。她家离澡堂只有五六分钟的路程。到家之后，她突然发现母亲不见了。

一家人到处去找，怎么也找不到。后来，一听说哪里有线索，他们便急忙赶过去，先后到过驻马店、新乡等地，都失望而归。

母亲的走失让段燕非常自责，她经常做噩梦，害怕母亲在外面太久了，受苦了，受罪了。她期盼着母亲也能遇到好人，期盼着好心人也能送母亲回家。

走失后的杨泽珍老人正像女儿所期盼的那样，遇到了很多好人。

6年前的一天，在邓州市构林镇李营村开理发店的马小群师傅看到一名妇女拎着包在街上走来走去，好像是找不到家了。问她话后，才知道她是一名聋哑人，便收留了她。他也试着想帮她找到家，村里人也想了很多办法，但6年过去了，也没有结果。2014年，马师傅去世了。

"马师傅去世后这段时间，杨泽珍住到了我表姐王小梅家，她和马师傅是近门。"青年志愿者赵片说，表姐知道他在做公益事业，希望他能帮老人找到家。

赵片找到志愿者李红安，开始为老人拍照，在朋友圈里发微信。许多人积极响应，提供信息，转发微信。

赵片把老人接到宾馆里，并找到邓州市聋哑学校的郑霞老师，与老人进行沟通交流。但老人没有上过学，没有接受过专业的手语训练，他们得到的信息非常有限。

2015 年 3 月 9 日，邓州市聋哑学校开学。学校的老师和同学们一起与老人进行沟通交流，但还是没有什么效果。老师们没有放弃，也帮着发微信。

后来，赵片心想，老人会写自己的名字杨泽珍，或许能够通过公安户籍找到老人的家庭住址。

赵片和志愿者周博带着老人一起来到邓州市胜利派出所。说明来意后，派出所的民警非常热情。他们先是查阅了河南省所有叫杨泽珍的人的信息，没有结果。他们又查阅了已注销户口中的信息，也没有结果。

紧跟着，他们开始查阅湖北省的有关信息。"刚查到第四页，老人突然指着照片，拍着胸口，笑着，哭着，跳着。"周博说。

大家非常激动，立即与当地警方联系，与老人家人取得联系，发照片让他们确认。对方证实，老人就是他们的亲人。

2015 年 3 月 9 日晚上 7 点 25 分，在邓州市东一环的一家宾馆内，走失 6 年多的杨泽珍终于和亲人团聚了。

"我一直相信这个社会好人比较多，我一直等着这一天。今后我要尽力多做一些好事，把爱心传递下去。"段燕激动地说。

"电击男孩"获得新生

2015年7月14日下午,邓州市林扒镇马营村七组。年仅6岁的赵雯强在玩耍时爬上变压器被电击,全身25%面积严重灼伤,左手烧毁,左臂掌骨露出,右臂烧焦成黑团,左肋电击烧穿到内脏。赵雯强被送往南阳南石医院接受救治。

据主治医师张伟峰介绍,刨除医院根据政策减免等费用,保守估计前期孩子的救治费用30万元以上。

赵海州夫妇都是普通农民,主要收入来自组织农村市场的草根演出,经济并不宽裕。2012年,赵海州的父亲患癌症去世,家里花去八九万元。赵海州的母亲两次中风,每天不离药,生活勉强能够自理。小雯强被电击之前,赵海州家里基本上没有存款。

得知赵雯强的遭遇后,邓州市的一些爱心人士在贴吧和微信圈发出爱心捐助倡议,得到许多人的积极响应。

7月19日下午两点,邓州市爱心协会携手邓州义工和好运来王斌婚庆演艺,在古城广场为赵雯强进行募捐。募捐持续到晚上11点多,共募集善款65229.3元。

与此同时,在邓州市文化路,邓州市蒲公英爱心志愿协会联合李小宛皇家婚庆、全斌音响等爱心团队,募集善款47123.4元。

据不完全统计,7月19日当天,邓州市各界爱心人士共为赵雯强筹集善款13.1万元。

小雯强不幸被电击伤的消息也在微信群传开,大家纷纷伸出援手。深圳市一名南阳老乡在微信群里看到小雯强被电击伤的消息后,专门发动了在深圳市工作的南阳同胞为小雯强捐款,两万元捐款已经汇入赵雯强父亲的账号里。

在社会各界的关爱下,小雯强的病情正在一步步好转:7月21日,小雯强进行了腹部修补手术;随后,又进行了植皮手术,将腋下的皮植到腰部,将头部的皮植到腋下;7月23日,进行了左上肢高位截肢手术;8月20日,对右胳膊进行了部分截肢手术,肘部以下保留了5厘米左右……

据不完全统计,截至2015年9月9日,社会各界捐款已达89.1万元。

"刚开始我非常沮丧,情绪非常低落,这些天大家纷纷向我伸出援助之手,给我力量,给我信心。大家的关爱使我重新振作起来!"赵海州介绍说,小雯强情绪稳定,生活重新充满了希望。

用生命践行诺言

他到店里工作虽然还不到一个月时间,却人见人夸;他是"富二代",却隐去家世,直到救人牺牲后大家才知道他的真实身份……他就是邓州市某养生会馆服务生,来自福建省南安市的陈福泉。2014年4月28日,虽然已经过去了几天时间,被陈福泉救起的该养生会馆员工许魏(化名)仍然难掩内心的悲伤。

4月20日21时40分许,来自偏远山区的许魏心中有事,一个人来到湍河岸边,准备沿着岸边走走、散散心。当时,天空飘着小雨,能见度较低,没想到他脚下一滑,"扑通"一声掉进河里,毫无防备的他"咕咚咕咚"地喝起水来。这时,他感觉有人跳下了水,并用力把他往岸边推。到了岸边,许魏使劲抓住岸边的芦苇。正在河堤上散步的养生会馆的会计孔大红见状,赶忙跑到岸边,使劲把许魏拉上岸,等她再抬头看时,救许魏的陈福泉已经不见了踪影。她大呼"救命",同时报警。

民警和消防官兵先后赶到现场,但因天黑水深,岸边是斜坡,二三十米的消防绳根本探不到底。据经常在这里钓鱼的人讲,这里垂直水深有七八米。经过长达5个小时的救援,21日凌晨3时许,陈福泉的遗体被打捞上来……

事后,店内员工从陈福泉的家人口中得知,陈福泉家很富有,办有企业,他是个标准的"富二代",他来这里是想学学管理,将来自己开店。

养生会馆的保洁员万景平得知陈福泉出事后,难过得直掉眼泪。在她的印象中,陈福泉非常朴实、有礼貌,从不显示自己有钱,也从不乱花钱。每每看到她从楼上抱下单子拿回去洗,总要上前帮忙。晚上下班晚时,女店员不敢出去,陈福泉自告奋勇去买饭;同事有事请假,也是他积极去顶班……

4月21日,陈福泉的亲人赶到邓州。当了解到事情的真相后,他们说:"阿泉是见义勇为去的,他做得很对,我们不会提出任何赔偿要求的。"

陈福泉初中毕业后便一直跟着父亲做生意,他走了,留下两个孩子,大的两岁多,小的只有3个月。

4月23日，陈福泉的遗体在南阳火化，养生会馆经理、许魏和七八名员工一起去为他送行。许魏跪在陈福泉的父母跟前，痛哭流涕，店员们也都哭成了泪人。

"我希望自己的朋友都平平安安，不希望朋友出任何事，如果出事的话，我会第一个冲上去，哪怕付出生命。"这是出事那天下午陈福泉在店里说的话，没想到他用生命实践了自己的诺言。

陈福泉被评选为河南省见义勇为先进个人，受到隆重表彰。

8 小时接力救援

2014年8月3日16时30分,云南省昭通市鲁甸县发生6.5级地震。

地震之后,邓州市的牛犇通过在昆明读研究生的同学,第一时间便知道了消息。8月5日,各大网站公布了鲁甸地震的伤亡情况,这让牛犇愣住了。瞬间,牛犇热血奔涌:"我要到灾区一线去救援!"他立即把自己的想法告诉了自己的兄弟们。

1982年出生的牛犇的想法并不是心血来潮,当过兵的他擅长驾驶、搜救、医疗救护,是登山协会会员,有户外运动资格证。和他同一起的5名兄弟同样都是"80后",个个身怀绝技:王旭东,擅长驾驶,有很强的决策能力和指挥能力,策划过大型活动;刘冰,从工兵团退伍,擅长抢险、观察地形、开通道路、丛林营救;李建宝,特种兵出身,队里的观察员;王坤,队里的观察员、引导员、开路先锋;李林柯,当过特种兵,擅长修理,全能型人才。听到牛犇的倡议后,大家立即响应:"国家有困难,需要我们冲上去。"

8月5日中午12点,6个人踏上了奔赴灾区的行程。早到一分钟,就早救一个人,6个人心急如焚,人歇车不歇。在重庆,和来自郑州的高永强会师。高永强也是一名退伍兵,有救生员证,曾穿越沙漠无人区和青藏线。连续行驶19个半小时,行程1432公里,8月6日,牛犇等人到达震中鲁甸县龙头山镇。看到眼前的废墟,队员们的眼角湿润了。他们立即与国际救援联盟取得联系,展开救援工作。

为了壮大救援力量,8月6日中午,他们在龙头山镇招募了30多名志愿者。

8月7日早上,牛犇等人接到任务,要往长槽社运送物资。为了提高运送物资数量和速度,他们找到当地老乡帮忙,看能不能用摩托车运送。老乡们非常热情,一下子来了6辆摩托车。就是在这个时候,他们遇到了朱正鹏。"解放军叔叔,你们能不能救救我媳妇?"朱正鹏恳求道。牛犇等人穿着迷彩服,朱正鹏把他们当成了解放军。地震当天下午,朱正鹏怀孕5个月的媳妇腰部受伤，下身出血。为救儿媳，朱正鹏的母亲被砸身亡。听到这个消息，牛犇等人立即表示，送完物资之后就去救援。

8月7日18点左右，他们到达了朱正鹏家所在的龙井村朱家湾社，当时孕妇艺吉巧腹部疼痛，情况十分危急。另外，还有一名14岁左右的小姑娘受到惊吓，也需要救助。他们就地取材，做了一副担架，让孕妇躺在上面，几个人轮流抬着往山外进发，并打电话向媒体求助。小姑娘则由一名队员背着。天黑了下来，为了节省时间，在朱正鹏的引领下，在手电微弱光线的照射下，他们开始翻越一座山。山路非常难走，很多时候是腿脚并用，爬着前行。半夜，下起了大雨，路更加难走了，一边是山体，不时有碎石落下，一边是堰塞湖，水势汹涌。第二天凌晨1点左右，经过7个小时的艰难跋涉，他们终于到达了昭巧公路甘家寨段，那里有驻滇联勤某分部第59医院医疗队的救护车等候。这个时候，浑身被雨水、汗水浸透的队员们腰都直不起来了。凌晨2点12分，救护车赶到了鲁甸县人民医院。经过军地8个小时的紧急救援，孕妇得到了及时救治，脱离了生命危险。

随后的几天里，他们在鲁甸县城自己掏钱筹集物资，往灾区转运粮食、板房、药品，配合救援队发放物资、转运伤员，对碰到的每名老乡都进行全力救助……

每天晚上都有余震，为了随时撤离、随时救援，他们晚上睡觉不脱鞋。为了节约用水，在灾区的几天里，他们没有洗脸刷牙、换洗衣服。由于体力透支，他们每个人都得了口腔溃疡，胳膊晒得翘起了皮……

8月11日早上，他们接到通知，救援已经完成，志愿者可以撤离。8月12日上午，他们返回邓州，受到"编外雷锋团"的热烈欢迎。

给村里孩子送一所学校

"真没想到,在家门口就能够享受到城市教育,学校很漂亮,老师水平高。"对于邓州市张楼乡李家村小学,学生家长李秀厂赞不绝口。

李家村小学由该村在外创业成功的李祥群、李祖跃兄弟投资300余万元复建而成,教学设施堪与大城市学校媲美:幼儿园每个教室配有一个洗手间,用投影进行教学;小学部每个教室都有触摸屏电子黑板;每个教室都有视听广播……

李祥群今年43岁,共有姐弟5人,从小家境贫寒。小时候,全家7口人挤住在3间简陋的房子里。每逢下雨,大人孩子怕险房倒塌,都要跑到屋外或邻居家避险。由于家境贫寒,李祥群只上到小学三年级就辍学了。

1988年,李祥群的父亲去世了。1989年7月底,为了撑起这个家,13岁的李祥群在身无分文的情况下,一个人朝着北京的方向走去。他一边走,一边问路。看到村边有盖房子的,就帮两天忙,走时要点馒头带上。渴了,看到地边有浇田地的,就走到跟前喝上几口水。一些好心人给他摘西瓜吃,让他住在家里。这些他都记在心里。鞋跑烂了,他就光着脚,脚底都磨出了血泡。就这样,靠着坚强的信念,步行一个半月后,李祥群来到了北京。在一名河南老乡的引荐下,一个建筑工地老板收留了他。

李祥群知恩图报,虽然身单力薄,但干活儿非常卖力,重活儿、脏活儿总是抢着干。工地老板看他是个有志气的人,就资助他上夜校,学习建筑预算。他非常珍惜难得的学习机会,每天晚上坚持学习两三个小时。经过3年的夜校学习,他掌握了建筑学预算知识。

1996年,李祥群回乡创业,在城里承包了一个建筑工程。他带领农民工兄弟们苦战一年多,可当工程就要完工时,工程老板却携款而逃。当许多人认为工钱要泡汤时,李祥群却主动承担起了责任,用家里的钱垫付部分工钱,到温州鞋厂打工还账。

在温州鞋厂打工时,李祥群从普工开始干起,靠着勤学苦练,先晋升为技工，又从技工提升为副总，负责全厂的生产。之后，他开始自己创业，成为温州市俏恩琪鞋业有限公司总经理。

李祥群的弟弟李祖跃在河南信阳商校学习市场营销专业，1997年毕业后跟着哥哥一起创业，现为温州市完美脚丫鞋业有限公司总经理。因为家境贫寒，在上初中时，老师和同学们经常为他捐钱、捐衣服，资助他完成了学业。

在困境中受到过救助的李祥群、李祖跃兄弟心怀感恩之情，决定回报社会。他们聘用下岗职工，每年春节，到湖南攸县、江西九江等贫困山区对困难职工进行慰问。

张楼乡李家村是一个有着2800多人的大行政村。李家村学校曾为当地培养了一批人才，但由于诸多原因，校舍年久失修，生源日趋匮乏，学校停办。在温州打工的李祥群、李祖跃兄弟得知这一情况后，产生了回乡投资建校的想法。

"企业发展一遇到瓶颈，因为知识少，脑子都疼，我弟弟上过学，情况就不一样。"李祥群说，"治穷先治愚，要想富，应该先兴办教育。"

为了让家乡学生接受良好的教育，李祥群请河南省设计院的专家对学校进行规划，又多次到北京、郑州、温州的学校进行考察。

2015年3月6日，李家村小学开始动工复建。当年7月18日，复建竣工。在竣工典礼上，李祥群、李祖跃兄弟被邓州市政府授予"爱心企业家"称号。目前，李家村小学占地20余亩，可容纳180名幼儿、260名一至五年级小学生在校就读。

为了便于在外打工的学生家长及时了解学生的情况，李家村小学开通了"智慧树微信平台"，为家校沟通搭建起了"快速通道"。几名家庭困难的学生，学校还免除了学杂费。学校还和北京乐平公益基金会积极洽谈，利用假期对教师进行免费培训。

"今后，我们将一如既往地关心家乡教育事业，奖励优秀师生，资助贫困学生。"李祥群说。

爱管"闲事"的窦学钦

现在的窦学钦走起路来步履蹒跚，这与他管的一场"闲事"有关。

20年前，窦学钦得了铁骨瘤，右腿做了手术，走路有点趔趄。2017年冬天，邓州市一家商场搞推销，一个妇女花3000块钱买了一条项链，回家后感觉上当了，去商场退货，商场不退，她就和人家吵。窦学钦正好在场，就劝她去工商局消费者协会投诉。可她不知道工商局在哪里，窦学钦就用电动车送她去了工商局。雨雪天路滑，回家的路上，窦学钦摔了一跤，脊椎出了问题，卧床4个月，就成了现在的样子。

除此之外，窦学钦还是邓州市陶营镇朱西小学"学涯教育奖励基金会"理事长，这个"闲事"一管就是13年。

2006年，几个村干部到市里找窦学钦，说村里的小学出问题了，本村的孩子都跑外村上学了，得想法儿。

邻村有个学校办得好，原因是该村有个在美国的教授，一年给村小学拿3000块钱奖励老师和学生。窦学钦听完后说：他拿3000块钱，我们弄1万块钱，只要能把好老师留住，能让本村的孩子们都来上学，这事我管。窦学钦叫了本家几个在市里的兄弟，很快就把钱凑齐了。奖励基金归学校管，发放时基金会和村"两委"监督。

前几年捐钱的人少一些，主要是窦学钦拿钱，每年1万元。在窦学钦的带动下，参与的人越来越多。2016年捐了4万多元，2017年捐了10.8万元，2018年捐了13.6万元。

这些钱用来奖励优秀师生，朱西小学的教学质量越来越好。目前该校共有400多名学生，其中有60多名是附近村里的孩子。

不单单是朱西村的事，现在朱西村周边的村子里有事了，也找窦学钦。

徐楼村和朱西村相隔五六里地，村里有个姓刘的，一家人长年不在家，房子也很破旧了。前几年村里整治空心村，村干部把他家的东西归整了一下放到邻居家里，把人家的房子推了。

老刘一回来，发现自家的房子没了，火气上来了，到处告状也没结果，就把村集体的25亩地抢种了。

村里给刘家弄了一块宅基地，一则刘家嫌那块地不好，二则刘家还要村里把房子盖起来，村集体没有收入，这事就搁置了下来。

徐楼村党支部书记张大渠托人找到了窦学钦。窦学钦觉得应该让刘家人先有个住处。正好窦学钦在邓州有一处闲房，老刘也想在邓州市买房，他和老刘协商后，作价28万元，老刘先给5万元，就让他搬进去住了。

后来在窦学钦主持下，村里和老刘达成了一个协议，村里负责给刘家批一块宅基地，在批到宅基地之前，村里每年给老刘5000元，但老刘必须把25亩地退出来。

地退出来了，宅基地还没落实，作为这份协议的担保人之一，窦学钦整天还想着这事：好在老刘买的是我的房子，我也不问他要钱，事总会解决吧！

窦学钦爱管"闲事"还救了一家三口的命。

2015年10月4日上午8点，邓州市铁西路建材市场北门，"砰"的一声巨响，一辆黑色轿车与一辆摩托车相撞。摩托车上一个年轻的妇女和两个年幼的孩子被撞飞落地，满地抽搐挣扎。

此时，在辅道上骑着电动车路过的窦学钦，看到眼前的一幕来不及多想，把电动车扔到一边，拖着一瘸一拐的腿，迅速奔了过去。

摩托车被撞得面目全非，车头冒着浓烟，散发着焦煳味。破损的摩托车轮胎死死地压在妇女的腿上，伤者不停地抽搐，口吐白沫。两个年幼的孩子头破血流，大孩子哭喊着找妈妈，小孩子在襁褓之中一动也不动。

窦学钦迅速抬起摩托车，扶起瘫软在地的妇女，不停地拍打她的脸颊，掐住人中，反复呼喊。同时，他迅速拨打了120、110……

围观的群众越来越多，有的帮忙给小孩擦血，有的呼喊孩子。正在这时，窦学钦突然看见摩托车的油箱正在漏油。为防止再次发生事故，他让群众帮忙，迅速将这位妇女和两个年幼的孩子拖到路边安全位置。他轻声安抚着受伤的6岁男孩，让他慢慢回忆起了父亲的手机号码。

医院救护车呼啸而至，交警和家属也赶到了现场。窦学钦又和救护人员一起把伤者抬上车，随后悄悄离开了现场。

由于抢救及时，受伤妇女石孟平以及一双儿女很快脱离危险。石孟平的丈夫李丹四处寻找救命恩人，最终通过查找报警电话找到了窦学钦。

2018年5月3日，听说先后收养9名弃婴的张改玲生重病住院后，窦学钦第一时间送去了2000元钱。好人有难，好人伸手相助，一时传为佳话。

窦学钦表示，在有生的日子里要将爱管"闲事"进行到底，给越来越多的人送去力所能及的帮助。

因为爱管"闲事"，窦学钦获得了多项荣誉称号：2017年1月，被省委宣传部、省文明办评选为2016年度"河南好人"；2017年5月，荣登"中国好人榜"；2018年1月，当选为邓州市第四届道德模范；2019年1月，当选为南阳市第五届道德模范。

三名弃婴有了新家

2018年5月6日上午,当邓州市福利院院长文丽看到邓州市民政局和邓州市夏集镇政府送来的三个孩子,赶忙迎了上去。她一边抱着不能走路的程文星,一边拉着程苗苗、程佳伟的手,开心地笑着说:"你们终于回来啦!"

福利院里,邓州市民政局局长许平安高兴地带着孩子们参观"新家",孩子们在图书室里翻看着新书,在活动室内尽情玩耍,笑声不断。

三个孩子都是夏集镇程传洲、张改玲夫妇收养的弃婴。程传洲、张改玲租住在邓州市城区的一座两层小楼里,房间里堆满了捡拾来的废品。40年来,夫妇俩先后收养了9名弃婴。

张改玲年幼时摔倒,腰部受伤,干活儿就腰疼。再加上身体肥胖,患有高血压、心脏病、呼吸衰竭等病症,经常吃药。"都是'老大''老二''老三'出钱看的病,她们已经结婚了,经常打电话问寒问暖。"谈起孩子们的"回报",夫妇俩很是欣慰。

程传洲为小区清扫垃圾每年给三四千元,卖废品每月能挣二三百元,除去租房的费用,所剩无几。爱心人士了解到他们的情况后,经常为他们送来米、面、油等日常生活用品。青年志愿者周博艺还通过网络,联系到了多家爱心组织为程传洲家捐款,还捐赠了冰箱、空调、微波炉等物品。

程苗苗读小学五年级,成绩较好。程佳伟和程文星虽然已经10岁,由于智力发育迟缓,还在上幼儿园。

2016年,夏集镇政府把程传洲一家纳入贫困户家庭。同年,该市民政部门将程传洲一家纳入低保户家庭。

张改玲肢体2级残疾,程佳伟智力1级残疾,程文星肢体1级残疾,三人均已享受残疾人两项补贴待遇。

从2013年起,邓州市民政局每年都要动员程传洲夫妇将孩子送到福利院。根据民政部、公安部、司法部、卫生部、人口计生委等多部门2008年印发的《关于解决国内公民私自收养子女有关问题的通知》第一条第四款规定,

"对于不符合规定的国内公民私自收养，依据收养法及相关法律法规的规定，由当事人常住户口所在地的乡（镇）人民政府、街道办事处，动员其将弃婴或儿童送交社会福利机构抚养。"2018年4月13日，邓州市民政局致函夏集镇人民政府，动员程传洲夫妻将三个孩子送交市儿童福利院抚养。

2018年4月14日，张改玲病重住院。由于她家是低保户，邓州市人民医院已为张改玲垫付了全部医疗费。据该院医保办负责人介绍，张改玲的医疗费用经新农合和民政医疗救助后，报销比例在85%以上，个人承担的费用并不是很多。邓州市民政局负责人告诉记者，鉴于张改玲家的实际困难，民政部门将及时为其办理临时救助。

5月2日，得知张改玲住院的消息后，邓州市民政局和夏集镇政府相关工作人员来到程传洲家，再次动员他将三个孩子送到福利院去。

为了打消程传洲一家人的顾虑，当天下午，他们还带着程传洲和他的三女儿程文洒到福利院参观。程文洒告诉记者，家里之所以迟迟没有答应将三个弟弟妹妹送到福利院，是担心他们吃不好、睡不好、没人管。

看到福利院里干净整洁的环境、热情照顾孩子的阿姨，程文洒放心了。

邓州市民政局积极妥善安排了三个孩子的学习和生活。老七程苗苗，他们送到教学质量较好的民办致远学校。老八程佳伟，他们送到市残疾人康复中心进行康复训练。老九程文星，他们送到郑州市人民医院"爱心病房"接受治疗。

45 年的执着坚守

2018 年 3 月 7 日，邓州市举办优秀勤廉干部先进事迹报告会，可容纳 1280 人的人民影院内座无虚席，人们专注的目光聚焦在一位面容清癯的农民身上，聆听他朴实的话语："我 1973 年 4 月任村团支书、村主任，1988 年任村支书，虽然官不在品，但我抱着'不求当官能沾光，只愿与民做实事'的宗旨，当好百姓仆人。"45 年，全村没有发生一起刑事治安案件，更没有发生一起百姓上访到镇案件；45 年，坚守一个职责，廉洁奉公，勤政为民，多次被评为优秀共产党员，2015 年当选全国劳动模范……他就是邓州市汲滩镇后寨村党支部原书记王际银。

"共产党员不能让群众捣脊梁骨"

1988 年，王际银任后寨村党支部书记。当时，村民们红白喜事常请村干部喝酒，有的党员混同于一般群众，随送份子礼，酒后不分场合说大话，个别党员坐茶馆喝茶赌钱。

王际银在党员大会上痛心地讲："党员干部决不能让群众捣脊梁骨。"并立下"三不准"规矩：凡是党员干部不准到群众家吃饭，不准接受群众送的一筐鸡蛋、一瓶酒、一盒烟，不准坐茶馆赌博。"三不准"实施至今，全村党员干部无一人违反。百姓有事说事，干部接事办事，干群相安无事，村里招待费更是少得可怜。后寨村距元庄乡政府六里，村干部去乡里开会，如果超过中午 12 点，在街上马家饭店吃碗糊汤面。年初，村里提前预交 200 元，年底马家饭店结算时还剩下 30 元。

如何不让群众捣脊梁骨，就是要让党员干部成为百姓的贴心人，做百姓的榜样和标杆。王际银充分发挥"一个党员一面旗，一个小组一盏灯"的作用，把全村 41 名党员划分 4 个党小组，分包 67 个贫困户，每名党员还有两个特殊身份：信息员和帮扶员。他们传递致富信息，倾听村民意见，帮扶贫困家庭。

20 世纪 90 年代，村里大部分年轻人外出打工，一些缺资金、少劳力的农户致富无门。在王际银倡导下，全村40名党员干部带头捐款共计5万多元，为67户困难户建立水冲式猪圈，这67户由此走上致富路。他以此为契机，在党员干部中推行百分制考评机制，一季度召开一次村民代表会，对每名党员干部打分评议，半年一考评，年终作总评。

支书身上有硬气，党员干部无邪气。群众看党员干部的目光也变得亲切起来。

村支书要带头吃亏

后寨村是邓州市植烟先进村。2018年5月中旬，植烟大户张中辉介绍说："每年我种烟100多亩，毛收入四五十万元。若不是王书记，恐怕连个媳妇都不好娶。"全村像他这样的植烟大户近20户。

后寨村位于严陵河与赵河交汇处夹角地带，一季小麦一季豆的传统种植模式历史悠久。为了发展经济，王际银把连方种植烟叶当作农民致富的金钥匙。他通过调整土地茬口，进行土地流转，使土地集中连片。对于无劳力、缺技术的农户，由植烟大户每亩租价600元承包。

1999年，王际银家的责任田全部在规划的烟叶大方田内，如果全部种植烟，还得上街买粮吃，老伴为这摔碗泼茶给他脸色看。当时，全村人都在看着他，他呵呵一笑对老伴说："村支书是旗杆，咱不吃亏谁吃亏。"12亩地全部种上烟，结果全村集中联片1200亩，统一机耕，统一施肥，统一浇地，统一打掐，统一烘烤，亩均效益4500元。

槐树下，50多岁的村民王罗会谈到王际银显得异常激动："百姓谁不敬好官，王际银好样的！是他带领俺们架了桥，修了路，让粮食卖个好价钱。"

原来，后寨村虽地处偏僻，却地势平坦，土地肥沃，历年种植花生、玉米都在2000亩以上。因隔河渡水，路况较差，粮贩们都不愿意到后寨收购，即使来收，价格比交通便利的邻村低上几分钱。看着村民们焦灼的目光，王际银召开了村民大会，决定修路架桥。

那个年代，架桥修路资金是拦路虎。王际银率先捐出家中的积蓄2000元钱，带动全村党员干部和在外工作人员捐款。他通过各种途径，积极向上级汇报争取扶持资金15万元。

2008年，后寨村投资34万元，在赵河架起了连心桥。随之，一场筑路大决战也拉开大幕。

然而，棘手事一件接一件。第六村民小组在修路时遇到一个"难缠户"：需要砍伐她家3棵碍事的树，拆迁废弃的烤烟楼。她请来阴阳先生，辩称"山向不利要死人"。一到修路时，她就躺在工地上阻止修路。组长脾气躁，要指派人强行把她拖开，矛盾一触即发。

王际银知道后立刻到现场劝组长道："干部要有包容心，咱不能与老百姓对着干。"事后，他先到妇女家做工作，随后又到妇女娘家，找到懂礼节的人给她做工作。该妇女逐渐认识到这样做对己对他人都不利，便主动退让。这件事对全村触动很大，被拆户主动清障。

如今，村民出行难、卖粮难早已成为历史。每到粮食收购季节，粮贩在这里设立的收购点就有三四家。

"一碗水清到底的人"

在后寨村群众眼里，王际银是个"一碗水清到底的人"。

1983年村"两委"换届时，村民们把王际银的二哥选为村会计。当时王际银提出兄弟俩退出一个，要求第二次重选。结果，在选举时，党员群众又把他们兄弟二人选进了村班子。王际银先是纳闷犹豫，后来又索性认了这个结果。"群众对我兄弟二人信任，决不能辜负了大家的心意。村干部要一碗水清到底。"他告诫二哥，要理好财管好账，给村民们一个好交代，做"清白官"。

就这样，兄弟俩，弟当村支书，哥当村会计，村里的每一笔开支都由村主任和理财小组签字报销，兄弟共事21年，财务清清白白。2004年村委换届时，他二哥因年龄偏大提出辞职，但21年的"明白账"，至今还保存完好。

近几年，后寨村在确立贫困户、低保户对象时，富裕人想当低保户和贫困户的不在少数，甚至以当低保和贫困户来炫耀。他们通过方方面面关系对村组干部说情。针对这种情况，王际银召开党员干部大会，要求党员干部守住信念底线，不越法规防线，坚决按照标准，公平公开精准识别。全村39家贫困户61人，18家低保贫困户无一差错。

王际银当村干部45年从没沾村里一点光。前些年，镇里为鼓励种植烟叶，税收按一定比例返还村里，并说明按4%奖励村支书。那份属于自己该得的奖金，他全部上缴村里。那年，他爱人患癌症，需要手术和化疗，急需费用,有人劝他从返还款中拿点钱去南阳治病。当时儿子和女儿都在上大学也需用钱,看到母亲病疼,儿女们流泪求他拿回应得的返还款,但遭到王际银拒绝。他四处求借,坚持用自己的钱为爱人治病。几年过去了,爱人竟奇迹般活了下来。

因积劳成疾,67岁的王际银患上了高血压和心脏病。2018年春季,村支部换届时他坚持退下来。4月上旬,后寨村召开党员大会,王际银捧着鲜艳的党旗授给下一届村支书,铿锵有力地说:"村干部就是一杆秤,秤砣是老百姓。不忘初心,方得始终。"

"一元钱支书"

2019年2月1日，农历腊月二十七。当天下午，邓州市十林镇柳堰村小学广场上张灯结彩，掌声、欢呼声不断。柳堰村首届"村晚"（迎春联欢会）正在精彩上演，1000多名群众把广场四周围满了。

开场舞是柳堰村炫彩文艺团带来的《祖国你好》，靓丽的服装、娴熟的动作、自信的神态，让人眼前一亮。柳堰村小学学生为大家带来了舞蹈《学习雷锋好榜样》《活力拉丁操》《中华孝道》和《小手拍拍》。第一次登上这么大的舞台，在父老乡亲面前展现自己的才能，孩子们有些羞涩，又有些骄傲。

跟着父母在新疆上学的王迪鑫、王鑫洋兄弟俩春节刚刚回来，听说村里举办迎春联欢会，踊跃报名参加，表演了架子鼓和街舞。看到兄弟俩默契地配合，乡亲们送上热烈的掌声。

邻村群众也来助兴。张洼腰鼓队带来了《拥军秧歌》，凤杨村广场舞队带来了《共圆中国梦》，李营村舞蹈队带来了戏曲小品《朝阳沟》。特别邀请的萨克斯独奏《西班牙斗牛士》《小苹果》，杂技表演《中国力量》，现代舞《38°6》，让村里的男女老少大开眼界，叫好声一片。

节目间隙，还颁发了多个奖项。义务奉献奖奖励在暑假期间义务辅导学生的教师，义务劳动奖颁发给在村容村貌整治中表现突出的群众。另外还有优秀学生奖和优秀村干部奖。

"真没想到村里变化这么大！"刚从外地返乡的村民孙铁龙一边看着精彩的演出，一边对记者说，"村里的主干道进行了整修，村里人团结了，不吵了，不闹了。看到这些，非常振奋。"

"孙支书很得民心，群众自发送了一面锦旗，上面写着'一元钱支书'。"柳堰村村民孙君黑告诉记者。

被群众称为"一元钱支书"的孙峰今年44岁，2018年4月当选为柳堰村党支部书记，同年6月当选为村主任。之前，他在深圳办塑胶厂。在事业蒸蒸日上之际，他把厂子托付给家人，回村做奉献。每年的村干部工资，他只是象征性地拿取一元，其余的用于教育事业。

任职以来，孙峰个人先后投资130多万元，对村小学进行整修，教室内铺上地板砖，屋顶进行防水处理。教室内安装监控设备，家长可以远程查看学生在校情况。学校条件改善之后，在镇上和外村求学的学生不断回流，由最初的44人到现在的166人。高标准建设的幼儿园主体已经完工，秋期就可以投入使用。

为解决五保户住房困难，村里三个多月时间高标准建成了联建房，参与改造的五保户年后就可以搬进新房。在村支两委的倡议和带领下，每个月的第二个星期五是村里的义务劳动日，群众积极参与，基层组织的凝聚力越来越强。

"修建通村公路1.3公里，筹建综合教学楼，引进两个厂……"谈起新年规划，孙峰踌躇满志。在孙峰的感召下，在北京务工的"80后"孙中新也回到村里，当选为村委副主任。新一届领导班子朝气蓬勃，朝着梦想努力奔跑。

"活跃群众精神文化生活，增强凝聚力。"孙峰谈起了办"村晚"的初衷。为了丰富群众业余生活，村里组建了炫彩文艺团和腰鼓队。

夜幕降临，柳堰"村晚"圆满落下了帷幕，而柳堰村群众新一年的幸福生活却刚刚开始……

千名干群送亲人

"听说程主任不在了，我们都不相信，很多人都哭了。他是俺们群众的贴心人！"2016年6月3日，在邓州市古城街道胜利街社区，社区居民张建华一边擦着眼泪一边说。

张建华口中的程主任名叫程道斌，古城街道党工委委员，2018年5月23日累倒在旧城区改造工作一线，享年53岁。

1989年10月，当兵10年的程道斌从部队转业回到邓州工作。从1994年5月开始，他便一直扎根在基层。

在南水北调中线工程移民搬迁工作中，程道斌所在的九龙镇要接收淅川县香花镇移民1700多人。程道斌多次到香花镇做协调工作。在他的积极努力下，镇里为移民调整出来最好的生产用地。2011年4月，程道斌做了心脏支架手术，领导和同志们劝他休息，他放心不下移民工作，仍坚守在工作岗位上。2011年8月1日，九龙镇移民搬迁工作顺利完成。

2013年5月，程道斌到古城街道工作。当时的新西社区是有名的"三无村"，上访量大。程道斌带领驻村工作队来到这里，一边解决问题，一边培养社区干部。在程道斌的带领下，工作队解决宅基地纠纷、财务遗留等矛盾300余起。在2014年11月换届选举中，程道斌当选为新西社区党支部书记。如今的新西社区是邓州市"四化双评"示范点，各项工作都走在全市前列。

2016年4月22日，邓州市团结中路旧城区改造拉开序幕。古城街道涉及搬迁户1100多户，在工作上善于攻坚克难的程道斌又被委以重任，任副总指挥长。从4月23日开始，程道斌便进入了工作状态。每天早晨5点30分，他便起床了。指挥部里群众来了一拨儿又一拨儿，他不停地反复地向大家解释政策，帮助有困难的群众解决实际问题。

程道斌经常忙到下午两点才在指挥部旁边小吃店里吃午饭，晚上11点左右才回到家。从指挥部回到家里，忙了一天的程道斌便瘫倒在那里，生病的妻子还需要照顾他。

5月23日下午6点，小西关社区党支部书记巴红心来指挥部找程道斌谈工作，程道斌告诉他自己有些不舒服。晚上9点20分，心脏病突发的程道斌经抢救无效死亡。这一天距旧城改造工作开始刚好一个月。

5月25日，程道斌的追悼会举行。张建华和许多搬迁户自发地来了，在九龙镇工作时的同事来了，新西社区的村组干部来了，奋战在一线的同事们来了，市里的领导来了……近千名干群聚集在一起为他送行，许多人泪流满面。

小 于 书 记

"你的病好些了吗？你家那只母羊下了几只小羊羔？冰冰放假回来了？有事及时跟我联系？……"2018年盛夏，邓州市穰东镇张拔庄村，驻村第一书记于高翔不停地和村民打着招呼，和村民亲切地交流着。

张拔庄村为省级建档立卡贫困村，2015年9月初，经过层层选拔，邓州市交通局干部于高翔被选派到该村担任驻村"第一书记"。

"我把进村入户、参与村级事务作为年轻干部学习的机会，作为磨炼意志、锤炼党性、增长才干的途径，转变角色，扑下身子投入到张拔庄村的扶贫工作中。"于高翔说。

自从踏上张拔庄村这片土地，于高翔就深入调研：同两委干部座谈，探讨村里发展规划、土地流转、村容整治等；深入农户尤其是贫困户家中走访，了解其经济收入、外出打工等情况……

走访中，当于高翔看到村民们吃的仍然是自家压水井的水，了解到若遇到干旱天气，还要到很远的地方挑水吃时，他暗下决心，帮助张拔庄村村民解决吃水难的问题。

2016年年初，在穰东镇政府的大力支持下，在于高翔和村支两委的多次奔走下，当年11月底，该村的安全饮水项目开工。2017年5月，该项目正式竣工。张拔庄村彻底告别了没有自来水的历史。

"看着自来水从水管里'哗哗'流出来，第一感觉是再也不用怕干旱天没水吃了。因为自来水的使用，家里人也越来越讲究卫生了，真心感谢我们这个年轻的于书记。"张拔庄村唐庄组孙保信感激地说。

"以前，我们去地里干活，要绕道泰山街走20多分钟，现在三五分钟就到了。去高孙村走亲戚就像串门子，这都得感谢我们的小于书记啊！"55岁的张拔庄村朱庄组村民刘祖敬介绍说。

洋洛河横穿张拔庄村和高孙村之间，两村之间以前无路无桥。张拔庄村朱庄组位于洋洛河东岸，却有近180亩地在洋洛河西岸。由于横隔着洋洛河，村民去种地十分不便,每次去地里,都要绕行很远。给村民们架桥修路又成了于高翔义不容辞的责任。在于高翔多次奔走协调中,横跨洋洛河东西两岸的桥梁修建好了,并连接了两村的断头路。该项目总投资近150万元。

贫困户侯心庆今年51岁,妻子卢文兰患重病,生活不能自理,儿子侯冰正在上大学。2017年春节期间,侯冰和于高翔聊天时,说开学没有生活费时,于高翔毫不犹豫给了侯冰1600元帮助他渡过难关。当侯冰说毕业后想继续读研时,于高翔说让他尽管考,别操心学费的事。侯心庆感动地说:"小于书记对我们的恩情,我们一辈子也不会忘记,这是个难得的好书记。"

在于高翔的协调下,张拔庄村还新整修道路4.7公里,投资近200万元;整修了村小学地坪,并向市体育中心协调了价值两万元的体育器材……

"一件件、一桩桩惠民生的实事,让我们村两委对这个年轻的90后驻村'第一书记'肃然起敬。"该村党支部书记刘锋评价说。

2018年10月17日,南阳"最美扶贫人"评选揭晓,于高翔当选,组委会授予他的颁奖辞是:"主动请缨,高翔在穰东的蓝天上,他以坚忍执着的姿态,埋头苦干的精神,勇于担当的意识,投身一线脱贫攻坚中,把贫困村当成了战场。这是一份写满坚守和奋斗的答卷,因为它满浸了心血和汗水;这是一份沉甸甸的担当,因为承载着百姓太多的信任与期望。"

张淑兰脱贫记

"淑兰,你都这么大岁数了,咋走起路来还是脚底生风啊!"2018 年 3 月 27 日,在邓州市高集镇高岗村,来串门的邻居看着张淑兰忙个不停,开着玩笑说。

"去年年底脱了贫,心里敞亮。再说恁多事儿要忙,咋能不快点儿啊!"56 岁的张淑兰一边收拾着厨房,一边笑着回应。春季天气回暖,村子附近的驾校里又多了许多学员,张淑兰的家庭旅馆又住进了 17 个客人。

张淑兰每天有太多事儿要做:她要赶在 7 点左右让住店的客人们吃上早饭;待客人们吃完早饭,照顾好跟腱受伤的丈夫后,她要下地给栽种的树苗培肥;中午再赶回家准备午饭,顺便把已经离开的客人换下来的床单、被罩等清洗一遍⋯⋯

幸福家庭意外致贫

若不是 2008 年的一场意外,张淑兰和丈夫本该是享受天伦之乐的年纪。2008 年,家中的独子在惠州打工期间遭遇劫匪抢劫,不幸遇难,年轻的儿媳留下两个嗷嗷待哺的孩子回了娘家。

"整个人都傻了,泪也快要流干了。"张淑兰说,儿子去世的时候只有 24 岁,那一瞬间,她觉得天都塌了。可是看着不到两个月大的孙子和两岁多的孙女,实在不忍心放弃。要强的张淑兰打起了精神。

打工和种地是张淑兰一家的主要收入来源,最少的时候 18 亩地,最多的时候租种 40 亩。儿子没有出事前,他们夫妻两个在家种地,儿子出门打工,家中生活一直过得不错,是村里最早一批盖上二层小楼、购买旋耕耙等农机设备的家庭。

"儿子出事之后,我们把家里能卖的都卖了,抚养两个孩子长大。孩子们慢慢长大,我们老两口越来越着急,没钱咋让孩子上学,和城里孩子一样受教育呢?"张淑兰说,一次学校老师打电话说孙女在舞蹈上有天赋,原本该高兴的她却在地里哭了一下午,"不能因为没钱耽误了孩子的前程。"

她决定出门打工挣钱。2010年,48岁的张淑兰和51岁的丈夫出门打工,建筑工人、保安、清洁工、鞋厂的工人……只要能挣到钱,夫妻俩什么苦都吃。即使在外打工,家里的庄稼夫妻俩也没有丢下,每年收完秋种完麦子后出门打工,收麦时回来收麦种秋。

2015年,村里通过投票,一致通过张淑兰一家为贫困户。"她们从来没主动申请过低保和贫困户。村小组主动替他们作了申请。"高岗村村支书贺小五告诉记者。

不等不靠主动脱贫

"365天这夫妻俩天天忙得像停不下来的'陀螺'。附近村里不种的地他们都租过来种,天天在地里忙活,那么壮的劳力,累得像一摊泥一样。第二天一早照样上工不耽误。"张淑兰留给村里人的是这样的印象。

为什么不停下来歇一歇,那样干不累吗?面对记者的提问,张淑兰笑了笑说:"我攒着劲儿要摘掉贫困户的帽子,人只有干才能摆脱贫困,只有拼命干,才能有奔头儿。"支撑着张淑兰一家的是早点脱贫的信念。

生活总不辜负勤劳的人,张淑兰一家的生活在2017年出现了转机。

2017年2月,出门打工十余天的张淑兰从堂妹那里听到了国家储备林扶贫项目。仔细盘算了一番后,张淑兰毅然辞掉了建筑工地的活儿,回到村里开始租地,准备种国储林。

"只要把这些树木种活,符合标准后,国家会给土地补贴和树木补贴,不愁收入。"在村里的帮助下,张淑兰共流转了118亩土地,种下了白蜡、法国梧桐等树苗。为了能够增收,张淑兰还在林地里套种了蒜苗、黄花菜等蔬菜,长成后也可以卖点钱。

帮助张淑兰一家在2017年顺利脱贫的关键是当年7月份家庭旅馆的开业。高岗村附近有一个规模较大的驾校,汇集来自全国各地前来考驾照的学员。

"一天中午在地里干活,路边有人问我附近有没有家庭旅馆可以住宿。我一想家里的空房间收拾下就能住,就把客人领回了家。"张淑兰说,那时,她意识到这是个不错的"生意"。2017年7月23日开业到2018年2月份,收入有近两万块钱,最多的时候43张床全满员。张淑兰的家庭旅馆离驾校不是最近的，周到的服务却让这里生意特别好。在村里的帮扶下，她凭着自己的努力，在2017年年底主动提出脱贫，比原定的计划提前了两年。

"2017年11月，她找到村里说要脱贫。我们都说让她再考虑考虑，毕竟国储林和家庭旅馆刚起步，这两个项目的成本还都是问亲戚朋友借的；两个老人年纪又大，等稳定下来再说。可她来了好几趟，坚持要把自己的名字划掉。"贺小五说张淑兰在脱贫的事情上，很是坚决。

为什么要坚持脱贫，张淑兰骄傲地说："家里的贫困有原因，但不能拿这个当借口，一直伸手问别人要，等着政府帮我脱贫。我也得给孩子们做好独立自强的榜样。"说起两个孩子，张淑兰眼睛里充满了希望。

让贫困户放飞心灵

2018年7月5日上午，孔惠、许艺冉等十余名爱心志愿者来到邓州市白牛镇单桥村小学，带来沙盘和手工积木，对该校二年级学生单花朵（化名）进行第四次心理疏导。在城乡孩子"结对子"环节，单花朵自愿为大家跳了舞蹈《小苹果》，与最初的胆小怯弱形成了鲜明对比。

"第一次见面时不说话，满头大汗。"孔惠向记者介绍。单花朵家是2017年脱贫户。单花朵的父亲出车祸去世，妈妈智力残障。受家庭环境影响，单花朵有自闭症倾向。2018年5月31日，志愿者开始运用沙盘对她进行心理疏导。疏导了两个多小时，单花朵才打开心扉，对志愿者说："我想要一个布娃娃，我想吃菠萝。"6月13日，志愿者们再次来到单桥村小学，给单花朵带来了布娃娃、菠萝，对她进行了第二次心理疏导。"第二次见面想交流，不会说。"孔惠告诉记者。6月22日第三次心理疏导，看到志愿者们来了，单花朵开始爬树、跳舞，活跃了许多。

白牛镇单桥村是贫困村。2017年11月，邓州市文明办的尹硕来到该村担任驻村第一书记。"我在走访调查时发现一个共性问题，就是很多贫困户家的大人和小孩，或多或少都有一定的心理障碍。和他们交谈，鼓励他们脱贫致富时，总感觉他们心理上有一些放不下的包袱，甩不开膀子。"尹硕说。

尹硕把情况汇报给所在单位领导。邓州市文明办集思广益后，决定对症下药，请爱心志愿服务组织的心理辅导老师们上门对贫困户进行心理疏导。

薛亚（化名）是单桥村二组建档立卡贫困户，因病致贫，精神萎靡不振。孔惠让薛亚把双手放进沙盘，随机挑选几样物品。薛亚挑选了帽子、桥、房子等5样沙具。沟通交流后得知，薛亚担心孩子的学业，需要照顾娘家父亲，危房需要改造，对未来比较恐惧，缺乏安全感。孔慧耐心细致地对薛亚进行了一个多小时的心理疏导。此时的薛亚双眼潮湿，精神状态明显好转。"一般心理疏导成功需要5到7次，但是像薛亚这样的贫困户，本身就有脱贫致富的强烈愿望，所以疏导就很容易成功，一到两次就可以了。"孔惠说。薛亚在村里的扶贫车间打工，脱贫信心十足。

"对贫困户进行心理疏导，扫除心理障碍，可以有效激发贫困户的内生动力，早日脱贫致富。"尹硕告诉记者。

许艺冉和单花朵的奶奶进行了沟通，让她在家里做好配合教育。放暑假了，许艺冉要把单花朵带到城里的舞蹈班学习，让她看看外面的世界，一步一步地将她的自信心树立起来。今后，志愿者们将对单花朵的心理做长期疏导，让她学会爱，学会感恩，学会自立。

"我们将对全市贫困村建档立卡贫困户，分期分批进行有针对性的心理疏导，通过扶志让更多的贫困户早日脱贫。"邓州市文明办主任曾庆俊介绍说。

11 岁少年捐髓救母

"我给了娃儿一次生命,娃儿又给了我一次生命。"2015 年 2 月 8 日,谈起儿子给自己捐献骨髓,邓州市文渠镇庙沟村村民滕起莉仍激动不已,眼泪止不住地流了下来。

2000 年,滕起莉结婚了。婚后,滕起莉在家操持家务,干一些农活儿,丈夫刘振甫在外跑货运。2003 年,儿子刘蒂出生了,小家庭更加幸福美满。

谁料,不幸却悄然降临。2011 年 7 月,滕起莉感到脾部肿胀,吃不下饭。到北京中日友好医院检查之后,确诊为慢性粒细胞白血病。医生建议保守治疗,吃特效药。滕起莉遵从医嘱,病情慢慢有所好转。

长期吃药,身体产生了抗药性。2014 年 4 月,滕起莉的病情恶化。再次到北京检查后,医生建议尽快进行骨髓移植手术,并且需要先准备 40 万元的手术费。

"不管咋着,也要给你把这个病治好,能借钱了借钱,借不来钱了贷款。"刘振甫对妻子说。

骨髓移植手术需要先找到合适的骨髓,骨髓配型成功方能进行手术。"先到医院抽个血,看能不能配上。"刘振甫回家对儿子刘蒂说。

"可行,我可能配上,我愿意给妈妈做骨髓移植。"正在邓州市文渠镇庙沟小学上四年级的 11 岁的刘蒂,毫不犹豫地说道。

非常幸运的是,刘蒂和母亲骨髓配型成功了。可滕起莉却有些犹豫了:"孩子太小了,害怕他身体受不了。"为了给妈妈治病,坚强的刘蒂表示,自己一点儿也不害怕。

滕起莉生病以来,亲戚家能借钱的都借了,他们再也拿不出更多的钱了。为了解决巨额手术费用,刘振甫毅然卖掉了自己家的房子,才算换来 41 万元钱。

2014 年 5 月 6 日,滕起莉成功进行了骨髓移植手术。谈起当天的情形,她心疼不已。

滕起莉住院期间不时呕吐,刘蒂守在旁边懂事地说:"妈,你不要动。"时不时把纸递给母亲,端茶给母亲喝。

滕起莉骨髓移植手术花费 51.07 万元,经新农合首次补助,达封顶线 20 万元后,市里又对其进行了大病再补助,补助数额为 20.24 万元。

利用新农合补助的钱,滕起莉家在村中最近又建起了一座将近 300 平方米的新房子,并且也还清了大部分欠款。

因为给妈妈治病,刘蒂休学了半年。与以前相比,他显得懂事了许多,学习也更加努力了。

捐 肾 救 子

2013年5月10日,河南省首届"创和睦家庭 促社会和谐"母亲节表彰会在郑州召开,年过半百、捐肾救子的邓州市刘集镇秋树李村村民李化珍,当选为"感动河南十佳母亲"。

主动招亲,担起养家重担

李化珍今年59岁,命运坎坷。家中姐弟六人,她排行老三。在她20岁那年,父亲患了癌症。70多岁的奶奶长期卧病在床,这无疑是雪上加霜。此时大姐已出嫁,最小的妹妹只有5岁。因无钱治病,父亲不久就病逝了。

面对多病的母亲和不懂事的弟弟妹妹们,李化珍哭了。当时她刚刚高中毕业,对人生充满美好的憧憬,梦想着有一天能够上大学。可面对这样的家境,她思前想后,最终决定招亲,留在家里。从此,她便担起了养家的重担。

1981年,村里的学校聘请教师,李化珍成为一名民办教师。白天在学校教书,晚上回家做家务。课外时间,还要去责任田里干活。一天下来,累得腰酸腿疼,但她咬着牙,从不叫一声苦。

在李化珍的精心呵护下,妹妹们一个个相继出嫁,弟弟们也都成了家。她的两个儿子也先后毕业,找到了满意的工作。

家境慢慢好起来的李化珍,并没有忘记左邻右舍。谁家有困难,只要她知道了,都会主动上门帮忙。她常说,邻帮邻好、亲帮亲好,帮助别人,实际上也是在帮助自己。

毅然捐肾,演绎人间真情

天有不测风云,人有旦夕祸福。2011年3月,李化珍的大儿子被确诊为尿毒症。对她来说,这犹如晴天霹雳。当时,小孙女还不满3个月。

李化珍对医生说:"只要能把儿子的病治好,倾家荡产我也愿意。"医生告诉她,目前还没有治疗尿毒症的特效药,只能靠透析维持生命,最好的办法就是换肾。

儿子的病非常严重，耽误不得。李化珍想，自己的肾应该适合给儿子换肾。她瞒着家人去做了配型，没想到竟然成功了。她喜出望外，医生却说，手术有风险，一定要想清楚。亲人们也劝她想想别的办法，毕竟她已是50多岁的人了。

为了救孩子，李化珍决定豁出去了。2011年7月12日，李化珍成功为大儿子捐肾。手术10天后，李化珍在丈夫的陪伴下去看望儿子。病房里，母子相对而视，泪如泉涌。

一个月后，李化珍出院了，可儿子还在监护室，每月需要1万多元费用。李化珍拖着虚弱的身体向乡亲们求助，大家纷纷伸出援助之手。短短5天时间，她就筹到了3万多元钱。

抗争命运，全家共渡难关

为了给大儿子治病，家里花去了很多钱，还背负着沉重的外债。李化珍心想，二儿媳难免会有怨言，便召开家庭会，诚心诚意地对她说："这一年多来委屈你们了，从现在起，你们出去打打工，田里收入的三分之二都归你们，家里的日常开销及外债也不用你们操心。只要你们过得好，妈就高兴。"

二儿媳却反过来安慰婆婆："钱咱慢慢还，只要人在，咋怕还不清？"听到这些，李化珍才意识到自己多虑了。2012年年底，二儿子拿回来两万元，让家里还债。

在李化珍的带领下，全家人齐心协力，生活充满了希望。

患难夫妻演绎真爱

炎炎夏日，一个身材矮小的女人铺好单子、衬布，弯下腰，用力把80公斤左右的丈夫抱起，再放下，一气呵成。这是2015年7月，在邓州市小杨营镇红岭村发生的一幕。

这个女人叫李丰琼，她的老家在四川省大竹县，与贾华阁在广州打工时相识相爱。1997年，两人结婚了，婚后的生活幸福甜蜜。但是不幸却悄然降临，2000年8月的一天晚上，丈夫摔伤致高位截瘫，胸部以下没有任何知觉，大小便失禁。当时她只有22岁，孩子还不满1岁。

"我从来不哭，没向人掉过眼泪。"经常风吹日晒脸色枣红的李丰琼说。可面对记者的采访，或许是想起了这么多年的不容易，她流下了眼泪。但她很快擦干眼泪，露出了笑容，"他脾气坏，经常骂我。有一次我想不开，喝农药差点死了。"

"一个大男人躺在这里，让一个女人忙来忙去，越是对我好，越是心里不舒服。特别是看到她累得躺到床上就睡着了，非常难受。我想骂一顿把她气走，可是她怎么也不走。"贾华阁无奈地说。

刚摔伤时丈夫只有50公斤左右，长年累月地把丈夫抱来抱去，抱到了80公斤，她也成了"大力士"。

"最艰难的是刚开始的五六年，家里基本上没有什么收入，要吃药，根本买不起菜，吃面条的时候，把辣椒水浇在里面。"躺在床上的贾华阁告诉记者。

在公婆、乡邻的帮助下，李丰琼开始养鸡、养羊、养猪，家里的境况慢慢有了好转。但是养殖也存在风险，2014年李丰琼养猪赔了1万多元，2015年羊价又上不去。还有一次，李丰琼养的12只羊全部中毒死亡。

为了多挣一些钱，从2015年2月份开始，李丰琼在离家不远的集镇上找了一份在餐厅帮工的活儿，每月800元钱。这样一来，每天早出晚归，她更忙了。

李丰琼担心丈夫一个人在家时孤单，掏 100 元买了一台旧彩电，她说贾华阁最喜欢看打仗片了。"有的人躺在床上两三年身上就长褥疮了，我这些年根本没有。"贾华阁满怀感激地说。

　　同时，李丰琼没有放弃对丈夫的治疗，听说哪里有偏方，赶紧拿来尝试，但都收效甚微。"在经济条件好的时候，带他到大医院找好医生看一看，或许就看好了呢。"李丰琼说。

"五好"角色

2015年11月27日,在邓州市裴营乡汤集村六组李云会家的小院内,茶花、桂花、吊兰、三叶梅、滴水莲等盆栽植物郁郁葱葱,仿佛走进了春天里。

眼前的这一切让你根本想不到,这是一个历经磨难的家庭:家庭贫寒,需要为两个兄弟盖房娶媳妇;儿子腿脚残疾,需要从小精心呵护;丈夫患肾病综合征,需要长期细心照料……

面对种种不幸,李云会没有退缩,勇敢地挑起了生活重担,用爱心和辛勤付出让这个困境中的家庭重新充满了生机。

李云会是个"好嫂子"。李云会娘家在邓州市裴营乡军杨村。1986年,李云会经人介绍和本乡汤集村的汤长春结婚。婚后,一家七口人挤住在三间土坯房内,但李云会没有丝毫怨言。

汤长春在弟兄四个中排行老二。老大在外工作。老三、老四到了结婚的年龄,李云会和丈夫一起为他们盖了新房,为他们操办了婚事。李云会与丈夫仍然住在低矮漏雨的老房子内,直到2003年秋天,夫妻俩才借债盖起了三间平房。

李云会是个好母亲。1988年2月,李云会的大儿子汤俭出生了,活泼可爱。可是到了学走路时,孩子只会用两个脚尖拖着地走。夫妻俩带着孩子到南阳、洛阳、襄樊等地治疗,但一直没有什么效果。

李云会夫妇两个种了将近20亩地,汤长春在组里任组长,从早到晚两个人忙个不停。没有谆谆教诲,父母的正直勤劳便是最好的家教,在潜移默化中影响着孩子的成长。汤俭从小就很懂事,为下地干活儿的父母做饭吃、倒水喝;学习勤奋,成绩经常在班里名列前茅。大学毕业后,汤俭在温州开起了诊所,自食其力。

李云会是个"好妻子"。2006年农历正月十四,汤长春头、眼肿胀,看不清东西。在市公疗医院住了四回院,严重时出现昏迷。后来转院到南阳,医生说接近肝硬化,住在重病区。之后,又说是黄疸肝炎。

2010年，汤长春在南阳医院住了一个月零三天，李云会不离左右。丈夫要上厕所，李云会为他穿上衣服，扣好扣子，一手搀扶着，一手拿着输液瓶子。丈夫进了男厕所，她举着输液瓶子在外面等着……

后来，通过吃中药，汤长春的病情慢慢稳定下来。"没有人家，就没有咱这条命！"提起妻子的好，汤长春激动地说。

李云会是个"好儿媳"。"结婚这二三十年，从来没有红过脸。以前老房子漏雨，她彻夜在屋里舀水往外倒。逢年过节做好吃的，都要把我叫来，像待客一样。"谈起儿媳妇，李云会的婆婆赞不绝口。

李云会还和婆婆一起无微不至地照顾老年痴呆的公公，在公公病重的两三年里，喂吃喂喝，端屎端尿，从来没有任何怨言，直到公公去世。

2015年4月，裴营乡评选首届"好媳妇"，李云会光荣当选。

李云会是个"好邻居"。在左邻右舍的眼中，只要有事，李云会都会主动上前帮忙，任劳任怨。

"早叫早到，晚叫晚到，谁家有事都是这样。半夜三更谁家小孩生病了，只要一喊都起来，陪着一起去城里看病。"邻居孙荣焕说，"那次我得了肾炎和糖尿病，云会领着我到城里检查，楼上楼下搀着，从不嫌烦。"

贫困不潦倒，李云会身上充满着一股精气神。

带领残疾儿童向幸福出发

"六一"儿童节前夕,在位于邓州市卫生南路的一个院子里,欢声笑语不断,小朋友们用精彩的演出迎接自己节日的到来。

看到自己的学生和来这里进行"手拉手"活动的城区幼儿园的学生融洽相处,贾道英的脸上露出了灿烂的笑容。

这里是邓州市残疾儿童康复中心,贾道英是这里的负责人,她已经在特教岗位上工作了29年。

1990年7月,邓州市残联开办了一个聋哑儿童语训班,学过两年幼儿教育的贾道英被聘为临时教师。由于资金不足,教师资源短缺,语训班不久便解散了。

望着最初招来的5名孩子,贾道英觉得,聋哑儿童应该跟健康儿童一样快乐地生活。她暗下决心,一定要带领聋哑儿童叩开人生之门,向着幸福出发。

教聋哑学生发音,需要付出常人难以想象的艰辛。贾道英说,就拿一个简单的"抱"字来说,老师需要不停地重复发音,让学生看口型、学发音,同时还需要做出"抱"的动作,让学生加深印象。学生学会这个发音,教师需要重复几千遍,甚至上万遍。

铜锣、脸盆、铁锅是贾道英教学之初的重要教学用具,为了让孩子们开口说话,她需要在课堂上一遍一遍地敲响这些器具,刺激他们的耳膜。"叮叮咣咣,叮叮咣咣……"巨大的声响给教学带来了帮助,也影响了邻居们的生活,他们找上门来:"我们知道你不容易,可这噪音我们真的受不了啊!"

贾道英十几年间先后搬了12次家,被大家戏称为"吉普赛女人"。

1994年春季的一天上午,正在上课的贾道英突然双腿酸软倒在了教室里。孩子们呼啦一下全围了上来,有的拉她扶她,有的给她捶胸揉背,有的还跑到教室外边"咿咿呀呀"地拽着路人往教室里拉。他们中最大的9岁,最小的才两岁多。贾道英及时得到了救治,被确诊为脑萎缩。她牵挂着自己的孩子们,住院不到半个月便"跑"了回来。她一边按时服药,一边坚持上课。"好人有好报。"贾道英笑着告诉我们，一年多过去了，她竟奇迹般地康复了。

2006年5月，在邓州市委、市政府的大力支持下，贾道英和她的孩子们终于有了自己的"家"——一幢三层小楼，教室、宿舍和餐厅都有了场地。2016年9月，四层宽敞明亮的新教学大楼投入使用。

"曹茹考入中国残疾人艺术团，参加了央视春节晚会《千手观音》的演出；程尧大学毕业后娶的媳妇也是大学生……"提起自己的学生，贾道英如数家珍。

29年来，贾道英培养的学生将近1500名，他们既有新野、唐河等周边县市的，也有福建、湖北、北京、天津、上海等省市的，在贾道英的引领下，很多人踏上了人生幸福之旅。

最美乡村女教师

她身患乳腺癌，手术半年之后，却坚持要求到学校上班；无论在何种工作岗位上，她都尽心尽力做到完美；身经种种磨难打击，她却始终微笑面对，感染着身边的每一个人。她就是邓州市夏集镇一初中教师杨冰。

命运多舛　病魔悄然向她袭来

杨冰老师今年 50 岁，教师导学得心应手，学生求知争先恐后。她的教学不仅深受学生喜爱，也赢得了同事们的认可。老教师余德和说："杨老师教法灵活，注重精讲多练，我跟着进行尝试之后，效果就是不一样。"她的优质课多次获得南阳市一、二等奖，撰写的论文和辅导的学生多次在省、市获奖，被评为优秀辅导老师，所担学科成绩一直名列前茅。

由于教学成绩突出，2004 年杨冰老师开始担任九年级班主任，并教数学课。虽然家离学校只有 300 米，为了方便教学，她还是把家安在了学校。每天早上 5:30 准时到班里查看情况，晚上 11 点钟学生全部就寝之后才放心地回家睡觉。

杨冰老师关注着每一个学生的成长。学生夏湖泊，父母都在外地打工，跟着爷爷一起生活。该生生性贪玩，上课不注意听讲，学习积极性不高。杨冰说，她找夏湖泊谈心，拿班级第一名做例子，帮他端正学习态度。她还进行家访，了解夏湖泊生活上存在的困难，带他到家中吃饭，让他感受到母亲般的温暖。慢慢地，夏湖泊的学习劲头起来了，成绩稳步上升。中招成绩揭晓，他的数学考了满分，迈进了一高中的大门。之后又以优异成绩考上大学，读完研究生。

2007 年 5 月，杨冰老师经常感冒低烧，到医院做了穿刺手术之后，医生告诉她并无大碍。2008 年 5 月，她又一次明显觉察到身体存在异样。丈夫劝她到医院进行检查，她却惦记着临近中考的学生："眼下复习正忙，娃儿们耽误不得！等考完试再说吧。"

中招成绩揭晓了，杨冰老师所带班级成绩喜人：全乡40多名学生考上重点高中，她们班就有18人。但是不幸也在悄然降临。2008年7月22日，她到市医院做了病理切片。7月24日，检查结果出来，诊断为恶性。她不相信，到南阳进行复查，确诊为恶性。她用汶川大地震来鼓励自己坚强，"活着就是幸福"。7月26日，进行手术。随后，又进行了6个疗程的化疗。

熟悉杨冰老师家庭情况的人都说，杨老师的遭遇如果放在别人身上，肯定早都垮掉了。1992年，她娘家哥突发疾病，撒手人寰。2006年11月，她娘家弟弟因车祸身亡。2012年3月，娘家70多岁的老父突遭车祸，大腿严重骨折。仅隔4个多月，她婆婆被查出贲门癌，为治病花费10万元，家里负债累累。丈夫因实在承受不了一连串的致命打击，神经错乱，被确诊为精神抑郁症……

敬业奉献　传递向上正能量

谁也没有想到，2009年春节刚过，面色蜡黄的杨冰拖着虚弱的病体，步履蹒跚地来到学校，再三请求校长让自己上班。学校领导苦苦劝阻，但却拗不过，只好安排她在教导处工作。

她每天总是早早来到学校。有一次，为提前印好月考试卷，她加班加点地干。时间一长，她感到腰酸腿痛，心慌气短，头晕目眩，但她一声不吭，咬紧牙关坚持着。一位同事见她大汗淋漓，气喘吁吁，心疼地劝她休息。她拭去额上的汗珠，装着若无其事的样子，笑着说："没事，这点活儿算啥？我能干！"没过多长时间，她感到天旋地转，瘫倒在地上。

为了照顾杨冰老师，2013年秋期，她被安排到夏集镇高台小学任教，担任一年级数学。原高台小学校长朱英说："杨老师带病坚守在教学第一线，没有因为身体有病，对学校提出特殊要求。"

2014年秋期开学之后，杨冰老师又回到了夏集镇一初中，每天准时到校，及时为老师和学生分发报纸，把图书室、仪器室、会议室打扫得干干净净。

虽然历经磨难，头发稀疏，但在同事们的印象中，"微笑"是她最常见的表情。许多人并不知道，杨老师家至今还欠着四五万元的外债。

杨冰老师的坚强乐观、敬业奉献精神也在潜移默化地感染着身边的每一个人。在杨冰老师的精心照料和乐观情绪感染下，丈夫的病情也在逐步好转，能够胜任日常教学工作，并且还担任着班主任。

"知心姐姐"的心灵之约

今年 48 岁的王建平,是邓州市穰东镇第一初中的一名乡村教师。十多年来,她利用业余时间,通过"心灵之约"信箱,与学生通信 6000 多封,被学生们亲切地称为"知心姐姐"。

"这些信并不是什么灵丹妙药,但是它能温暖孩子的心灵。"手握河南最美教师奖杯的王建平如是说。

"我们学校是一所农村寄宿制学校,孩子们 80% 都是留守儿童。他们的父母长期在外打工,在最需要亲情、爱和温暖的年龄,在最需要帮助、交流、沟通的时候,他们却一天天在孤独寂寞中成长。"王建平说,写信就好像写日记,它可以更好地让孩子表达内心的真实想法。

于是她就自制了一个信箱,挂在教学楼前的墙上,并为它起了一个温馨的名字——"心灵之约"。

"自那以后,我每周都要为学生回三四十封信,有时候一天能回十几封。"王建平说,为了保护学生的隐私,她让学生用化名写信,再将回信放在信箱下面的窗台上由学生自己取。慢慢地,信箱里的信逐渐多了起来。

从早恋到同学之间的矛盾,从思索生命的意义到处理和父母的关系……孩子们有什么困惑,有什么小秘密都愿意找"知心姐姐"倾诉。而王建平也都会耐心认真地给孩子们回信,将他们的烦恼一一化解。

十多年过去了,信箱由木质的变成了铁质的,王建平收到的信由一叠变成了一摞,以至于塞满了家里的柜子。王建平不仅赢得了学生的爱戴,也先后荣获感动南阳十大人物、河南省特级教师、中国好人、全国优秀教师、河南省"最美教师"等称号,并当选为中共河南省党代表。

随着王建平"心灵之约"信箱的影响越来越大,学校的不少老师也加入到"心灵之约"的工作中来,如今规模已扩大至 30 人。2012 年,学校又专门设置了一间"心灵之约"接待室,为有需要的学生开辟了面对面交流沟通的渠道。

"每一个学生都是百分之百"

一年时间里记下 25 万字"班级日志"、14 万字读书笔记,只为对学生有一个全面了解,好因材施教。任教 13 年,工作得到了领导、同事、学生和家长高度评价。她就是荣获河南省优秀教师、河南省师德教育专家、河南省文明教师、邓州市"十大杰出青年"、邓州市"最美教师"等称号的邓州市第一高中教师李丽。

每一个学生都是百分之百

2006 年,李丽从河南大学毕业后成为邓州市一高生物教师。2009 年,她开始担任高二年级的班主任。一位家长满怀期待地对她说:"李老师,学生就交给你了,你们班人多,近百人,他在你们班不过是百分之一,可在我们家,他可是唯一的百分之百呀!"

"每一个学生都是百分之百,为了这句话,我们怎么付出都不为过。作为老师,我有义务在学生学习成长的关键时期扶一把,尽自己全力让每一个学生健康成长。"李丽老师动情地说。

学生赵萌有一段时间神情恍惚、成绩下降。李丽经过认真走访后发现,该生周末频繁上网。李老师在网吧找到赵萌,"恐吓"道:"你再去网吧的话,我就告诉你妈。"赵萌恳求李老师先不要这样做,自己一定改。果然,他以后没有再去网吧,成绩也直线回升。这是高二上学期的事情,当赵萌母亲知道这件事的时候已是高二下学期了。

学生赵粲的妈妈介绍,高考前学生压力大,李丽老师经常给家长们发短信,教给大家一些为学生减压的方法。

"李老师平等对待每一个学生,每隔一个阶段都要找学生谈心。"在对外经济贸易大学求学的张淑秀同学说。

高中阶段正是学生情窦初开的年龄,一些学生因为走得比较近,被大家看成了谈恋爱。一些家长一听说孩子在"谈恋爱",便想当面批评,想让孩子调班，坐得远远的，企图用这样的方式让孩子们一刀两断。"其实，这根本不叫谈恋爱，孩子最忌讳家长给扣帽子。"李丽说，"家长的做法只能是伤了孩子的自尊，让他们走得更近，与其堵，不如疏。"

学生李媛（化名）是学校里的"校花"，赢得了不少男生的追求。在校园里，总能看到她和一名男生手拉手的身影。李丽找准李媛喜欢英语的特点，为她讲一棵树和一片森林的关系，为她讲北京外国语学院和上海外国语学院女生优雅的举止和远大的理想。李丽绘声绘色地描述激起了李媛的无限向往，李媛为自己定下了奋斗目标。从那以后，李媛像变了一个人，抓紧分分秒秒时间学习，顺利考入了理想高校。

有付出就有收获

在李丽看来，教育是爱的事业，但光有爱是远远不够的，教育还需要智慧。

"既然一个人一辈子吃的苦和享受到的甜是一定的，现在甜以后吃苦不是一样吗？"学生马长城辩解道。因为认为学习无用、学习没有意思，虽然已是高三学生，他还是成天昏昏欲睡。

李丽告诉他，人活着有两件事，前半生重在自我完善，后半生重在自我价值提升。上学不是为了考上好大学，而是为了让自己的才气释放出来，在养活自己的同时，让更多的人从自己身上受益。

听了老师的话，马长城内心受到了很大的触动，迸发出前所未有的竞争意识，成绩从阶段五六百名飞跃到阶段一百多名，高考时被一所二本院校录取。

"只有将问题呈现出来，你再告诉学生该怎样做，他们才愿意接受。"李丽老师说。

"励志演讲，男生班会，女生班会——"正在中南大学求学的张炎培对李丽老师的创新之举仍然记忆犹新。学生韩秋月还记得李丽让同学们写下自己一周时间里在思想方面、学业方面遇到的问题。李老师则在上面写下留言，进行有针对性的心理辅导。

李丽虽然以前也有记东西的习惯，但都是零碎的，连贯性差。从 2011 年开始，她坚持记"班级日志"，记下每一个同学每一个阶段的学习情况、思想状态、生活情况，通过前后对照，找到出现问题的原因，对症下药。李丽的辛勤付出有了丰硕收获，不仅收获到学生对老师的一片真情，而且在高考中，李丽所带的班级都考出了好成绩，2018年毕业学生张辰玺被北京大学录取。

"遇到李丽老师不仅是学生的福气，家长的福气，也是老师的福气。"英语老师侯积勉说。

在坚持记班级日志的基础上，李丽积极尝试学生量化积分，让学生自己管理自己。"常规要求上可以'量化'，可以放手，学生思想动向上决不能放手。"李丽说。

警营"女宋慈"

2014年11月13日下午2点10分,邓州市火车站。车站附近的群众自发地围聚在出站口,欢迎全国公安机关爱民模范李华敏结束全国巡回演讲载誉归来。当手捧鲜花、步履矫健的李华敏出现在大家面前时,掌声顿时响成一片。

2014年10月28日上午,习近平总书记在北京亲切会见全国公安机关爱民模范集体代表和爱民模范。李华敏作为爱民模范参加接见,并在人民大会堂举办的全国公安机关爱民模范先进事迹报告会上发言。随后,李华敏作为报告团成员,先后赴辽宁、内蒙古、河南、福建等地作巡回报告。

1990年,21岁的李华敏从河南洛阳医专毕业后,分配到邓州市公安局刑警大队,当上了一名法医。

李华敏至今还记得第一次出现场的情形。那是1990年9月中旬的一天下午,李华敏当法医还不到两周时间。邓州市罗庄镇一涵洞下发现一具被烧焦的男尸。看着焦黑的尸体,闻着令人作呕的怪味,从未有过的恶心和恐惧瞬间传遍了全身,李华敏拿着解剖刀的手不由自主地颤抖起来。在大家的安慰和鼓励下,她终于鼓足勇气完成了整个工作。当天晚上她害怕得睡不着觉,只好起身喝了一点酒,晕晕乎乎地才睡着了。

随着出警次数的增多,李华敏慢慢克服了自己的恐惧心理,并且越来越深刻地认识到自己所从事工作的重要性:法医鉴定结果在案件侦破中发挥着重要作用,借此可以揭开事实真相,惩恶扬善。

2007年8月28日,邓州市裴营乡东丁村玉米地里发现一具男尸。当时正值盛夏高温,尸体已高度腐败,爬满了蛆虫,发出令人窒息的尸臭。顶着烈日进行勘查,李华敏的衣服一次次被汗水浸透,结下层层汗碱,皮肤也被晒得火辣辣地疼。长时间的高温下作业,令她身体虚脱,晕倒在地,同事们劝她回去休息。但死者家属那撕心裂肺的哭声,让在场人无不为之动容,看着死者白发苍苍的母亲,她脑子里只有一个念头:一定要查出真凶,将凶手绳之以法,以告慰死者和他的家人。在离尸体300米远处,她发现了一枚带有血迹的扣子,确定了第一现场位置。同时根据尸检结果，推断出了死亡时间和致伤工具。有了这些准确的信息，侦查人员很快就破获了此案，抓获了犯罪嫌疑人。

李华敏不断地学习，更新业务知识，力求掌握最前沿的科技知识，为侦查破案服务。2004年2月19日，邓州市张村镇发生了一起针对留守妇女的恶性强奸杀人案。根据现场分析，嫌疑人应为本地人。可是案发周围村庄男性近万人，要采集近万人的血样不现实。经过多次分析研究，她发现案发地周围的村子均以姓氏、宗族稳定居住，如果把相关DNA的延伸知识运用到案件中，不但可以节省大量人力财力物力，还能把侦查范围大大缩小。她先后到郑州、武汉、北京等地向有关DNA方面的专家请教学习，并反复进行模拟实验，最终找到了应用规律，锁定了元凶。李华敏运用DNA破获案件的方法后来在全国进行推广。

由于法医岗位特殊，人员很少，只要出现命案，李华敏都会在第一时间赶到现场。丈夫在外工作，只好把孩子和老人留在家里。三岁多的时候，孩子便会上街买饭，照顾瘫痪在床的爷爷奶奶。每次出警前打电话回家，孩子一接通电话便说："哦，知道了，你不回来了！"随即便把电话挂断了。

只要有时间，李华敏都会留在家中，精心照料老人孩子，做做家务。在丈夫郑永红的眼中，李华敏是难得的好媳妇。自己很长时间都不在家，父母瘫痪在床，李华敏端吃端喝，刮屎倒尿，像亲闺女一样。"娶了这样的媳妇是我一辈子的福气。"郑永红说。"家庭和睦幸福，干工作才有心情。"李华敏告诉我们。

因为随时都可能出警，时间没有保障，李华敏基本没有什么业余爱好。在同事张简的眼中，李华敏有一副好歌喉，是歌厅中的"麦霸"，可李华敏很少有机会去放声高歌。

在基层法医的工作岗位上，李华敏一干就是29年。近5年以来，她先后出勘案件现场1000余次，参与尸体检验500余例，物证检验300余例，其中通过刑事技术手段侦破有重大影响的案件150余起，侦破命案40余起。她先后获得河南省劳动模范、河南省优秀共产党员、公安部二级英模、全国三八红旗手等荣誉，荣立个人三等功两次。她所带领的刑事科学技术室成为全国一级示范技术室，邓州市被评为全国现场勘查优秀县市。刑事科学技术室被评为邓州市十佳政法单位，荣立集体三等功。她被大家亲切地誉为警营"女宋慈"。

路见不平一声吼

2012年6月14日,广州市新穗公共汽车公司隆重举行大会,表彰刚刚获评广州市"2011年度十大见义勇为好市民"的公司员工井铁顺,号召全体员工向他学习,并颁发奖金3000元。

井铁顺是邓州市彭桥镇绳岗村人。作为一名普普通通的南阳外出务工人员,井铁顺何以感动南方大都市的万千市民呢?

一跃而起扑倒劫匪

2011年3月26日傍晚,井铁顺下班回家途经汽车站时,看见一名男子在快速奔跑,后面一名女子边追边喊:"抢东西了!"井铁顺毫不犹豫地一跃而起,将那名男子扑倒在地。在他的感染下,旁边市民也纷纷伸出援手,将该男子送往公安机关。

事后有人问他,如果对方身上有凶器,又有同伙接应,会不会害怕?朴实的井铁顺说:"当时根本没有想那么多,只想着有人被抢,不能不管!"

"这只是一件小事,没想到会引起这么多人关注。"井铁顺勇擒劫匪之后,也没有对别人说。直到6月13日他被评为广州市十大见义勇为好市民之一,大家才知道他做了一件令人敬佩的"大事"。

平时,井铁顺就乐于助人。2010年7月的一天,他在公园散步,看到一名40多岁的女士痛苦地蹲在地上,直说头晕。他赶紧把该女士送到附近一个诊所内,医生诊断为中暑。看病人没有大碍,他就悄悄地走开了。

"真的没啥,这都是小事。"井铁顺一再强调说:"做点力所能及的事,伸手帮别人一把,都是应该的。下次遇到(抢劫)这样的事,我还会冲上去。"

连续半月蹲点抓贼

广州市公安局便衣侦查支队队长李大明,和井铁顺在一起共事多年。作为广州市公交系统选出的优秀反扒民兵,井铁顺平时一直协助他们执勤、反扒、打击"两抢一盗","吃苦耐劳,责任心很强"。

2010年广州亚运会、亚残运会期间,井铁顺连续3个月没有休息,早出晚归。李大明事后才知道,井铁顺的小孩得了手足口病,却一直没有时间照顾。2011年12月31日晚新年倒计时,井铁顺协助执勤到凌晨1点多,抓获两名犯罪嫌疑人,手也擦伤了,两个星期后才好。

2012年4月份,由于所在单位发生盗窃案件,井铁顺白天协助便衣民警工作,晚上12点到早上6点蹲点设伏,连续半个多月,没有任何怨言。大家知道情况后,安排他调休,他坚决不同意。

热心助人捐出奖金

2012年6月15日,得知孩子获奖的消息,井铁顺的父亲井长成说:"铁顺这个人就是见不得歪风邪气,看到不合理的事就憋燥(方言,即生气)。"

在邻居井建军眼中,井铁顺是一个"热心肠的大好人"。在2008年去广州打工前,井铁顺有一辆车,村里有人生病了,无论刮风下雨,他都随喊随到,从来不耽搁。村里离县城30多公里,井铁顺从来不讲车费。村里谁家有红白喜事,他总是主动上前,帮忙招呼。所以,当听说井铁顺见义勇为的事迹后,井建军感到"毫不意外"。

放羊娃一路打工进清华

2007年7月15日,邓州市花洲实验高中(原邓州市第四高中)学生马春正收到了清华大学录取通知书。那一刻,他百感交集。

其实,马春正原籍是湖北省房县。房县位于神农架林区,高寒、偏远、贫穷、落后。1987年,两岁的马春正被母亲王等英带着一路逃荒,来到邓州市高集镇李岗村,母亲再嫁给村民马长更。继父虽然耳聋背驼,家徒四壁,但为人实在。

5岁时,马春正开始放羊。他家养有5只羊,每只羊都比他力气大,他根本拉不住羊。羊总是把他折腾得疲于奔命,倒像是羊在放人。

最让他不开心的是,因为自己是从神农架来的"山里娃儿",加之性格内向,小伙伴儿们根本不和他一起玩。

单调寂寞的日子里,他就用树枝在河滩上画画,画羊吃草,画神圣的学堂,虽然是照葫芦画瓢,但也有模有样。他家墙上有一幅发黄的老寿星图画,凭记忆,他能勾画得惟妙惟肖。正是在这寂寞中的排遣中,让他找到了人生的方向。

9岁那年,马春正才步入了小学的大门。农村小学没有美术课,马春正有点"英雄无用武之地"。好在他有一本名叫《武松》的连环画,课间他就照着连环画画。一本连环画画完了,他就临摹课本上的插图,铅笔盒的贴画,看到羊画羊,看到牛画牛,倒也画得活灵活现。

马春正不仅画画得好,字也写得周正。学校发现他是人才,就让他负责办黑板报,他的插图和版式设计让人耳目一新。小学毕业那年,邓州市举办文化艺术节,他代表学校参赛,现场挥毫泼墨,一幅书法和一幅绘画作品,双双夺取头奖。

后来,马春正以优异成绩考入高集镇第一初中。中学离家有两公里,为了省钱,他食宿在家。由于父母忙于农活,顾不上给他做饭,他便常常一天三顿冷水泡凉馍。白水煮面条算是改善生活。

马春正勉强读了一个学期。初中一年级下学期开学，母亲再也拿不出学费，他只好辍学。马春正想到了打工。2000年正月，14岁的马春正就和同村青年人一起，来到了郑州，在郑州郊区十八里河一家窑场，成了童工。

在窑场，马春正没技术，不会做砖坯，只能下笨力，拉砖坯。

当时，马春正身高不足1.5米，体重不到30公斤。按窑场规定，一车要装220块砖坯，有600多公斤重。他每天拉20多车，要拉到1公里外的烧砖窑，路是土路，还有缓坡，每天往返就需要50多公里。手磨破了，戴上手套，脚磨出了血，就跪在地上。即使这样，每拉一车砖坯只能挣8毛钱。

高强度的劳动，体能又得不到补充，马春正实在拉不动了。窑场负责人就让他每车拉110块砖坯，不过，要拉两车算一车。

就这样，马春正在窑场干了一年。当年腊月二十日，马春正回到了邓州老家，一年的苦力，他省吃俭用，带回了2000多元。他用打工的钱给母亲买件毛衣，为继父买双棉手套，还帮助家里买了一些砖，盖了一间砖房。余下的七八百元钱，成了他初中三年的全部费用。

初中毕业，马春正以优异的成绩考上了一所中专，但由于交不起每年1700元的学费，就选择了高中。那是邓州第二高中，是一所重点高中。

第二年，马春正转入邓州花洲实验高中。那年的学费，是他利用假期在邓州小十字街一建筑工地上打工挣的。

暑假时，马春正去刘小娜老师家补课，大热的天，他还穿着厚厚的绿色长袖T恤。刘老师感到奇怪，问他热不热，他说没事。第二天，刘老师和其他人说起这事时，才知道马春正家庭困难，于是就介绍他在学校餐厅打工，不发工资，只管吃饱。每到快放学时，老师允许他提前10分钟下课到餐厅帮助卖饭。凭着在学校餐厅打饭、洗碗，马春正吃了两年的免费饭。

后来，经邓州花洲实验高中美术老师韩永勤推荐，马春正来到海燕画室深造美术。了解到他的情况后，画室负责人免费收留了他，看他功底不错，还聘请他做指导老师。这样，他不仅免费学习，又为自己挣了一些学费。

2006年，马春正高中毕业，并以优异的成绩考入西安美院深圳分院，学费是1.5万元。但他凑不齐学费，把口粮卖光，才凑了2700元钱。

马春正带着这些钱去报到，学校规定最迟缓交3个月。3个月，对马春正来说还是太短了，他只好选择退学。

马春正默默离开了美院。怕父母伤心，他没敢告诉父母，而是直接回到邓州市，边教学生，边学习。

过了一段时间，马春正不好再隐瞒下去，只好向父母说了实话，并征得父母同意，前往被誉为"画家摇篮，中原名校"的郑州郑铁六中学习专业知识。

在郑州，马春正选择的是"半工半读"。郑铁六中的老师听说他专业成绩优异，答应他免费借读。就这样，平时，他按部就班地在郑铁六中学习；双休日，他就到一个绘画培训班打工。培训班只管吃饭，没有报酬，但也解决了马春正的燃眉之急。

一个偶然的机会，马春正认识了张文恒教授，并将携带的作品请教授指导。教授对马春正的作品大加赞赏，并对他说："你如果有时间，可以来我这里帮忙。"

马春正知道张文恒是南开大学东方艺术系教授，中国油画学会会员。他的作品曾参加中国油画双年展、第九届全国美展、中国艺术大展及第三届中国油画展等重要展览并曾获奖。作品刊登于多种学术刊物及大型画册，中央电视台"美术星空"栏目曾以"中间地带"为题对其创作情况予以介绍。

张文恒教授的邀请，让马春正受宠若惊。于是，他来到张文恒创办的培训班里做教学工作，辅导学生。张文恒教授还给马春正找了住处，并安排他在一家企业的职工食堂就餐。学业上，给他指导。在教授门下，马春正不仅挣有一份工资，专业水平也提高很快。

2007年3月，马春正参加了高招专业考试。为此，他常常晚上学习到凌晨3点，并且只能"以工养学"。

马春正再次参加高考，取得总分995分（含专业、文化课分）的好成绩，最终以高出清华大学美术学院工艺美术系录取分数线38分的绝对优势，被清华大学录取。

崇拜自己的残奥会冠军

2018年10月13日,第三届亚洲残疾人运动会在印度尼西亚雅加达闭幕,来自河南邓州的90后姑娘李露斩获女子田径T45/46/47级100米、200米和400米三枚金牌。

"崇拜别人,不如崇拜自己!"这是李露的微信签名。李露也有偶像,她的偶像就是她自己。

李露出生于1994年12月,老家在邓州市高集镇后李村。她的父母常年在新疆打工,在那里出生刚满一个月的时候,她被送回老家跟着爷爷奶奶一起生活。小时候的李露性格活泼开朗,像男孩一样特别淘气,喜欢爬上爬下,天不怕地不怕。

但没有想到的是,不幸伴随着快乐的童年悄然降临:1999年3月的一天,4岁多的李露和邻居家的小孩到村边一个砖窑厂玩儿,不知道"电老虎"厉害的她无意中触摸到了窑厂安装的变压器,随着一声巨响,她被强大的电流电晕了过去,身体被击伤。经过治疗,她的生命保住了,但左小臂不得不进行了截肢。

"被电击伤之后,小朋友们都很好奇地看我、议论我,我压力很大,也很生气。特别是夏天,别人穿短袖,我只能穿长袖,有一点自卑。"李露说起小时候的事情,还有些难受。

小学生活过得很快,尽管有些自卑,但爱运动的天性还是让李露生活得相当快乐,特别是体育成绩更是出类拔萃,在邓州小有名气。机会往往是留给有准备的人:2009年6月的一天,正在读小学六年级的李露被邓州市残联选中,简单培训了3天,便参加了南阳市首届残疾人运动会。结果15岁的李露一鸣惊人,获得100米比赛冠军。之后,又在南阳集训了10多天,李露参加了河南省第五届残运会,获得100米、200米和400米3块铜牌。

2010年12月,李露参加第八届全国残运会集训。性格争强好胜的她不甘人后,训练量和四肢健全的学生几乎是相同的。但是赛前由于饮食不够注意,

吃坏了肚子，上吐下泻，严重影响了体力，导致她仅仅拿到了400米银牌和200米铜牌。作为首次参加全国比赛的16岁新手，她的成绩在队友看来已经很不错了，可她耿耿于怀，觉得是个不小的遗憾，赛后哭了一场。

2011年11月，经组织安排，李露开始在焦作体校接受系统训练。"这孩子意志品质非常坚强，上进心很强，她从不把自己当个残疾人，正常人能干的，她要干，正常人不能干的，她也要干，训练非常认真，成绩提高也非常快。"李露的教练张鹏告诉记者，"她还积极动脑筋想办法，看到别的队员通过举杠铃增强上肢力量，她用健全的右臂举杠铃，另一边让队友托着。"

在常年的艰苦训练中，李露好几个部位都受过伤。"在没有受伤的时候，心想什么时候也能够受一次伤，好好歇一歇。可等自己真正受伤了，心里却很难受和着急。看到别人成绩都在提高，自己却什么也不能做。"李露说。就连从小带大自己的奶奶因病住院，李露到医院里陪护期间，还不忘给张鹏教练打电话，让把训练计划发过去，她在医院里自己练。

一份付出，一份收获。李露多年坚持不懈的努力终于有了丰硕的回报：2013年10月，在马来西亚举行的亚洲青年残运会上，李露获得了T46级200米、400米、800米三块金牌。

2015年高考，李露通过特招考试被郑州大学体育学院录取。当年9月，在全国第九届残运会上，李露获得两金一银，其中T46级400米比赛58秒49的成绩还打破了全国纪录。

但李露没有沾沾自喜，而是投入了更加艰苦的训练，她的梦想是成为残奥会冠军，在世界赛场上升国旗、奏国歌。

2016年里约残奥会，李露梦想成真，她以58秒09的成绩夺得田径T46级400米决赛金牌。这个殊荣使她稍后获得了中国青年五四奖章、全国五一劳动奖章、全国三八红旗手等一系列荣誉称号。

走下里约残奥会领奖台之后，李露又有了新的梦想，那就是在2020年东京残奥会上继续夺冠，为国争光，为河南，为她的家乡邓州添彩。2017年第八届残疾人世锦赛上的1金2铜，2018年世界残奥田径大奖赛（北京站）比赛中的3枚金牌，都是她在为东京夺魁做铺垫。

随着眼界的开阔，成绩的提高，社会的肯定，李露也从运动中收获了快乐和自信，学会了坚强地面对一切，夏天也敢穿上漂亮的短袖走上大街，脸上洋溢着阳光般灿烂的笑容,再也不去理会别人异样的目光了。

雅加达归来稍事休整之后,李露一边学习一边又投入到新的训练中,每天差不多有 5 个小时在田径场上度过。有这样全身心的付出,我们有理由相信,2020 年东京残奥会上,李露一定会梦想成真,让五星红旗再次高高飘扬在领奖台的最高处。

"瓷娃娃"圆了大学梦

"梁朝君高考成绩641分！"2018年6月24日，河南省高考分数揭晓，梁朝君的班主任李丽激动万分。这个成绩高出当年河南省高招一本理科分数线142分。

梁朝君是原邓州市第一高中317班学生，身高1.51米的他成骨发育不全，俗称"瓷娃娃"。高中三年，他累计休学9个月。但他用顽强的毅力坚持自学，功课一点儿也没落下。

梁朝君家在邓州市刘集镇梁营村，父亲身体残疾，母亲智障，奶奶今年75岁，妹妹上小学四年级。一家5口人中3个人身有残疾，生活拮据。但梁朝君从小学到初中，学习成绩一直名列前茅。2015年，他以优异的成绩考入了邓州第一高中。

在李丽老师的印象中，梁朝君善良、单纯、聪明、勤奋，有着招牌式的抿嘴笑。他经常穿着一双洗得发白的黄球鞋，背着一个很破的书包，是班里公认的来得最早走得最晚的"勤奋哥"。

不幸悄然降临。"老师，我回家了，可能需要几个月才能返校，跟您请个假。"2015年9月16日，梁朝君向李丽老师请假。这是他上高中后的第一次骨折，盆骨骨折。

在长达几个月的休养期里，梁朝君一直坚持自学。他通过电话向李丽老师汇报着自己的学习情况："老师，没事，我只是躺着不能动，但是手和头可以动啊，学习不会落下的，您放心。"2016年1月7日，梁朝君返校。1月16日，高一考试，长期在家自学的梁朝君化学98分，全班第一，总成绩班级前十，年级第17名。3月7日，下楼走得太快的他再次骨折。4月11日，面色苍白的他上高中后第三次骨折。同学们给予梁朝君力所能及的帮助，帮他打饭，背着他上下楼。宿舍和教室有很远一段距离，并且都在三楼。梁朝君则为大家讲题，尽职尽责做好化学课代表，用他的坚强乐观感染着每一位同学。4月18日，李丽老师看到坐在座位上的梁朝君面色蜡白，额头上密密的都是汗,"逼迫"着他去做了检查。医生初步诊断梁朝君"成骨发育不全",俗称"玻璃人""瓷娃娃",需要长期治疗。回到家后的梁朝君虽然卧床不起,但床头放着厚厚一摞书,经常翻阅。

梁朝君的病情牵动着邓州市一高中全体师生的心。"不能让学生因为钱的问题影响治病。"学校负责人表态。校团委发出捐款倡议。爱像潮水涌向梁朝君同学。短短五六天时间,该校师生、学生家长及社会上爱心人士就捐款4万多元。梁朝君的母校刘集一初中的师生们也捐款6千多元。"生活以疼吻我,而我报之以歌。""霍金以一根手指搅动了宇宙,你也一定能行的。"……117班的老师和同学们将勉励的话语写在小纸片上,制成了"朝君的周期表"送到家中。

2016年5月1日,用这些爱心捐款,家人带着梁朝君到北京积水潭医院接受了治疗。疗效非常明显,高二整学年和高三上学期,梁朝君的病没有再复发,大家渐渐淡忘了他的"脆骨病"。

2018年1月5日,大雪后的校园道路特别光滑,梁朝君去餐厅吃饭时摔倒了,不能动弹。贾明章老师看到之后,立即从宿管阿姨那里"抢"来被子,第一时间将梁朝君固定在床板上。雪大路滑,救护车进不来。贾老师和同学们将梁朝君抬到三轮车上,再小心翼翼地推到校门口。

"头天晚上我在辅导,想给同学们交代一下,照顾好朝君,不要让他自己去餐厅吃饭,没有说出来,结果第二天早上就出事了。"化学老师程永军非常自责。

梁朝君同桌许同洲的父亲许国胜在医院上班,跑前跑后帮着办理住院手续。李丽老师带去了日常生活用品,在医院照料。同学们轮流去看望。梁朝君胸椎骨折,住院一个月后,为了节省开支,他坚持要回家。躺在床上的他坚持自学。能坐起来时,他把小凳子放在床上,趴在上面演题。由于用眼过度,他患了角膜炎。李丽老师赶忙联系治疗。

4月6日,身体状况好转之后,梁朝君又回到了班里。每坐半个小时之后,就需要躺着歇一下,李丽老师和同学们在班级旁边的自习室里为他搭建了临时床铺。

为了给梁朝君补充营养,虽然上有老下有小需要照顾,程永军老师坚持给梁朝君煮鸡蛋吃。顾及梁朝君的自尊心,程老师把他单独叫过来,约定好送鸡蛋的时间、地点。这个秘密保持了好长时间，直到送的鸡蛋太多吃不完，同学们抢着吃时才被揭开。生病了让带着去看病，在医院缴费时不拒绝，为自己翻身时不避讳，高考前让买清火药，梁朝君把李丽老师当成了亲人。高三测试比较频繁，为了不让梁朝君再次受伤，每次考试学校都让他在自己班里进行。

学校为梁朝君减免了学费，发放了助学金。一位不愿意透露姓名的校友每年为他提供3000元资助。一名学生家长往梁朝君卡上打了2000元钱，也不愿说出名字。许多学生家长和爱心人士到家里送钱送物。市残联每年为他提供2000元补助。刘集镇将梁朝君家确定为低保贫困户，进行精准扶贫。

"梁朝君是个坚强努力的好孩子，希望他取得好成绩。我们永远是你们的后盾。"2018年6月23日，梁朝君的主治医生北京积水潭医院的陈佳给梁朝君的小姨高香焕发来短信。平时，陈佳、邓薇等医生经常询问梁朝君的病情，关心他的学习。从2016年开始，梁朝君每年暑假都要到北京积水潭医院治疗十多天时间。

梁朝君得到了许多帮助，同时，他也是大家的榜样。许同洲介绍说，在许多家长眼里，梁朝君就是那个"别人家的孩子"。"每次生病那么长时间，学习成绩还是那么好，我们都很佩服，他是我们17班的精神力量。"同学韩文轩说。

"上大学不能上北方去，每次下雪都需要很长时间。""参加工作后，不能坐很长时间。"李丽老师和程永军老师商量着为梁朝君报一个好学校、好专业。最终，梁朝君被电子科技大学录取。

"这么多年来，我得到了老师、同学和许多爱心人士的帮助，我要用优异的成绩回报他们。有能力了，我还要把家人接到城里去，让他们生活得更好。"说这番话时，梁朝君脸上仍然带着招牌式的抿嘴笑。

"梁朝君是学生身边的励志典型，老师和同学们的帮助也是他成才的主要因素，这个先进集体同样值得学习。"邓州市第一高中校长段红琴介绍说，学校将通过典型引领，促使德育工作再上一个新台阶。

从白云到白云朵朵

白云苹，邓州市张楼乡门庙村人，河南中医药大学（原河南中医学院）学科建设办公室综合科科长、白云苹贫困生基金会名誉会长。"全国首届大学生自强之星十大标兵"、"河南省十大新闻人物"、"河南青年五四奖章"获得者，"感动中国2003年度人物"25位候选人之一。

时间回到17年前。2002年8月底，家里正忙着秋收，花生、棉花、芝麻、玉米，忙完这茬忙那茬。地里的庄稼不等人！熟了得"努把力"收。庄稼"努把力"能收，可白云苹上大学的事儿，不是"努把力"就能成的。

白云苹在家排行老二，有一个哥哥、一个妹妹，父母不识字，家里靠种8亩地、喂几只牲畜维持。小学五年级，母亲患上胃病，在邓州、南阳奔波看病，欠下一万多元外债。妹妹和哥哥接连辍学。哥哥为还债，年仅15岁就远赴广州打工，又不慎从脚手架上摔下来摔伤。只有白云苹坚持着读到了高中。

高考放榜，白云苹考上了河南中医药大学。拿到通知书，她没有笑，瞪着眼看那张纸上的数字：学费、住宿费4500元。

"算了，不上了。"她扭头，看了看用石棉瓦搭建的房舍，和父亲身上开着大口子的衬衫，将通知书偷偷压到枕头下。

"算了"，这两个字刚吐出，她就后悔了，脑海不听使唤地开始"倒带"。

"农村女孩，读书是唯一的出路，如果你不上大学，一辈子也就这样了，围着锅台团团转。"这是她从小听老师说的，也是她坚持读书的所有动力。

辍学，攒钱，上学；辍学，攒钱，再上学……初中那几年，一到开学，白云苹都窝在家，因为拿不出学费，上不起。老师不忍心"好苗子"被耽搁，每逢开学就往白家跑，学费有两次都是老师垫付的。

中午，母亲从地里回来，将锄头、铁耙放到墙角。白云苹跑出门，说："妈，我考上了。"这位连自己名字都不会写的母亲，硬是要看看那张录取通知书，用长满老茧的手摸来摸去。

过后，她扭头钻进里屋，拿出粮食袋子，舀起黄豆、绿豆、陈芝麻，装上车子去乡里卖，白云苹跟在身后低头走，一路上没说话。过秤、算账，才200多元，九牛一毛。

回到家，掂着空空的编织袋，20岁的白云苹开始发呆。正是这样的编织袋，长久凝聚着她的希望与梦想：从小学五年级开始，她就习惯背着编织袋，埋头搜寻街道路面角落，捡废品换钱，这是她想到的唯一能做的。

但，环境在改变，白云苹在长大。步入青春期的她，开始懂得"面子"和"尊严"，捡起废品时，开始脸发热，头发沉。

在邓州市花洲实验高中，白云苹捡废品开始躲着人，很少有人知道，教学楼女厕所里放的装废品的编织袋，是她的。夜深人静时，白云苹才在校园转，直到高考前几个月意外"暴露"。

那是晚上10点多，下晚自习后，同学们已回宿舍睡觉，白云苹的班主任丁新庚老师拿起手电筒开始安全巡查。在教学楼后的一个垃圾池边，他突然看到有个人影一起一伏，不停地翻拣着什么。

丁老师被吓了一跳，轻轻走过去，才看清是班上的白云苹。看到老师，白云苹低下头不知所措，刚捡到的啤酒瓶脱手掉落。

"咣"，瓶子碎了。寂静的夜晚被打破，丁老师的眼睛湿润了。

高中三年，白云苹断断续续捡了三年。捡来的废品，换了钱，买了馍和面汤，吃了三年。

白云苹想给自己"捡"一个考大学的机会，但上大学，依旧遥远。

"到头来，大学还是一个梦？"丢下编织袋，白云苹去亲戚家借钱。她跑到邻村姑姑家，正欲开口，姑姑先哭了起来："苹，不是不借，是想借借不了啊，你看咱家里，还有3个孩子在上学……"

农村都是穷亲戚，家家有本难念的经。如果这个夏天按部就班，白云苹可能永远不会进入人们视野。她不知道，她走后，姑姑找到了村里常向报社投稿的老乡，诉说侄女多年来"捡废品求学"的事。很快，白云苹被当地媒体以整版报道。

人们被"倔强"的白云苹感动了，纷纷捐款。大学的门开了。

6人间宿舍里，张钟允和其他4位室友早早整理好被褥，自报家门后，很快熟识起来，但张钟允的上铺还是空荡荡的床板，大家直犯嘀咕："最后一个室友为何迟迟不见人？"

2002年9月初，入学报到时的这一幕，是张钟允对白云苹的第一印象。

直到傍晚时分，一个瘦瘦黑黑的女孩，背着一个大行李包袱出现在寝室门口，喘着粗气，径直走向空下的床铺，将肩上包袱往上一推，转身就走，头也没抬。

这么着急，是她要让老乡带着自己去找辅导员陈国富，申请勤工助学岗位。来上大学，白云苹父母没敢来，"没见过世面，怕丢人"。

背着白云苹，辅导员陈国富组织同学凑了600元捐款，打算交给白云苹。谁知白云苹错愕不已，"我不要，我知道我的家庭条件，所以我要打工挣钱，这很正常。如果只是因为我被大家知道了，就用这些捐款，对那些比我贫困的学生来说，不公平。"

面对辅导员，内向的白云苹竟打起"机关枪"，举例说，不为人知的贫困同学有很多，她去餐厅吃饭，亲眼看到有同学在餐厅只买了馒头就着水吃。

辅导员被堵得说不出话，只得点头。

医学课程排得很满，上午课程结束，安静的教室瞬间"乱哄哄"，同学们有说有笑商量中午吃啥，白云苹却"噌"地一下站起来，飞奔出门。

学校附近，一家烩面店的老板在等她。

送外卖是体力活，白云苹却一刻不停。"老板知道我，别人送外卖3小时5元，给我是2小时5元，我感觉特别对不起老板，中午总想为老板多送几份。"

忙完赶紧吃口饭，下午两点半，踩着上课铃，白云苹气喘吁吁跑回教室上课。开课5分钟了，坐在一旁的张钟允看见白云苹还在喘。晚上，她还要去实验室打扫卫生。

当时，听说白云苹的事迹后，社会上不时有人通过邮局给她汇款，都被她婉拒，她仍坚持打两份工。

多少个夜幕降临，打扫完实验室，抬头看看如墨的夜空，在校园一盏路灯下，白云苹轻轻坐下，从提着的袋子里，一本一本往外掏书，医学专业课的书都是又厚又大，白云苹手不大，却把书托得很稳。

夜很黑，白云苹的整个世界，仿佛全在几盏路灯的光束里。

大学五年，白云苹坚持挤时间学习，最终顺利考上河南中医药大学副院长李建生教授的研究生，作为河南中医的学术带头人，他一年只招几个学生，没人比他更严格。

起初,李建生对白云苹不放心:"一个做了5年报告的'名人学生',能闷头做学问吗? 我丑话说前头,在我这儿,不管你是什么名人,做不好课题,都不算事。"

再次说到白云苹时,李建生眉开眼笑:"踏实、真实、勤奋,交给她的活儿没有干不好的。"2013年1月,2012年度国家科学技术进步奖揭晓,河南中医学院作为第一完成单位,完成的"老年社区获得性肺炎证治规律与疗效评价研究及应用"项目,获得二等奖。这是我省中医科研得到的最高奖之一。白云苹就是科研组成员。

在白云苹住的教师公寓里,柜子里至今留存着一些信件,信封早已发黄。这是白云苹出名时的"副产品",当年在宿舍床铺下的纸箱里,成捆存放着几百封,寄信人身处天南地北。

搬过几次家后,数百封来信多已遗失,但很多片段,白云苹依稀记得。

两名监狱服刑的人,在信中讲述个人经历,一名因为父母离婚没人管,自暴自弃,犯下错误;一名出身书香门第,为逞一时之能,和人打架造成严重后果。 前者说从白云苹身上,读懂了自强;后者说,读懂了自尊。

有位父亲来信说,他儿子在上大学,因为个子比旁人低很多,常被同学取笑,内心自卑封闭自己,希望白云苹能开导。按照这位父亲提供的地址,白云苹接连写了两封回信,告诉这位同龄人,"只有先强大自己,才会在别人眼中强大"。

当初,被白云苹拒绝的600元捐款,在辅导员提议下,成立了一个贫困生基金会,并以白云苹名字命名,倡导一种自强精神。 这是全国最早成立的以大学生名字命名的基金会之一,白云苹被推举为第一任会长。

"无息借款"是基金会开展的第一项服务。 在设在四号宿舍楼地下室的基金会办公室里,纸张泛黄的第一本现金账簿上,蓝色钢笔写着:2002年11月19日,六班同学集资600元,白云苹捐款10元,陈国富老师捐款100元……当月,学生王越借出第一笔150元。

至今,借款账簿用掉几十本,但从未出现过一笔呆账、坏账。 不少贫困生是临时借的生活费,然后通过假期和双休日打工将钱还上。

基金会的成立有一个背景,校学生工作部部长刘金厂谈道,2002年,国家助学贷款、助学金还都没有推开，一些学生因贫困引起的自卑问题逐渐显露。"白云苹的出现，为同龄人竖起一面镜子，虽然普普通通，但是实实在在，接地气"。

2004年，国家助学贷款全面铺开，国家助学金的覆盖比例超过20%。新背景下，开始有学生装贫困、开假证明，骗取国家助学金。"这时，以白云苹基金会为载体，倡导的自立自强在校园形成一种风气，继续影响着一批又一批学生。"刘金厂说。

"这些是我去年秋冬买的衣服，没怎么穿，捐出去吧。"2013年11月5日中午12点，学校餐厅前人头攒动，一位穿着靓丽的女生提着购物袋，来到白云苹贫困生基金会的展棚前。志愿者拿出捐衣登记簿，写下"11级针灸本科吴倩"。

基金会指导老师李志轩说，这些衣物将送到河南中医药大学一附院清洗消毒。为保护贫困生的自尊，现在他们专门在基金会办公地点设置了试衣间，环境相对私密，学生还可以试穿。

白云苹贫困生基金会有些特别，不是简单给贫困生捐钱，而是致力于为贫困生提供勤工俭学岗位。在老校区时，会长白云苹成立洗衣社，购置洗衣机，贫困生利用周末有偿为同学洗衣，赚取报酬。迁移到新校区后，基金会又开展家政服务，去教职工家属院做上门保洁。

17年过去了，加入基金会的学生前前后后共1万余人，基金会成为最受学生追捧的社团，爱心基金更是从600元增长至30余万元。

河南中医药大学党委副书记张丽霞说，作为医学院校，河南中医药大学来自农村的生源超过七成。持续17年的积累，白云苹基金会倡导的自立自强，已融入校园文化中。

人人皆可成为"雷锋"

"雷锋在邓州 邓州好人多",这是一位到邓州采访的记者发出的感叹。记者口中的"雷锋"就是"编外雷锋团"的成员们。在他们的影响带动下,邓州的好人好事层出不穷。

他们中有为了人民利益不惜牺牲一切的军人。在汶川地震救灾一线,自动请缨的年仅26岁的武文斌,不怕吃苦受累,争着干抢着干,连续奋战32天,用绿色的迷彩撑起了灾区人民生命的希望,自己却悄然倒下。他的英雄事迹感动了中国。春节回家探亲,看到店铺大火肆虐,年轻的战士邓帅冒着生命危险勇闯火海,抢出两个易爆气罐,避免了重大人员伤亡。

他们中有把全部身心倾注在教育上的师者。贾道英在特教岗位上已经工作了29年,为了教聋哑儿童发音,她想尽千方百计,付出了常人难以想象的艰辛。1500多名残疾儿童在她的带领下踏上了幸福之旅,同时也挽救了1500多个家庭。身患癌症的乡村教师杨冰仍然工作在教育岗位上,她的坚强乐观、敬业奉献精神感染着身边的每一个人。在邓州市一高中教师李丽的心目中,每一个学生都是百分之百,记班级日志,让学生自己管理自己,她尽全力让每一个学生健康成长。

他们中有尽职尽责的基层干部。邓州市汲滩镇后寨村原党支部书记王际银,扎根基层一线,任村干部45年,坚守职责,廉洁奉公,勤政为名,当选为全国劳动模范,邓州市"十佳勤廉干部"。原邓州市古城街道党工委委员程道斌,连续一个月起早贪黑,为群众释疑解惑,累倒在旧城区改造一线。年轻的"90后"驻村第一书记于高翔,架桥、修路、接通自来水,让贫困村变了模样。邓州市十林镇柳堰村党支部书记孙峰回村做奉献,每年只象征性地拿一元钱工资,被群众亲切地称为"一元钱支书"。

他们中有自强不息的青年榜样。李露4岁多时遭电击左小臂截肢,磨难没有让她沉沦颓废,反而越挫越勇,夺得巴西残奥会、世界残疾人锦标赛、亚洲残疾人运动会等多项赛事冠军,为祖国赢得了荣誉。家境贫寒的白云苹靠捡废品上了大学,勤工俭学,拒绝捐款,成立基金会,让榜样力量连续传递。"瓷娃娃"梁朝君高中因病休学在家9个月,不向命运低头的他坚韧不拔,2018年高考超出一本线142分,被电子科技大学录取。

他们中有孝老爱亲的普通群众。邓州市文渠镇庙沟村11岁少年刘蒂捐髓救母,刘集镇秋树李村村民李化珍捐肾救子。小杨营镇红岭村村民李丰琼19年来精心照顾瘫痪在床的丈夫,裴营乡汤集村村民李云会是好嫂子、好母亲、好妻子、好儿媳、好邻居。

他们中有回馈家乡的成功人士。李祥群、李祖跃兄弟,捐资300多万元,重建了邓州市张楼乡李家小学。在窦学钦的带动下,邓州市陶营镇朱西小学成立了"学涯教育奖励基金会",学校教学质量越来越好。

他们中有路见重伤患者挺身而出的护士。车祸现场,重伤老人头部大量出血,正在附近的邓州市人民医院护士张楠马上走上前去进行科学施救。老人最终得救了,张楠被网友赞誉为"最美路人"。

他们中有传递中华传统美德的外出打工者。孙天帅是"不跪的中国人",孙天丛是"京城活雷锋",丁玉平在传递"义务温度",井铁顺是广州市"见义勇为好市民"。

这样的好人数不胜数,雷锋精神已融化在邓州人的血脉中。干好自己的本职工作,在别人有难时伸出自己的援手,这些我们都可以做到,我们人人都可以成为"雷锋"。当"雷锋"越来越多,我们的社会一定会更加和谐,更加美好,伟大复兴的中国梦一定会早日实现!

后 记

　　党的十八大以来，以习近平同志为核心的党中央高度重视精神文明建设，学习宣传先进典型活动在全国范围内深入开展，一批又一批充满时代感、饱含正能量的先进个人和集体涌现出来，为全社会树立了道德标杆，成为引领社会主义核心价值观建设的旗帜。"时代楷模"邓州"编外雷锋团"便是这诸多典型之一。

　　2014年3月11日，习近平总书记在出席十二届全国人大二次会议，接见解放军代表团部分基层代表时，对"雷锋连"指导员谢正谊语重心长地说，"雷锋精神是永恒的，是社会主义核心价值观的生动体现"。在这次接见中，习近平总书记还谈起"郭明义爱心团队"和宋清梅组织的河南邓州"编外雷锋团"。

　　2018年9月28日上午，正在辽宁省考察的习近平总书记乘车前往抚顺市，向雷锋墓敬献花篮并参观雷锋纪念馆。习近平说，雷锋是一个时代的楷模，雷锋精神是永恒的。实现中华民族伟大复兴，要不断闯关夺隘，也需要更多的时代楷模。积小善为大善，善莫大焉，这和我们党"为人民服务""做人民勤务员"是一脉相承的。我们要见贤思齐，把雷锋精神代代传承下去。学习雷锋精神，就要把崇高的理想信念和道德品质追求融入日常的工作生活，在自己岗位上做一颗永不生锈的螺丝钉。在雷锋帮助战友做好事的展板前，习近平总书记问道："这些战友在哪里？我听说有一个'编外雷锋团'。"抚顺雷锋纪念馆馆长李强补充道："他们当年是雷锋战友，现在不断宣传弘扬雷锋精神。"

　　为了认真学习贯彻党的十九大精神和习近平总书记系列讲话精神，在新时代学习传承好雷锋精神,推动邓州市学习雷锋常态化,我们编选了《雷锋精神 薪火相传》一书。本书共分为三编,分别是"和雷锋在一起的日子""做播撒雷锋精神的种子""雷锋在邓州,邓州好人多"。三块内容层层递进,每编之后都配发了一篇评论,揭示该部分所选事件的内涵,画龙点睛。

本书在编选过程中,参阅了《他们从雷锋身边走来》《编外雷锋团》《雷锋精神在这里传承》等书籍和部分报刊,"编外雷锋团"各营、连、排积极配合,邓州市委、市政府领导和社会各界对书稿提出了中肯的修改意见,在此一并表示感谢。

由于能力有限,在编选过程中难免存在一些疏漏和不足之处,敬请广大读者朋友批评指正。

编者
2019 年 2 月